U0051325

我的菩提路

——第三輯

——王美伶 等人合著

ISBN：978-986-94970-0-8

佛法是具體可證的，三乘菩提也都是可以親證的義學，並非不可證的思想、玄學或哲學。而三乘菩提的實證，都要依第八識如來藏的實存及常住不壞性，才能成立；否則二乘無學聖者所證的無餘涅槃即不免成爲斷滅空，而大乘菩薩所證的佛菩提道即成爲不可實證之戲論。如來藏心常住於一切有情五蘊之中，光明顯耀而不曾有絲毫遮隱；但因無明遮障的緣故，所以無法證得；只要親隨眞善知識建立正知正見，並且習得參禪功夫以及努力修集福德以後，親證如來藏而發起實相般若勝妙智慧，是指日可待的事。古來中國禪宗祖師的勝妙智慧，全都藉由參禪證得第八識如來藏而發起；佛世迴心大乘的阿羅漢們能成爲實義菩薩，也都是緣於實證如來藏才能發起實相般若勝妙智慧。如今這種勝妙智慧的實證法門，已經重現於台灣寶地，有大心的學佛人，當思自身是否願意空來人間一世而學無所成？或應奮起求證而成爲實義菩薩，頓超二乘無學及大乘凡夫之位？然後行所當爲，亦行於所不當爲，則不唐生一世也。

——平實導師

如聖教所言，成佛之道以親證阿賴耶識心體（如來藏）爲因，《華嚴經》亦說**證得阿賴耶識者獲得本覺智**，則可證實：證得阿賴耶識者方是大乘宗門之開悟者，方是大乘佛菩提之眞見道者。經中、論中又說：證得阿賴耶識而轉依**識上所顯真實性**、**如如性**，能安忍而不退失者即是**證真如**，即是大乘賢聖，在二乘法解脫道中至少爲初果聖人。由此聖教，當知親證阿賴耶識而確認不疑時即是開悟眞見道也；除此以外，別無大乘宗門之眞見道。若別以他法作爲大乘見道者，或堅執**離念靈知**亦是實相心者（堅持意識覺知心離念時亦可作爲明心見道者），則成爲實相般若之見道內涵有多種，則成爲實相有多種，則違**實相絕待**之聖教也！故知宗門之悟唯有一種：親證第八識如來藏而轉依如來藏所顯眞如性，除此別無悟處。此理正眞，放諸往世、後世亦皆準，無人能否定之，則堅持離念靈知意識心是眞心者，其言誠屬妄語也。

——平實導師

目次

平實導師 簡序

禪宗眞旨失傳久矣！幸賴現今台灣言論自由、宗教信仰自由之承平世代，平實得以出世弘揚了義究竟之正法，不受諸方大師藉政治制度打壓；又兼正覺同修會諸同修們後繼有人陸續證悟，更加證實中國禪宗法脈不斷、源遠流長而仍可實證的事實。平實復爲此諸證悟同學施設增上班課程，解說唯識增上慧學——八識心王究竟瑜伽之理，欲以之復興失傳已久之瑜伽學派妙理，楷定三乘菩提皆爲八識心王之法，非六識論等偏邪之見；由是引諸同學從眞見道位漸次步入相見道位中，深修非安立諦三品心，次第修學無生法忍，邁向通達位。此亦證明瑜伽增上慧學中證眞如而成眞見道位菩薩，以及隨後相見道位的非安立諦三品心與安立諦九品心、十六品心等種種勝法修學等聖教並非虛構，直至如今末法時代依舊可證之事實。

回憶十年前《我的菩提路》第一輯問世以後，不唯引生台灣與大陸某些自稱證悟者對本會禪三的仿效，四處有人跟著開始舉辦四天三夜的禪三，宣稱其座下亦有人眞實悟入禪宗意旨，並且踵隨貼出所謂見道報告於網路上；並且也有謊稱為早期被平實印證而離開正覺同修會者，同樣舉辦禪三共修及引導他人開悟，非僅一貫道點傳師仿冒而已。以此緣故，此十年間，證如來藏阿賴耶識之法道已成當代中國佛教實修人士之顯學，不再有人宣稱證得離念靈知意識境界為禪宗證悟之內涵了。

此十年間，亦因平實各方面著作之逐年增加，依如來藏演繹而說的佛法，廣及禪、般若、淨土、阿含、密宗喇嘛假佛法、楞嚴眞密（眞藏傳佛教覺囊巴的如來藏妙法）、唯識增上慧學、戒學之後，而今不再有人謗稱如來藏是外道神我，亦不再有人主張「**大乘非佛說**」，以往密宗喇嘛各個自稱已經成佛的事亦如過眼雲煙了；而日本專門批判中國大乘佛教之輩亦已杜口不語，如來傳授的第八識如來藏正法已不再被公然否定，中國佛教的復興如今已經起步，喇嘛教原有的廣大勢力在台灣的快速萎縮，是斐然可見的成果。

雖然中國佛教了義正法的弘傳，在大陸面臨的環境仍舊惡劣：外有一神教之廣泛入侵，使中國成為全球最大的基督教國家；內則有喇嘛教廣泛滲入中國佛教，而今中國佛教界十之八九信奉喇嘛教，目之爲藏傳佛教，眞正藏傳佛教覺囊巴之如來藏教義則已淹沒不彰，以致全國多數佛協成員多爲修學密宗喇嘛教外道法而抵制中國佛教正統教義者，復興中國佛教之事目前僅在台灣成功，於大陸則仍待全國有志有識之士共同努力，庶有成功之希望。有鑑於此，復興中國佛教之事仍待大眾共同努力，要需仰賴中國禪宗實證之風廣爲流行與興盛，是故賡續出版《我的菩提路》續集即屬必要。

始從《我的菩提路》第一輯於二〇〇七年問世，今已十年；第二輯隨後於二〇一〇年與讀者見面迄今，已過七年都無出版新書，都因平實事冗無暇編輯新書所致。如今撥冗特地編輯第三輯，經過校對程序後終能再與讀者相逢，諸篇見道報告中也能顯示現今台灣與大陸佛教局面之差異，兼亦顯示台灣佛教界十年間之演變，令讀者得以從諸篇見道報告中獲利，令人快慰，因以爲序，梓於書首。

佛子 **平實** 謹序

於公元二〇一七年初春

《我的菩提路》

——第三輯

日期：西元二〇〇七年十月十九日至十月二十二日

主題：**見道報告**

姓名：顏雨杉

一心頂禮　本師釋迦牟尼佛

一心頂禮　當來下生彌勒尊佛

一心頂禮　大悲觀世音菩薩摩訶薩

一心頂禮　護法韋陀尊天菩薩摩訶薩

一心頂禮　聖克勤圓悟菩薩摩訶薩

一心頂禮　主三和尚上平下實菩薩摩訶薩

一心頂禮　監香老師孫正德菩薩摩訶薩

一心頂禮　監香老師游正光菩薩摩訶薩

一心頂禮　親教師上善下藏法師菩薩摩訶薩

一心頂禮　親教師張正圜菩薩摩訶薩

一心頂禮　護三菩薩摩訶薩

學佛因緣及過程：

末學生於臺南縣鹽水鎮，自誕生至十四歲皆茹素，喜跑菜堂（寺院）。父業命卜，共六十一年。從小替盲父唸通書、寫擇日課、畫符等瑣事。在佛道不分之環境下成長。二哥則繼業已達四十五年。經歷第二次世界大戰，盟軍轟炸故鄉，大火三天三夜，夷爲平地，慘不忍睹。時屆六歲，已嚐盡人間苦味。眼見鄰居養鴨人家慘遭燒夷彈，燒烤鴨倒略帶香味，燒焦之人體則惡臭難聞，嗆鼻無比。雖已歷一個甲子，其味猶記憶在腦中，每思之則欲嘔吐。

大學部必修基督教聖經《新約》、《舊約》三年。方大林牧師說上帝是全知、全善、全能的。請問上帝能否創造撒旦？若能則非全善；若不能則非全能。進退兩難。上帝也會生氣，子民若不順從他，他則馬上報復；或水淹、或火燒、或令成鹽柱，不一而足。問及三位一體，更是答非所問地一味敷衍。方牧師被問得臉紅耳赤，瞋火爆發得不可收拾。顯然地，連我見都沒斷，遑論其他？！後選修希臘神話、埃及神話、羅馬神話等課，發現與基督教《聖經》之相似頗多，絕非偶然，尤其是《舊約》部分。曾醉心於研讀英國諾貝爾和平獎得主羅素之《不可知論》、《數學本論》，臺大殷福生（海光，即福海生光）教授之邏輯學，都是意識覺知心。四年大學生涯皆埋首於圖書館，這是末學一生中最愜意的時光。

身為天主教徒三十年，一九六二年在士林天主堂鄭覺民神父領洗，一九六四年在羅光總主教座下領堅振，同時請雷震遠神父（越南總統吳廷琰之顧問）至鹽水高中演講越南現勢（當時越戰正是如火如荼）。覲見于斌樞機主教商榷往西班牙 Toledo 神甫修道院進修事宜，後因雙親不准而作罷。

閱讀《道藏精華》五年，係蕭天石及曹哲士伉儷所編。也遍讀南懷瑾居士著作，除學點中文，了無受用。

參加婆羅門教二年，准成 Premier（愛人，即入室弟子），後來大失所望而離開。正如英國大文豪王爾德所說：「因誤會而在一起，因瞭解而分離。」

遊走穿湊於佛乘宗各精舍達八年之久，如大乘禪功（彭金泉老師）、大緣精舍（李善單老師）及佛乘學會（包玉蘭老師，即緣聖法師）之間，徒費時光不可謂不長，然了無斬獲；發現其以定爲禪，係屬附佛法外道。

一九九三年歸依幻生法師。師父曾在某佛學院講授因明學七年，總有感而嘆道：其學員程度忒差，連一封平順的作文都寫不好，何論及其他？師父身教遠勝口教，且有得理不饒人之個性。記得有位師兄寫篇文章評擊眞佛宗之盧勝彥，請師父改正。師父回答說他不能如是作，但可代爲操刀。師父生來是個藥罐子，心臟開過兩次刀，他曾經出示他的身體檢查報告；末學是醫學門外漢，但從該報告所列之數據，該患者早該往生才是。聽《維摩詰經》〈佛國品〉還沒完，又入院了。後來健康好轉，則續講《成唯識論》，初能變與二能變交代完畢，其餘則待來世接著講，就走了。老人家曾指導閱讀《大正藏》。

閱讀佛光山之《中國佛教經典寶藏精選》白話版一三二冊，八成五是響噹噹的知名學者專家，來自中國大陸佛學界，其餘則出自臺灣。縱覽群書，皆依文解義；若論眞參實證之悟者，一位也無。

閱讀法鼓山聖嚴法師之著作，大部分言不及義，慘不卒讀。渠曾於屏東美濃閉關閱藏多年（編案：他閉關六年期間只讀日本人的著作，主要爲鈴木大拙的書，不是讀經），何犯如此貧血症？堂堂日本文學博士，竟連起碼佛法證悟付之闕如；出版書籍何其多，除製造回收紙外，何用之有？

張曼濤教授主編之《現代佛教學術叢刊》，刊登空有諍論，著墨法相；論戰者皆爲凡夫，了無證量可言。偏空或偏有，後門大開，兩者皆謬。

林耿如居士導讀《菩提道次第廣論》及《略論》、《入中論》等二年，只談六識論，且否定第七識與第八識，納悶得緊。是藏密喇嘛教，非屬佛教之一。

專訪印順法師於臺灣臺中縣太平鄉華雨精舍。閱讀印順法師之《妙雲集》、《華雨集》。此爲藏密應成派中觀，亦否定第七識與第八識，極力破壞佛法，從根拔起。此係一大騙局，鬧得佛教徒團團轉，罪莫大焉，何時夢醒？

專訪徐恒志居士於上海徐匯區。渠係元音老人之師弟，窮搞心中心法（離念靈知心），以定爲禪，深陷泥沼，不能自拔。

參加正覺同修會前後四、五年。閱讀 蕭導師及親教師之著作，如獲至寶，且能安住其中，法喜充滿。頭一年進行排毒動作，將往昔垃圾全部倒盡，最是辛苦。每日研讀四個小時思惟整理，以資樹立正知見。箇中酸澀，不足爲外人道也。二○○七年十月二十二日精進禪三共修中，幸得 導師印證明心。

如是流水帳似的，在時間上部分重疊，在所難免。如此學佛之心路歷程，不可謂不坎坷。只因身歷其境，親受箇中苦味，深知其落處，不忍眾生重蹈覆轍。有此經歷，諒於破邪顯正上，能派上用場。眼見多位同修有此福報，一頭就栽進正覺同修會，羨慕得緊，但從沒嫉妒之心。因緣因人而異，如是而已。

來本會共修之因緣：

一九九五年首次翻閱《禪—悟前與悟後》（編案：當時爲贈閱版的七百多頁一巨冊），如此大部頭的書，何時讀完？祇好束諸高閣，往後再說吧。二○○二年八月生日時，家人在洛市藍天素食館聚餐，偶逢此書與另外四本結緣書，此次就請回家恭讀，愛不釋手；兩週內讀畢，心生歡喜，大有相見恨晚之感。嗣後按址尋至洛杉磯市道場，當下立刻報名參加禪淨班。在時間上前後雖然蹉跎七年之久，然而心想有緣接觸到正法雖然晚點兒，總比沒有好，好家在！

導師著作所談之佛法清晰、明瞭，用語體文就更體切。如此大悲心，若不用心投入修行，那多對不起 導師之苦心，更對不起自己。雖年事已高（六十八歲），體弱多病，那都是藉口。此時不修，更待何時？提起輪迴之苦，沒有比這檔事更苦的了。

平生尋尋覓覓的菩提道，如今偶遇，當然得把握時機。若當面錯過，失之交臂，此生豈非白來一遭？既遇善知識，該有些許福報吧，能修多少就算多少。

導師遠處臺灣，咱居美國邊地，然從閱讀其著作中，又覺得如此親切，咫尺可及。從 導師所製之「佛菩提二主要道次第概要表」，成佛五十二階，方向明朗，方法具體。抱著勤能補拙之精神，一步一腳印，一個蘿蔔一個坑，腳踏實地，遲早能達到目的地。

導師曾說：「**他們能夠開悟，我哪有不能的道理？**」千萬不要妄自菲薄。悟緣成熟，此生諒有機會明心、見性吧。

二〇〇五年二月二十七日才剛動完手術割除膽結石不久，迫不及待地由美國洛杉磯市趕回臺北正覺講堂受菩薩戒，是時二〇〇五年三月六日。記得剛下飛機才邁進賓館時，巧遇大地震，房間又在七樓，感覺上幅度晃擺得特誇張。每思及此，心有餘悸；當時情景，栩栩如生。可能是過分震撼的緣故，覺反正睡不好，一行十位準戒子，凌晨六點就在樓下等起來，人家門都沒開呢。及進講堂，咱們從美國回來的十位同修皆在第一排一字列位，精誠之心，無以復加。

見道過程與內容：

楔子：

搭臺北捷運板南線由市政府站出發至永寧終站，需時三十分；再轉乘桃園客運經三峽直奔大溪妙法寺站下車，費時一小時。到達正覺祖師堂，眼見禪三道場聳立於群山中，鬱郁欲滴，時或清風時至，樹浪澎湃，翻騰異起。間或群鳥脆啼穿空，此起彼落，天籟頻奏，如臨天庭，眞是用心辦道之好去處。適逢重陽，登高一睹，心曠神怡。又遊子老遠從美國洛城（客居四十二春秋）趕回，倍感故國家鄉之溫馨，迷途知返而回臺取經，另有一番滋味在心頭。

起三：

安置行李後，逕至禪堂會集。由監香親教師孫正德主事，精進禪三正式開鑼了。參加禪三同修舉行懺悔儀式，哭泣之聲此起彼落；號啕大哭者有之，如喪考妣；低聲泣飲者有之，似生離死別，不一而足。反正是一把鼻涕一把淚，每位參與者皆成淚人兒。護三菩薩忙著遞送及收回面紙，場面甚爲震撼與感人。因此，清淨身心而準備接受開示。嗣後由八位代表迎請主三和上開示如何斷我見與三縛結而成就聲聞道之初果位。

宣誓：

爲著嚴守密意，絕不外洩，愼重其事。參與者胡跪在諸佛菩薩前讀宣誓文，且簽名，場面認眞、嚴肅。

過堂：

每天過堂三次，菜餚皆屬上品，只因 導師開示，機鋒頻起，大伙子繃緊神經，如同嚼蠟。東山水果禪、東山粥、轉經等，哪能那麼容易混過；一不留神，當場墜馬，遍體鱗傷；所以大家都神經兮兮的，嚴陣以待。

經行：

或散步，或跨大步走，或慢跑；同修們在正覺祖師堂前如實經行，一個命令，一個動作。深入體悟，眞心，妄心，眞妄和合之運作。棒擊地一下即停，進而尋覓如來藏之所在與觸證。導師怕末學關節炎情況欠佳，令我脫隊。在下翹起大拇指而吉祥圓滿。導師之關照，眞是無微不至。對任何學員都如此，讓人感動不已。

公案：

晚上公案忒精彩，經 導師表演，栩栩如生。有人會心微笑，拍案叫絕；有人則面帶傻笑，表情尷尬得緊；有人則了無反應，一頭霧水。爲何同一則公案，會有如此不同的反應？第三天晚上更絕，導師甚至把鞋子踢開，翹起襪子在半空中搖動亂轉，其老婆得無以復加的程度。笑聲此起彼落，欲罷不能。此次公案集中在雪峰禪師諸弟子，別有一番風格。此一景象在別處看不到，恐怕連在正覺同修會平時也沒機會偶遇；只有在精進禪三中才有。

與監香老師小參：

一、……。二、……。三、……。（為覆護密意故省略。）

紅單：

監香老師認可以上三個題目之後，而發給糾察菩薩之信物，以備安排與主三和尚小參之用。四、……。五、……。一口氣滿滿地寫了兩張紙頭。

重回主三和尚小參室：

六、……。眞妄和合係八識心王和合運作無間。七、……。前五識各司其職，第六意識當下了別圓成，立即傳遞其信息給第七末那識而剎那剎那作出決定。且說一念有九十個剎那，一個剎那有九百個生滅，即一念有八萬一千個生滅，其速度迅速，其運作也複雜至極。如是成就妄心運作，爾後眞心□□□□□□，其次第與過程如是。八、永不退轉之確定……。環環相扣，天衣無縫，了無空隙可擊。如此成爲整體（統合），則能保證永不退轉。

喝無生水：

體驗眞心、妄心，眞心妄心和合之運作各一個小時。無數法不斷生起，……等因素和合運作，微細甚微細。這是以前所從來沒注意過的。愈觀愈甚深廣，其牽涉到□□、□□、□□等多元運作，其勝妙又勝妙，非現代精細之□□□所能望其項背於萬一。諸多操作現象作用，衆生日用而不知，夫復何言？白活一輩子。

再與導師小參：

一念相應，頓悟明心；本來不可思議，但亦已可思議。導師說聲恭喜。接著交代多項該注意事宜，諸如：應重讀《楞伽經詳解》共十輯，以經文自行檢驗、印證；加以轉依如來藏清淨性成功後，方是眞悟者。悟後起修，纔能內門廣修六度萬行。

悟後正覺祖師堂前經行：

……體驗……。有位護三菩薩專程從美國東岸回來替參加禪三者打掃廁所及浴室，他又保護末學閉目經行時不出意外。若沒存感恩之心，還算是人？所謂得人滴水之恩，當以湧泉相報。但願往後有機會當護三菩薩。

解三時導師叮嚀：

嚴守密意，別大意洩露，否則虧損法事、虧損如來，墮無間地獄，受苦無量，謹記！

導師召見：

參加者：師母，糾察菩薩，姚嘉生師兄，張李華秀師姊，末學。

主題：洛杉磯道場現況與展望。《金剛經宗通》DVD 播放在即，目前洛杉磯道場之空間頗有欠足之慮。導師指示，儘早覓租可容一百人之處所，重點是：安全、方便、合法等。迨有二百位同修時，總堂將出資購買道場，已準備好三尊檜木（時下至爲稀有）佛雕像，現値新臺幣二百萬元。准開增上班，研讀《瑜伽師地論》，最初課程可能是錄音帶而非 DVD。人數多寡（起碼有總人數三分之一，即十人），亦是重大考量因素之一。開班時間擬於二〇〇八年四月底（第一梯次禪三結束後）爲宜。因《瑜伽師地論》本地分中五識身相應地第一為其餘諸卷之基礎，重要至極。若跳過，則往後會愈聽愈迷糊。

願盡未來際，護持正法。

願全心全力無怨無悔地護持佛教復興運動，救度有緣眾生。

願生生世世行菩薩道，直至成佛，永不退轉。

願有能力破邪顯正，令正法永住。

菩薩戒子　顏雨杉　敬呈

二〇〇七年十一月八日立冬

於美國加州洛杉磯市旅寓

時凌晨三更

見道報告

熊辰生

一心頂禮　本師　釋迦牟尼佛
一心頂禮　觀世音菩薩摩訶薩
一心頂禮　根本上師　平實菩薩摩訶薩
一心頂禮　親教師　正鈞菩薩摩訶薩

佛菩薩的威神力眞是不可思、不可議啊！

我的學佛因緣與過程

我的學佛過程是從我踏進正覺講堂開始，在此之前，沒有接觸過任何道場，沒聽過什麼佛法。只有在十一年前母親過世時，同事送了一本《佛說阿彌陀經》給我，這也是我接觸的第一部佛經。想到此，要感恩佛菩薩的庇佑，因爲我是個很容易相信別人的人，所以我能到現在未至任何一個道場，未爲邪法所誤，而能一接觸即是了義大法，眞是感恩佛菩薩一路的庇護。

還記得第一天上課時，章老師講的內容、名相，我完全沒聽過，更別說如來藏、扶塵根、勝義根、眼識、耳識等，而我就這樣一步一步學過來。

剛開始，我還是以作學問的心態來學佛。因爲在職場太久，祕書工作千篇一律又沒有什麼成就感，那一陣子心情十分不愉快，所以想學些東西，充實一下自己。一位正覺的師兄叫我來共修，而同時間我也報名台大 EMBA 學分班，雖然我的職位不是專業經理人，但也錄取了我。禪淨班是二〇〇三年十一月開課，台大學分班是二〇〇四年二月開課，我心想：就聽從 佛的安排吧！而開啓了我在世間法與出世間法上的學習。

一開始，我的重心是放在台大，而且那時心很浮，表現出來一定很不像一個學佛人的樣子；每次上課還帶著有顏色的眼鏡，穿著也不是太得體，更糟的是心攀緣得厲害，因爲我那時對政治很熱衷。那時選舉辦遊行都是在星期六的下午，都正好是週末要上正覺禪淨班的日子，我爲了遊行就請了二至三次的假，現在想來眞是愚癡。在今年過年前，章老師曾說我們班上有十多位同修未曾請過假，值得讚歎！就讓我想到這一段荒唐的請假事！

剛到正覺時看到很多師兄姊們作義工，心裡很羨慕，心中就有想當義工的念頭，而且覺得當義工才像是正覺的一分子，也才有歸屬感。後來班上發了一張義工專長意願調查表，看著上面的內容，又怕自己無法達到標準，看來看去好像只有往生助唸是我可以作的，但當時又提不起勇氣作，因而擱置未決。

生命中的大變故

直到二〇〇五年四月九日那一天，是我這一生第一次幫人助唸。這是我這輩子永遠無法忘記的一天。那天一早以爲有大悲懺法會，結果撲了空，而同時有好幾位師兄姊到來，後來有一位師姊說三軍總醫院有正覺的往生助唸，請大家一起過去，因而就跟著幾位師兄到了三總。在小小的助唸室我們就圍坐在床邊爲往生者助唸，我也不害怕，就這麼助唸了一個多小時；剛進去時邊唸佛邊流淚，有位師兄說我以前一定曾幫人助唸過。

那天下了課回家，覺得爸爸說話有些喘；到半夜爸爸一直咳，狀況不對，馬上叫了救護車送到醫院；到了星期一下午五點多時喘得很厲害，結果插管送加護病房。這是繼去年十一月插管後第二次病發，當時心中起一個念：請佛菩薩保祐爸爸，我一定要大力護持正覺講堂。我也責怪自己是不是去助唸而傷害到爸爸，也不敢告知姊姊，心裡只是擔心難過。雖然插管，但是爸爸一直很清醒，每次我都告訴爸爸要在心中憶念 阿彌陀佛，還拿了 導師寫的書，唸給爸爸聽，希望佛菩薩能保佑爸爸。如此一天天過去，狀況也時好時壞；從期待到落空，每天只有求佛菩薩，我也專心拜佛希望能把這個念轉給爸爸。爸爸最後還是走了，我已作好心理準備，爸爸是在唸佛機的佛號聲中走的，那是我在前一天下午徵得爸爸同意下，擺在他床邊。我親自幫爸爸蓋上正覺的楞嚴被，告訴爸爸不要害怕，要跟著 阿彌陀佛的光走；我沒有哭，一直唸著佛號。我也聯絡了福田組，請求能幫爸爸助唸；爸爸是有福報的，後來總共有二十五位師兄姊來幫忙「專念一心」地助唸。那一天我不難過，反而有完成一件大事的安心，因爲我知道，爸爸一定是到好的地方，有正覺證悟同修們一起持誦〈楞嚴咒〉加持過的楞嚴被、又有一心不亂的師兄姊們助唸，讓我的心安定很多！很感謝正覺給了我及爸爸這麼大的幫助，所以我要大力護持講堂，以感謝師兄姊們的幫助。我之後也參加了幾次的助唸，而且心中想，我一定要破參，這樣對往生者才有更大的助益。

在正覺的改變

大概是從爸爸往生後開始吧！每次上課我一定供佛，最多的是供花，有時會買水果上供。我一定會提前半個小時到，有時幫忙作些打掃，有時拜佛，好整以暇等待上課。第一次我穿著唐裝，戴著新配白色鏡框的眼鏡上課，義工菩薩稱讚我很清爽；至此以後我就喜歡穿著唐裝來上課，一方面莊嚴，一方面使我的心更清淨調伏。而且我上課勤作筆記，希望把親教師的話能全記下來，因爲我發覺，上課時雖然聽起來是理所當然的話，但是常常重點就在此，若不記下來很快就會忽略而忘記了。每星期六下午上課是我最期待的事，有時覺得一整個星期最有意義的事就是去正覺上課，愉快而充實。而這種感覺是與日俱增的。

在正覺作義工

我很感謝正□師兄開啓了我作義工的大門。去年六月有一天收到正□師兄的 e-mail 徵詢義工，作媒體資料蒐集的工作；平常我的工作也會接觸到記者，這個工作看起來很熟悉，所以就回覆參加。還記得是六月二十四日晚上，接到師兄的電話賦予我擔任此專案的召集人，交代了一些應該注意的事情；此後的三個月時間，我和十多位師兄姊們共同完成了這項工作。正□師兄也讓我加入了學術小組，讓我接觸到其他工作。若不是正□師兄，我怎麼可能會加入學術小組？因爲我的知見實在不夠具足一般水準，我也沒想到我能爲學術小組作些什麼。而這個工作讓我能夠在義工工作上累積一點點福德資糧。

禪三見道

接到禪三通知後，忍不住哭了出來！因爲等了好幾天都沒消息，前一天以爲沒希望了，晚上在拜佛時，一邊唸懺悔文，一邊哭。沒想到第二天下午就接到通知，眞是高興又緊張。當下即向老闆請假，我是一直這麼求佛菩薩的，因爲剛好那個時段老闆出國，我請假較不會受影響。所以從四月三號開始就休假在家。

之後，每天早上五點起來開始拜佛，一個階段至少二個小時；下午過後即看 導師寫的書，讓自己思緒清晰。在課程結束前一個月與章老師小參時，老師說我的方向正確，因而一直朝這個方向觀行整理：「爲什麼當我想要去翻書時，□□□□□□□？走路時，□□□□□□□？要□□□是妄心決定，可是□□□□呢？」這是我一直在思惟的方向。禪三前的星期二 導師講經時說「**如來藏從頭到腳都在，整個身體就是佛法**」，我聽了以後只覺得 導師在對我們要上山的人說的。

後來決定將我整理的內容寫下來，一方面是會較有系統，更重要的是怕到時會緊張得不知所云。雖然整理出輪廓，但並不能太確定這就是我要找的眞心。然後，我在 觀世音菩薩前不斷演練背誦，一直到非常熟練爲止，有時背著背著還流下淚來。現在想想，這就是佛菩薩的加持。我心中想的只是在與 導師小參時不能耽誤，我要說出我的想法，再聽從 導師的指示。我也是一直這麼向佛菩薩求的，我請求佛菩薩加持，讓我將整理的知見能平順如

實的向 導師說出。

禪三的第一天，下午正式啓三後很平順的過去。我是擔任請師者之一，很興奮也很緊張，師兄說這是 導師親自選的，心中覺得榮幸萬分。其實，我從一早就很期待這一刻的來臨。下午拜懺時，一反平日易哭的常態，心中一直很平靜，竟只微微的流淚。我納悶：今天的我怎麼了？聽到前面、旁邊的師兄姊們痛哭，我仍是很平靜。

第二天，早齋前在禪堂參究，正拜佛時突然 導師叫了我的名字說：**「熊辰生！妳怎麼在作功夫，現在是在找如來藏！」**我嚇了一跳，連忙點頭，重新整理思惟。但我立刻就覺得全身不舒服想吐，我就開始與身體對抗，一直告訴自己：這色身是虛妄的，不舒服的感覺也是虛妄的，妳可以不去理會。如此一直到過堂用早齋。在至齋堂時，導師就走在我後方不遠處，我心中想：**「謝謝導師的訓斥，讓我把神經繃緊一點，要努力參究！」**

經行時，導師在我旁邊唸著：「□□、□□。」聽到 導師的聲音，我的心又穩定多了。

第一輪小參時，我向 導師說：**「導師言整個身體是佛法，整個身體是涅**

槃。因爲如來藏從頭到腳都在，所以祂□□□，從五蘊來說，如果沒有五蘊，如來藏就無法在世間起諸任何作用。而且五蘊的運作是眞妄和合，妄心一動念，眞心立刻了知，而眞心妄心分別運作非常清楚。如來藏體性中有□□□□□，五根都是祂出生的，祂能了知一切□□的□□，因而《維摩詰經》說『知是菩提，了眾生心行故』。」如此以五點分別向 導師說明報告，導師聽完後，似乎還滿意，監香老師說我很會背書。後來，導師問我：「阿賴耶識□□□□□□？」我答之：「□□□□，也就是□□□。」導師問我：「爲什麼如來藏是□□□？」我答以：「因爲祂□□□□□□□，身體爲其所造，故而□□□。」導師舉例說明，如果妳的妹妹看別人小孩很可愛□□□，導師問：「會不會□□□□啊？」我言：「不會，因爲那□□□□。」以此例說明如來藏的□□□□。

妄心是無法□□的，因爲如來藏的□□□□□出生了□□因而能□□，這個眞心才能□□□、□□□。

導師眞是慈悲，從問題中引導我，讓我確信所找到的就是眞心，深信不疑；導師接著又出了一個題目：「爲什麼阿賴耶識□□□□？」讓我回座整理。並說如果監香老師通過了，就可以準備喝水了！

回座後，我好高興，心想：「哇！這麼順利！」可能因爲慢心的關係，所以，後面馬上有苦頭吃。過一會兒，我就開始全身不舒服，那感覺就如同早上被 導師訓斥的感覺一樣，冒冷汗、胃極不舒服，所以到 佛前懺悔不應起此慢心。如果不是 導師慈悲，我怎能確信。出得小參室喘口氣後，繼續回座想答案，可能妄想太多，始終無法有很清楚的答案。想想，還是只有再求佛菩薩吧！向 世尊頂禮一拜下去，就有一個念「涅槃」，回座後，繼續整理。但還是不得要領，由於是星期六，所以心想不用太急。

晚上用藥石時，導師一一叫人吃水果，嘴裡說的，□□□□，在在都那麼明顯。與 導師小參後，經過 導師的肯定，才眞正確定了那個□□□的就是眞心，而且越來越明顯，越來越確定。我懂！我懂了！心中好歡喜！晚上 導師普說時，有一隻蝶停在我的蒲團旁，一動也不動地直到結束。

星期天早上經行時，在舉腳下腳時，那感覺特別強烈，腳是□□□？又□□□？而每次用完齋回禪堂，導師都會要我們留意腳下，就是這個道理。是□□□□？妄心是無法□□□□的！五蘊就是身與心，受、想、行、識都是妄心，那□□□□的□□、□□、讓身體□□□就是眞心；我越走越有感覺，因而腳步變得輕盈，整個人沉浸在那個感覺中。而且心中突然想到「具足菩薩行」這幾個字。結束後，依序進入禪堂時，猛然看到牆上貼了一張紙條寫著「選佛場」，心中一陣悸動。回到位置上，又到 佛前，懺悔、發願、懇求；回座後，心中悸動有想哭的感覺，就哭了起來，久久不能自已。

中午至禪堂，又去求佛菩薩指示。回座時，突聞有人喊我的名字，回頭看，原來是 導師；導師眞是慈悲，問了我的問題後，就告訴我應該從哪裡來說明才會切題。後來自己又整理了一下，加入阿賴耶識的七種性自性來說明。

心中篤定後，思緒也變得清晰。禪堂裡總是會有幾隻小昆蟲，看到蒲團旁有一隻螞蟻，看著牠在那兒爬，感覺很親切；一會兒，又有一隻蚊子，居然用走的，這時才瞭解，爲什麼 導師常常說「眾生平等平等」；忽然有一種應尊重牠的感覺，牠的如來藏運作跟我又有什麼差別呢？難怪有禪師會對請法者說：「一路風景可好？」

再排小參時，我將問題及看法說出後，監香老師說「很好」。我很慚愧的報告老師，是 導師給了我指示。出來後，等著再與 導師小參。導師說我「粗枝大葉」，但是「可以啦」，又給了一個問題「□□□□□□□□」回去整理。糾察菩薩看我寫的內容後說寫太少了，要我不停筆一直寫，想到什麼就寫下來，如此般若智慧才會生起，想到 導師說我「粗枝大葉」眞是所言不假。

星期一早上再進小參室，宣告驗證破參，可以喝水了。待下午喝完水，再進小參室，聽 導師開示才知自己整理體驗的眞妄心運作，眞是如九牛中之一毛，而導師的智慧深不可測，眞可謂智慧如海。

很感恩佛菩薩的加持！感恩 導師的慈悲！若不是佛菩薩的加持，一個才學佛二年多的我怎麼能夠破參；而佛菩薩的攝受讓我在 導師面前很順利的表達，導師所問的問題也能回應；也更感恩 導師慈悲對我，否則我是過不了關的。事後想來眞覺得不可思議！除了佛菩薩與 導師的加持、攝受，無以說明爲什麼我可以第一次就破參。

一直認爲佛菩薩施設了這條學佛之路給我，從小讀書沒遇什麼大困難，畢業後的工作也都還可以，對工作又沒什麼強烈企圖心；同樣的工作作了十幾年也駕輕就熟，又沒有婚姻的束縛。我想這一切都是佛菩薩的安排，我就是應該把所有的心力都放在正覺上，放在作義工上，放在弘傳佛菩薩的了義大法上。今後，我將如我誓願所言，努力積極的作正覺永遠的義工；生生世世，盡無量際，努力修學一切種智，傳承　世尊所傳之無盡燈，讓正法永住，利樂所有眾生，以報　佛恩！

我的感謝

在我這段學佛的過程中，我要感謝好多幫助我的人，我要謝謝親教師，他眞的花了好多功夫在準備教材上，他用 PowerPoint 教學，讓我們很清楚知道上課內容，對作筆記來說也很方便。章老師還找了不少教材，包括動畫短片；課程結束前一堂課，還播放南懷瑾老師主持的經行畫面給我們看，這與我們的經行，簡直天差地別！眞是大外道。我也要感謝義工菩薩對我的訓誡，一位師兄在我剛上課不久就說我愛攀緣，讓我對攀緣有戒心；另一位師姊在課程結束前二個月時，拿了一本《正覺電子報》，是　悟圓法師寫的見道報告，上面說要「一切一切，少緣、少攀、少理會！」更讓我警惕不少。我也遵行這個原則來作功夫，我也記得 導師曾說要能安忍。從小處來說，要能忍於寂寞，同事間很多聚會活動我都不參加，只希望自己能夠多攝心。也感謝義工師姊給我作班上清潔打掃的機會，讓我累積一些資糧，幫助我福慧的增長！還有幾位師兄常常鼓勵我要用功，敦促我一定要破參，要常找親教師小參。增加我破參的決心。

在課程要結束的前二、三個月，心中想到課程要結束，想到這二年半的種種，常常在下課的回家路上忍不住流下淚來。平常供佛時最常供花，沒有太多機會與同修們分享食物，所以特別在後面幾堂課，買水果供佛，以便能與同修結好緣。最令我歡喜的是有次在電梯口能夠碰上 導師，奉上所供的草莓，這眞是我的大福德！

與親教師及與 導師的緣

有一次章老師護三下來，在上課時說到，如果我們破參後要去禮拜他時，他會接受；但是也會同時禮拜我們，因爲他尊重這個無上大法故！我當時聽了好難過，眼淚直流，流到無法抬起頭來；當時的感覺好像這一幕已發生或將發生，不知如何形容。後來禪三回來去禮拜章老師時，還是不禁哭了出來！因爲這一切太不可思議了！我一直希望破參，其中一個因素是章老師第一次帶班，如果我能破參，意義是很特別的！

也曾經有一個晚上，我夢見 導師，夢中我問 導師：「爲什麼我的智慧不起？」導師回答我「心得決定」，我想這可能是要我發大願、要有懇切的心。所以有一次 導師上課講到勝鬘夫人發的願時，導師要我們學著發，當晚我就效法勝鬘夫人發三大願，並寫在我的禪三報名表中，並且每天發此願，現在我才瞭解願力的威神力！

還有一次夢見 導師，那是在父親過世後不久，夢見 導師和父親在一起，導師對著我豎起大拇指。當時覺得很高興，能夢見 導師多麼有因緣啊！但是，這幾天回憶這些事時才猛然想起，我在小參時，就學著 導師豎起大拇指說：「□□□□□□！」這是如何勝妙的大因緣啊！而能夠讓我「證取無生本涅槃」！

來正覺後一直希望能在 導師座下歸依，所以一直等著歸依大典；但是爲了報名禪三，不得不先在別處歸依，等不到此生第一次的歸依在 導師座下，而與幾位師姊一起至承天禪寺先行歸依。但是，心裡很早就已作好決定，下一次 導師再舉行菩薩戒時，我一定要受 導師所傳之戒。導師說過菩薩戒是盡未來際受，我要生生世世受菩薩戒，我要生生世世修學、弘傳了義正法。

我要永遠追隨 平實菩薩摩訶薩、永遠爲乃鈞菩薩摩訶薩之座下弟子，攝受、護持、弘傳正法！以報親教師之恩、以報 導師之恩、以報 佛恩！

佛弟子 熊辰生 謹呈

二〇〇六年五月二日

明心見道心得報告

吳琦思

一心歸依　頂禮本師　釋迦牟尼佛
一心歸依　頂禮大悲　觀世音菩薩
一心歸依　頂禮敬愛的導師　平實菩薩摩訶薩
一心歸依　頂禮敬愛的親教師　正瑛菩薩摩訶薩

感恩諸佛菩薩的慈悲加持！感恩　導師、兩位　監香老師的慈悲攝受！感恩親教師正瑛老師兩年多來的慈悲教導！感恩諸位護三菩薩及正覺講堂諸位義工菩薩的慈悲護持與鼓勵！讓我能從一個佛法的門外漢，到今天能有福德因緣可以找到「三界唯心、萬法唯識」的祂。

解三的時候，導師交代要我們回來後，好好的寫見道報告。因此我決定效法

「野人獻曝」，將自己學法的歷程詳細的紀錄下來，希望能藉以利益有緣人。願一切有緣的佛弟子皆能早日具足福德因緣，早證菩提、早成佛道。

流浪生死的荒唐年少

我出生在一個佛緣很淺薄的家庭，從小到大幾乎不曾接觸過佛法。小時候家中雖然也有供奉土地公，但觀念裡只知道要去廟裡拜拜，對於道教和佛法哪裡有不同，完全無知。小時候我常會跟著阿公去廟裡拜拜，對於廟裡所擺放結緣、勸人向善的書看了很喜歡，所以經常會拿幾本回家看。書中有寫到一些關於地獄遊記的內容，讓我留下了很深刻的印象，因此自己也常警惕在心中，不敢造惡。

小時候因爲家裡經濟不好，所以我們經常搬家、四處轉學。因此也使我養成了一種無依、不安全感的習性。等到自己再長大一些，這種猶如無根浮萍的感受，隨著自己年歲的增長漸漸有更加深刻的感受。就在這種無依的成長過程中，我養成了喜愛讀書的習慣。雖然對於學業上，我一直表現不是很好。但是對於閱讀課外書卻成了我精神上的食糧，每當有時間或心中苦悶的時候，看書就成了我最好的心靈慰藉。從世界名著、偉人傳記到描述人性的複雜感情糾葛等，不同類型的書，只要我有因緣拿到，我就看。後來，因爲自己沒有簡擇的能力，所以也看了一些不正當的書籍，熏習了許多的染汙種子，以至於後來在自己學法後，常常會自心流注曾經熏習過的染汙妄念；對此自己也常常懺悔。對於自己年少時所熏習的染汙種子和造作的染汙惡業，自己眞是覺得很慚愧。（弟子自責其心，永不復作！）

就讀高中的時候，自己慢慢對人生產生了許多疑問。那時候自己常問的一個問題是：「人生中到底什麼是永恆呢？」自己也不斷地問人、看書，希望能從中得到答案。後來還自以爲是的得到一個結論：世間的人、事、時、地、物都會改變，好像沒有不變、永恆的！所以永恆應該就是此時此刻，過了這一刻，就沒有永恆了。但是，這一刻怎麼留住呢？現在自己學法後才知道，當初這個答案是妄想。不過從那時候起，我也越來越對於人生產生了許多的疑問。後來因緣際會下，我跟隨了一位教現代心理學的老師學習。

在學習心理學的那段時間，我們每週上一次課，每次上課老師除了講一些基本的心理學理論外，其餘的時間就藉由不同的活動，例如：分享創傷、與自己心中的小孩對話、確立成功的人格信念……等。每次上課總是像洩洪的水庫一樣，把自己平時生活中滿腔的挫折、不滿的情緒宣洩出來。那時候對於能讓情緒上獲得釋放的感覺，自己覺得很不錯。當時自以爲終於找到了生命的答案，因此每次上課都認眞、努力地抄筆記。但是，每次下課雖然覺得自己信心滿滿、像又充滿電的樣子。過幾天，生活中自己的習氣現行，對於知道自己要放下、轉念，但又無法改變冥冥中的驅力（現在知道，這是因爲意識的我作不了主），總是覺得很無奈。「爲什麼我（意識心的我）就是知道要這樣作，但就作不到呢？」這是我當時最大的煩惱！學習心理學的那段時間，我也花了許多的時間和金錢，參加心理工作坊，但對於「人生無常」、「人死後要往哪裡去」的問題，在心理學課程裡我卻找不到滿意的答案。而且對於課程中我所學到的技巧，例如：放下、轉念、建立成功的信念……等，這些方法似乎仍然無法根本地解決我生活中所遇見的問題。

後來因爲自己的因緣，也漸漸沒有再跟著那位心理學老師學習。不過自己也開始閱讀大量的新世代心理學的書和《西藏生死書》……等書籍，希望能從中得到自己想要的生命答案。就這樣自己盲修瞎練了幾年，我還是無法找到答案。（現在回想起這段經歷，我更能深刻的體驗到導師常說的：「眞善知識難值遇！」）

生命的重大轉折

五、六年前，在一次的因緣，聽到同事說可以藉著學習一種氣功，幫別人治病，而且能自利利他。於是也跟著同事們報名參加。爲期一個星期多的時間學習氣功，可能是自己對於想學的東西都會全心全力投入學習的習性吧，我著實很用功的每天努力作功夫、靜坐，後來竟然招得鬼神感應，走火入魔，差點喪命。還好感恩 大慈大悲觀世音菩薩的慈悲救護，和家人悉心的照顧，讓我能從鬼門關救回來。

大病初癒，餘悸猶存！當時我每晚皆無法安心入睡，後來感恩有兩位學淨土的師姊，她們跟我結緣了一本四經合訂本的經書，讀到其中《佛說阿彌陀經》云：「**當信是稱讚不可思議功德一切諸佛所護念經。**」至此，我就決定以後睡前，我要每天讀誦《佛說阿彌陀經》。這也是我記憶中，第一次接觸到經書。

讀誦了一陣子的《佛說阿彌陀經》後，諸佛菩薩慈悲的安排，讓我遇見了趙家威師兄。當時我們幾位同事利用課餘的時間成立了一個讀書會，由趙師兄帶領。師兄當時已經在講堂修學「禪淨班」，所以我們聚會時，他經常拿 導師的書給我們，跟我們分享學法的法喜。我也藉由這樣的因緣，接觸到了 導師所弘傳的如來藏正法。我一直很感恩趙師兄的慈悲接引，讓我們同是讀書會的其他兩位同事，後來也都一起報名參加了禪淨班。

接觸正法，再重新活一次

經歷過生死關頭的考驗後，當時自己仍是六神無主、魂不守舍的。自己心裡常想著：「之前自己曾經學的東西，到了生死關頭都沒用！那什麼才是眞實、有用的呢？世界上還有什麼東西是我能依止的呢？許許多多的疑問，不知能問誰？」後來，從 導師的書中，我慢慢地得到了許多答案。

我開始接觸 導師的第一本書是《無相念佛》。看完幾遍後，我就決定一定要學會。因爲我覺得《無相念佛》說的功夫，可以有動中定力、攝心，讓我胡思亂想的妄念止息，更棒的是「無相念佛」還是一種密行——身邊的人都不知道你在念佛。而且還可以隨時、隨地，憶佛、想佛、念佛，眞是太殊勝了！但是，當我開始想練習拜佛功夫時，我遇到的第一個問題是：「要怎麼拜佛呢？」由於我之前的人生，對於佛法完全無知，所以如何是拜佛，我眞的是無法理解，於是，我就去問趙師兄：「我要如何拜佛呢？」趙師兄很慈悲！那天，他當場就在辦公室完全沒有清潔的地面上，示範教我如何拜佛。當時我對趙師兄的舉動感到很震撼，也很感動！年近半百的師兄，無私地教我拜佛，這讓我對於正覺的法起了很大的決定心，我心裡暗暗決定：「**我一定要學會無相拜佛的功夫！**」於是回去後，我就開始試著依照師兄的動作，揣摩、練習拜佛。雖然動作不是很正確，我每天還是努力的拜，有問題就把「無相念佛」的書請出來找答案。查書、拜佛，就這樣自己土法煉鋼，想把無相拜佛功夫學起來。不過，因為拜佛姿勢不正確，又沒有注意拜佛時要身心放鬆，所以後來膝蓋也出現了一些狀況。一直到我來講堂上課後，經過親教師、助教老師的教導，我才慢慢的抓到拜佛的要領。因此我覺得到講堂上課很重要，有親教師的攝受和義工菩薩的幫忙，比自己在家盲修瞎練好太多了！

後來，我陸續從趙師兄那兒，拿到許多 導師的書，一本接著一本，看得很歡喜。還記得我看完了《禪—悟前與悟後》和《宗通與說通》後，兩次我都不斷地掉眼淚、不能自已。心裡對於書中 導師不畏辛苦，不斷老婆地教導禪子們如何作功夫，求明心見性的大慈悲心，深深地觸動我。而且 導師還非常慈悲地將我們未來明心見性後，如何進修佛菩提道的方法、次第都為我們寫好了。這是我第一次從深心裡感受到大菩薩的慈悲願力，非常人能為！

學法所遇到的考驗

看了一陣子　導師的書後，有一天趙師兄告訴我們，講堂週六陸老師要開新班，問我們要不要去參加共修。我心裡很想去，但是家裡先生威脅、恐嚇，不同意我參加任何學習的課程，他擔心我又像上次學氣功一樣出差錯。自己也就錯過了第一次學法的機緣。還好不久，週四正瑛老師也要開新班。對於第一次沒辦法參加共修，自己一直很懊惱。再次聽到開課消息時，自己還是有些失落感，因爲覺得自己應該還是沒辦法參加吧？回想起來，我要非常地感恩佩瑛師姊，那時候她隨口就問我：「那我們一起去上課吧！」我說：「好啊！」雖然心裡不是很肯定，不過出口成願，同時也感恩佛菩薩冥冥中慈悲加持，終於讓我學法的因緣得以成就。

週四尚未正式上課前，有一次參加學校讀書會時，趙師兄提到　導師每週二在講堂講《菩薩優婆塞戒經》非常的精彩！我心裡想：「我一定要去聽一聽。」但是一想到家裡先生的反對，就想算了。當天讀書會結束後，想著想著出了辦公室門口，突然迎面一位學生撞過來，把我手上拿的飲料濺了全身。當時我有點嚇到失神了，突然不知自己身在何處，要往哪裡去？回神過來，心裡想著：「不行！這樣醉生夢死過一生，我不要！」所以當下決定，我當天要去聽 導師講經。從此開始我每週二到講堂聽 導師講經的因緣。

第一次到講堂聽 導師講經，看見 導師坐在法座上時，不知爲什麼心裡突然出現了一句不好的語言文字，當下自己嚇死了：「怎麼會這樣呢？」「明明看書時，對於導師在書上所寫的法是那麼信受，爲什麼當面見到導師時又會出現這麼不敬的文字呢？」於是，聽經的兩個小時中，我如坐針氈一般不知如何是好，到了下課 導師說：「遠路及搭火車的同修可以先離開。」我就像火燒屁股一樣，希望能趕快離開。但是，當我隨著人群快到門口時，突然聽見 導師說：「其實……」（詳細的文字內容我忘記了。）我當下覺得好像是 導師在叫我的名字一樣，我愣了一下，回頭就安下心來跟著 導師唸完迴向文。感恩 導師大慈大悲的攝受，要不是這樣，我想我今生與正法的因緣可能就斷了。

這件事我在參加第一次的禪一時，有在佛前對眾發露懺悔。後來週四上課，親教師正瑛也讓我有機會能再次於佛前對眾發露懺悔。我深深體會到跟善知識結好緣，不與一切眾生結惡緣的重要性。導師書上說：「菩薩決不與眾生犯瞋戒。」正瑛老師也說：「不能嫌棄眾生，要與眾生結善緣。」想來，自己往昔累劫以來，一定有造作了對不起 導師的惡業，弟子於此再次懺悔往昔對 導師所造的諸惡業，並發願今生直至未來 導師成佛時，弟子發願勇猛精進跟隨 導師修學正法、護持正法、護持 導師弘法、度眾永不改易。

雖然剛開始聽 導師講經或上週四禪淨班回家後，先生總是會有很大的反彈，自己當時也沒什麼信心是否可以一直學下去，只能求佛菩薩加持。常常放在心裡勉勵自己的兩句話是 導師書上所引用的句子。《佛說無量壽經》卷上云：「爾時世自在王佛知其高明、志願深廣，即為法藏比丘而說經言：『譬如大海，一人斗量經歷劫數，尚可窮底、人有至心，精進求道不止，會當剋果，何願不得？』」《六祖壇經》云：「努力自見莫悠悠，後念忽絕一世休。若悟大乘得見性，虔恭合掌一心求。」每次遇到考驗，就把這兩句話拿出來唸一唸，心裡決定不管發生什麼事，打死不退，我一定要學下去！感恩佛菩薩的加持、導師及親教師的慈悲攝受，讓我學法的因緣漸漸地具足了。

學法的轉折

禪淨班兩年多的課程分兩大部分：行門與教門。行門（功夫門），首先是學會無相憶念拜佛、無相念佛，藉由鍛鍊動中的定力，減除生活中粗重的煩惱，進而能逐漸具備看話頭、參話頭、參禪的功夫。正瑛老師說：「沒有作好拜佛、憶佛的功夫，想要明心開悟是不可能的事。」老師要求我們，每天一定要拜佛，即使沒有時間，每天三拜也一定要作。

我開始拜佛時，因爲拜佛的姿勢不是很正確，所以憶佛的念一直不能很清楚的帶著。後來經由正瑛老師和助教文翰老師的指導，我慢慢的比較能抓到拜佛的要領。正瑛老師說：「拜佛要鬆、輕、柔、勻，身心要放輕鬆，憶佛的念就能提起來。」老師也不斷地於課堂上，利用不同的方式引導我們如何提起憶佛念。還記得有一次正瑛老師準備了幾張親教師張老師的墨寶，墨寶上寫著佛菩薩的聖號：「本師釋迦牟尼佛」、「阿彌陀佛」、「觀世音菩薩」。老師分別將墨寶打開，然後很快的收起來，接著問我們：「看見了什麼？」老師提示說：「眼睛一看的當下，了別就完成。知道的這一念，雖然心中沒有佛菩薩的聖號，語言文字沒出現前，心裡就已經知道了。這個知道的念，就是憶佛的念。」我頓時豁然開朗，原來這就是憶佛念！未上課前，捧著 導師《無相念佛》的書，怎麼想就是想不清楚這憶佛的念。雖然好像有時候似乎也有憶佛念在，但那念猶如風中的燭火一般，總是不能很清楚、確定。

後來，當無相念佛的功夫慢慢上手後，自己的煩惱種子也開始如雨後春筍般的冒出來。平時拜佛或獨處無事時，想把憶佛念提起來、掛念著，但往往跟著就出現一連串語言文字的妄想、妄念，憶佛的念也跟著忘失了。當驚覺憶佛的念不見時，時間也過了大半了。因此自己也常常落入掉悔與內心掙扎中！當時課堂上正瑛老師正好開示說：「煩惱是客塵—客人！煩惱來了，不要努力去壓抑、對治它，就讓煩惱自己現行。心裡要心得決定，將正念—憶佛念帶著。漸漸的客人（客塵煩惱）就會覺得無趣，慢慢地就不來了！」依著老師的開示，自己在日常生活中慢慢地練習、體驗。眞的！粗重煩惱也越來越少了，憶佛的念也比較能常常帶著不忘失。前半年的課程中正瑛老師總是老婆地不斷提點我們：「如何把拜佛功夫作好」、「如何把憶佛念帶著」，這幫助我們打下好的基礎，到後來轉進看話頭時，我們就能比較容易進入狀況。

兩年半的課程中，除了功夫門外，另一個重點是：教門。正瑛老師從基礎的佛法知見：解脫道與佛菩提道、菩薩六度、四聖諦、八正道、五蘊、十八界、十二因緣、四加行……，到最後的參禪知見。老師每次上課總是不厭其煩地重複用不同的方式，及自己親身的體驗跟我們分享，讓我們能深入淺出的建立完整的佛法概念和參禪的正知見。使我能在五蘊、十八界的觀行中有深刻的體驗，進而能有因緣觸證到眞心如來藏。這一切都要感恩 導師和正瑛老師的慈悲攝受，使我能從對佛法完全無知的門外漢，到今天有正知正見，有能力可以參禪、參究。所以我覺得禪淨班的課程裡，一定要跟緊親教師的腳步，黏緊一點，對親教師要完全的信受才行。因爲我們的法身慧命的出生，完全要靠親教師才行。

在最後半年的課程裡，老師不斷地從不同層面將五蘊、十八界的知見分析、整理並教導我們；希望我們能藉由對於五蘊、十八界的觀行，斷除我見。我也開始在行住坐臥中，自內反觀。有一次睡前擦護手霜時，擦著擦著，我突然覺得眼睛看到正在擦護手霜的手，好像不是自己的，心裡覺得好奇怪——那手好像不是「自己」在控制的。又一次洗澡時，突然一念覺得，雖然手在塗肥皂、刷洗身體，但是意識心卻在想著別的事情。所以好像並不是「我」在洗澡。因爲當意識心正在打妄想，專心想著別的事情時，「我」還是把澡洗完了。（所以洗澡□□□□□□□「□」？）又有一次，到一個餐廳上廁所時，突然意識察覺到腳下有一灘水，同時又看到我的右腳竟然已經彎曲成奇怪的姿勢，避開了那灘水。於是我再次確認，生活中行住坐臥一定不是□□□的我□□□、□□□。例如：有時在馬路上，心裡掙扎地考慮要去甲地或是乙地。雖然心裡（意識心的我）希望選擇甲地，但不知怎麼地自己卻往乙地的方向走去。由此可知意識心不是能作主的心。慢慢的更深入的觀行後，我發現生活中有一個恆時作主的心存在。雖然當時有這樣體驗，但對於意識和意根的體性，我卻還不能理得很清楚。而正瑛老師也正好在課堂上講到意根和意識的體性——意根恆審思量，意識分別、思惟。意根根據前六識（主要是第六識）分別、思量的結果作決定。意根的慧很劣，所以需要意識配合分析、判斷才能時時於六塵中攀緣、執著。因此我確認一定有一個不同於意識心體性的心存在，那就是意根。

正瑛老師常說：「我們現在的學人很有福報。因爲導師的書不斷在寫，法越來越勝妙，而且每週二導師講經更是精采絕倫。我們有這麼大的福報，更應該提起精進心，打死不退，緊抓著導師的衣角，努力精進，才不枉今生來此一遭！」對於老師這番話我有很深刻的體會——以前我每天懵懵懂懂、糊塗度日，直至現在的年紀，終不知所爲何來，將來無常到時，我怎能甘心呢？所以這番話，更激起我想要求明心見性的向道心。

兩年多學法的過程中，在法義的整理、思惟或生活上，我常常會遇到許多的問題。但每次只要碰到瓶頸，有法思惟不清楚時。很奇怪地，每次上課正瑛老師都會剛好提到我有疑問的地方，讓我能很快地把法義釐清。所以有老師的慈悲攝受，對我們學人眞的有很大的幫助！生活上，例如我剛開始來講堂學法時，家中先生堅決的反對，甚至怒目相向。那時課堂上正瑛老師告訴我們：「人身難得今已得，佛法難聞今已聞。今生能遇見大善知識不忍聖道衰，出世弘法。而且我們能有因緣值遇這大善因緣，更應打死不退。無論遇到什麼事情都沒關係，只要有法可以學就好了！」於是，我就決定：「好！不管發生什麼事，只要讓我能來講堂學法，什麼都沒關係。」所以，後來對於先生的不諒解和生活環境的種種困難，我也都能夠學習著安忍——接受一切。因此能到講堂參加兩年半的共修非常的重要，在這裡有 導師和親教師的慈悲攝受，對於我們是事半功倍。若是想單靠自己，而有所成就，很難！

上課期間，學法上有疑，我會常常登記小參問親教師。只要我跟老師小參完的下一週上課，我就會立刻再去登記小參，等待下次再跟老師小參的機會。雖然我不知道下次小參時會有什麼問題，但每次小參前我總會發現問題。而且小參時，老師總能適時的指導我，讓我能順利轉進。

祈求佛菩薩的加持也很重要！小參時正瑛老師曾說：「生活中沒辦法解決的事，就去求佛、求觀世音菩薩幫忙。每次下課後可以在佛菩薩面前祈求、懺悔、發願、迴向。」可能是自己剛強個性使然，以前總是不習慣開口求人。因此開始於佛前胡跪祈求時，竟然不知如何開口。但一次次練習後，我發現自己性障漸漸的消除而調柔，而且也慢慢的感受到佛菩薩的加持力。起先我最常祈求：求佛菩薩加持！讓我能到講堂學法無礙。眞的就如願了！我學法的前兩年，我先生工作突然非常的忙，需要常常到大陸。這因緣讓我終於能如願上完兩年多的課程。後來我每次都祈求：求佛菩薩加持！讓我能於今生早日具足福德因緣，能早日明心開悟，能有能力爲正法所用。眞的！我也如願了！所以 導師說：「佛菩薩是不會辜負人的。」這眞的是如實語！

正瑛老師說：「禪三報不報名是自己的事，錄不錄取是導師的事，開不開悟是佛菩薩的事。」所以交了報名表後，自己心裡也就放下了。禪三前，每週上完課，在佛前求佛菩薩加持、懺悔，自己更發的對於自己染污的身、口、意行感到慚愧。在佛前，我也不斷地祈求佛菩薩慈悲攝受，讓我能勇發大願成熟菩薩種性，能有福德因緣成爲菩薩數中一員，生生世世受持菩薩戒、行菩薩道，永不退失。

知道錄取通知單寄出的日子後，心裡還是不免七上八下。確定沒有接到第一梯次通知單時，心裡難免有些失落。但自己心裡想：沒關係！正瑛老師說：「只要每次禪三都報，一定會錄取的。」導師也說：「只要一直賴在講堂，都不退失，總有一天一定會開悟的。」所以想一想反正還有下一次嘛！於是，接著等待第二梯次通知單時，也比較能安忍了。

當我收到第二梯次錄取通知單時，心情是五味雜陳的。一方面很興奮、緊張，另一方面有更多的擔心——因爲心裡知道先生一定會強力反對。所以未交報名表前，我就一直在佛前求，求 觀世音菩薩幫忙，讓我先生能不對我上禪三產生大煩惱、遮止我。兩年多來，面對先生的阻擾，對我而言是最難的。剛開始，我也想過分開、逃避好了。但是正瑛老師說：「要安忍於一切的境界，接受身邊所發生的一切人、事物。每一件事情的發生都有它的因緣在。」而且老師還說：「不可與眾生起瞋，不能惱害一切眾生。對於家中的眷屬一定要圓滿他們。」（編案：作者的同修後來也進入正覺學法，如今已明心。）因此，一路走來，我就不斷地求佛菩薩加持，而自己也知道這一切都是因爲自己的福德因緣不夠的原因。知道自己福德不足，所以我也很努力地盡自己的本分在講堂裡幫忙作義工——累積福德。正瑛老師說：「福德包括：布施、定力、消性障。」又說：「福德到哪裡，因緣就到哪裡。」而且我也發現在作義工中，自己也慢慢調伏了。例如：有一次講經前，我在十樓幫忙排蒲團。心裡突然一念想：「作義工，可以有福德，那我要多作一點。」當下覺察到自己起了這個念，眞是覺得很慚愧。自己再深入觀行、思惟反省：這麼多的蒲團，我一個人能完成嗎？只有一個人能成事嗎？看著其他幫忙師兄、師姊的身影，我才明白：「每一個小螺絲釘的重要性。若是沒有講堂裡諸位義工菩薩，大家齊心的護持。我能安心學法嗎？」對於自己所起的慢心，深深地覺得慚愧、懺悔，發願永不復犯。因此在講堂裡，發心作義工很重要！

禪三精進共修

禪三第一天報到，下午起三後，導師告誡我們要善守密意，不能向其他人透露禪三的一切事情，以免犯了虧損正法、障礙他人法身慧命生起的因緣。我也謹記在心，因爲這很重要！隨後 導師爲我們開示斷我見的知見。導師常說：「學佛人最重要的是斷我見。」這幾年來，導師更是不斷的爲我們學人開示、寫書，告訴我們斷我見的正知見和方法。以前小參的時候我曾問過正瑛老師——藉由熏習正知見、觀行斷我見，那怎樣才能知道自己眞斷我見了呢？老師說：「未破參前斷我見，往往只是意識上接受而斷我見。眞實的斷我見要在破參明心後，確實觀行，了知眞心與妄心如何運作，那才是眞實斷除我見——永遠不再認取意識心爲我。」那時候我還不是很能瞭解老師說的眞實義。不過現在自己破參後，歷緣對境中現前觀照，我才明白，每天追逐於六塵中，起種種顚倒妄想，貪愛、執著的意識妄心眞是虛妄、不實。禪三期間許多次 導師在用齋時開示：「意識心是小人，要把大人請出來。我們一般人都迷己逐物，於六塵中貪著、執取，錯認五陰中的其中一法爲眞實我。眾生都忘了自身中還有一個眞實的大丈夫！」找到如來藏後，聽到 導師這樣的開示，眞是不覺莞爾，頻頻點頭稱是。

禪三期間「吃水果」的公案，一直是我非常期待的。《禪—悟前與悟後》導師曾有寫到禪三裡「吃水果」的情形。上山前正瑛老師也一再的提醒我們：「禪三期間要直心！要隨時盯著導師看，因爲禪三期間導師的一切言語、造作都是禪機。」因此第一次用齋時，看見 導師起身，心裡想著：「喔！要吃水果囉！」等到 導師問我：「吃什麼？」我回答說：「水果！」（意識心想著要直心、要乖，但其實差很遠了。）導師說：「不是！」這時我才知道：「原來東山禪的水果這麼『難吃』！」

第一天晚上我參得很苦。因爲上山前，我從五蘊、十八界的觀行中，自己慢慢的體驗到十八界：六根、六塵、六識的虛妄。也越來越確認：能知能覺的意識覺知心不是眞能作主的心。有一回上完課後，我開著車行駛在路上，突然後方的車子按了一下喇叭，意識覺知心突然反觀到：頭很慢、很慢、很慢地往右轉，一念觸到是誰？心裡確定不是意識心的我，那是誰？不是「我」□□□，那是誰？心裡一直覺得很奇怪！後來就一直帶著「這個□□□是誰？」在行住坐臥中找，發現祂好像都在，又讀到 導師書中寫到：「□□□識是□□□。」心裡就想著：「是祂嗎？」後來跟正瑛老師小參，老師說：「要整理清楚。」要我把□□、□□、□□分清楚。若是說不清楚就是自己的遮障。並交代我要多懺悔、發大願！要在行住坐臥中去體驗、整理。

因爲老師也沒有肯我（其實老師早已經很慈悲的在告訴我了。只因自己無明、性障所障），所以我心裡也不敢承擔。上山前，我就繼續看 導師的書，生活中再去體驗祂，確認祂是否是□□，還是識蘊的變相。第一天晚上，拜佛時我就帶著「祂」，自己問自己：「祂是□□嗎？」「不是。□□是□□□□，是色身□□、□□上的□□變化。」又問：「祂是導師起三時所開示——意識心的變相，觀想所成的嗎？」「不是。祂有眞實的□□。祂能□□□□□，使我能□□□□的□□。」就這樣心裡一直不敢承擔，不斷的拉扯。晚上 導師普說公案時，對於 導師開示的公案密意，自己又幾乎聽不懂，於是心裡更是不知如何是好。安板時，心裡想怎麼辦，那應該不是了！半夜裡跪在 克勤祖師菩薩面前，想到上山前白老師、趙師兄、賴師姊、余師姊的鼓勵，還有最後一堂課下課後，自己到小參室跟正瑛老師說：「願學生能早一點，有能力得以報得師恩。」不禁難過了起來，心裡決定：「不管怎麼樣，即使喪身捨命，我一定要參下去！」那時我才眞實體驗到「參禪眞苦呀！」

第二天早上經行時，監香老師帶著我們用不同的方式走路：慢步走、快步走、散步走。監香老師開示說：「要去找走路時，□□的是什麼？□□是什麼？」雖然之前有找到祂，但因爲自己一直無法承擔，所以智慧不能發起。因此對於之前所找到的祂起了疑，心裡想：「之前的祂應該不是了吧。」經行完，回到禪堂抽籤決定小參的順序後，我就在座位上繼續拜佛參究。但不論怎麼找，心裡還是覺得就是祂。（現在我才明白導師爲什麼說：雖找到如來藏，但是若不肯承擔，則智慧仍然無法發起。）後來我就到佛菩薩面前跪求、發願，求菩薩加持！我也不斷的懺悔，祈求往昔累劫以來的冤親債主不遮障我。我發願把明心開悟和未來護持正法的功德都迴向給他們，願在未來自己有能力的時候與他們共修佛法、共證菩提、共成佛道，成爲佛菩提道上的同修道友。

進了小參室，跟導師胡跪懺悔之前在聽經時對 導師起的妄念，導師慈悲的告訴我：懺悔完就放下囉！自己心裡也才放下一顆大石頭（揹了兩年多的石頭！）導師接著問我：「在禪三報名表裡，看妳好像找到了什麼。說說看，□□□說明什麼是□□、□□和□□。」我回答完後，導師說：「你只是手呈，還要會口說。」我說：「□□□□。」導師說：「換成□□□□，比較好。」我說：「好！□□□□！」（當下自己也就承擔下來了。原來祂眞的可以口說、手呈！）感恩 導師慈悲，一句話提點我，讓我一掃陰霾，當下就認了祂。接著 導師拿了三句經文要我說說看什麼意思。自己將經文對照找到的如來藏加以現觀，眞的就是如經文所說這樣！這下才眞正明白正瑛老師所說：「明心開悟是如人飲水，冷暖自知。」、「開悟沒有境界；開悟是智慧；開悟是本來不知的，後來知道了；開悟是現量。」 導師接著又出了一個問題讓我整理，要我好好體驗。出了小參室，我到佛前感恩佛菩薩加持，讓我終於能找到「日用而不知的自家物」。求佛加持，願我能生生世世生於佛前，値遇善知識，受持菩薩戒、行菩薩道永不退失。

回到座位，整理 導師給我的題目，不久午齋時間到了。過堂後 導師一一看著我們，叮嚀我們：「注意腳下！」當下我終於能現觀《維摩詰經》云：「菩薩若應諸波羅蜜教化眾生，諸有所作、舉足下足，當知皆從道場來，住於佛法矣！」於是自己開始體驗所找到的眞心□□□□？走路的時候祂□□□□？吃飯的時候祂□□□□？體驗如來藏、觀察祂如何□□□□□□、□□□，如何使我能□□、□□□……等。我發現，行住坐臥中祂竟然沒有一刻不在！

自己剛開始的體驗似乎太偏於眞心了，忽略了祂的無爲、無作性。第二次進小參室時，監香老師提醒我：「如來藏是絕對不會主動□□□□□的！」我才警覺到自已的錯誤——雖然……都是祂，但是都不是祂自己主動的。是意根！是恆時作主的意根！雖然未上山前我也曾經觸證到意根，並且在 導師的書裡和開示中有時也會提到意根，但是我一直都沒有像此刻這麼的親近祂。《維摩詰經》云：「知是菩提，了眾生心行故；不會是菩提，諸入不會故。」眞的！就如 導師常說的：「悟後把經典請出來印證祂，經裡說的都是祂！」我這門外漢終於也能讀懂佛經了，好棒！

再深入的整理□□、□□□的知見。在三界中，如來藏□□□□□，直接出生了六根。生活中行住坐臥時，如來藏□□□□□□□「不斷」地觸外五塵，並於勝義根中間接出生內相分六塵，由意根觸法塵作意，使如來藏流注前六識的種子，輾轉出生六識來了知、分別內相分六塵。意識對於六塵境界的法塵作深細的了別、分析後，最後由意根決定、作意，使如來藏繼續不斷地流注十八界的種子，如此輾轉不斷地出生了三界中的萬法。當未找到眞心前，我們都迷於能知能覺的心和處處作主的心爲我，錯認小人爲主，而忽略了時時現於眼前的眞主。祂眞的是太現成、太親近了！難怪乎 導師常說：「**眞斷我見的人，要想明心如桌上取柑。**」原來難悟，一切只因爲我們都太貪愛能知能覺的意識心，不肯放捨。所以禪三過堂和普說公案時，看著 導師不斷地爲我們學人，不辭辛苦神頭鬼臉地使機鋒，導師都已白著講，但是仍然還是有人抱著意識心的我不肯死卻。那時，我才眞正深刻體會到 導師大菩薩的慈悲與智慧！

整理第二道題目，導師要我自己說服自己，明白如來藏爲什麼□□□□？回到座位，飛快的寫著答案，寫著、寫著突然一念悲泣不能自己。看著自己寫的答案，心裡想，這些不都是平時上課親教師所教的嘛！原來這就是老師的慈悲攝受！

想到以前無知，曾經對正瑛老師起過慢心，眞是覺得慚愧與懺悔。（弟子自懺其心，永不復犯。）上山前，對於自己似乎有所觸到，但正瑛老師沒有肯我，心裡有點嘀咕。現在才知道這原來都是老師的慈悲、善護我，自己反而無知的起煩惱，眞是非常的慚愧！（弟子自懺其心，永不復犯。）當時想到這裡，自己趕快到佛前發露懺悔，對於自己往昔輕慢師長，慢心、諍勝的性障，自己深深覺得慚愧與懺悔。（弟子自懺其心，永不復作。）我發願今生願盡形壽，不惜喪身捨命護持 導師、護持正瑛老師、護持正覺講堂親教師僧團，讓他們能弘法、度眾無礙。再發願：願於未來 導師以及正覺講堂諸位親教師僧團勝義菩薩將來成佛時，弟子願盡形壽侍奉、護持，成爲座下的大護法，永不改易。

一道題、接著一道題的整理，到了後來我才漸漸地瞭解 導師的苦心。導師說：**「明心開悟一定要自己辛苦的去參。四天三夜辛苦參出來的，自己才能承擔，以後才能不退轉。」**未上山前，聽正瑛老師說：禪三現在比較難了，要考很多題，才能被 導師印證。所以心裡就有點緊張，擔心考不過。上山後才體會到，原來我們所需要的知見，在課堂上親教師早爲我們不斷反覆地宣說了。只要我們肯死心塌地跟著親教師的教導：按部就班的作功夫、整理知見、觀行體驗、消除慢心、修集福德、發大願、懺悔、迴向，祈求佛菩薩加持、護祐，要明心很容易。這都因為我們有 導師大菩薩的慈悲攝受，導師早已將我們修學的方向、修學的知見和方法鋪陳好了，一切就端看我們願不願意「劍及履及」地實踐。而且我們更要發起護持正法的大願，因為我們自己眞的沒有什麼了不起！今生若是沒有大善知識的出世弘法，沒有正覺海會諸菩薩摩訶薩們乘願再來護持正法，我想，今生我還將是流浪生死一輩子，空過此生。

感恩 導師及親教師正瑛老師的大恩大德，讓弟子能找到「日用已經知的祂」，能不枉此生！感恩諸位護三菩薩的辛勞，及正覺講堂諸位義工菩薩，謝謝您們的護持，讓我能在禪三期間與禪淨班兩年多來，修學正法無礙。弟子發願：今生願跟隨導師及正覺海會諸菩薩摩訶薩修學如何成為一位菩薩摩訶薩，勇發菩薩種性，上求佛道、下化眾生，盡未來際，永不改易！

弟子 正思 合十敬禮

見道報告

2008/11/10 郭正燕

南無本師 釋迦牟尼佛
南無大悲 觀世音菩薩
南無 平實菩薩摩訶薩

弟子是週四進階班孫老師座下，末學同修在十幾年前看《無相念佛》這本書時，即認定是正法書籍，他自己常以此法門用大禮拜方式拜佛；也試著找了幾次，但都沒有找到同修會。直到九十二年SARS過後被關在家好幾個月不能出門，想到士林夜市逛逛，順便再找找看同修會是否存在，才終於找到。當時已開課四個月，我們只想看看而已，並沒打算馬上上課；可是聽課要先報名，也就報了，義工菩薩還發了一雙襪子及拜巾，我倆對看，問說：

「多少錢？」義工菩薩說：「免費贈送。」我們心想：哪有那麼好的事？上課免費，拜巾襪子都免費。

剛開始時，只想聽聽是否值得繼續上課；因爲我們在密宗學了十八年佛法，每個星期六、日都有法會，法本是一張 B3 紙，前文打了四無量心，後文打上迴向文，中間文字即是傳何種法，把名稱改一下而已，幾乎沒任何內容；主事者買一些八字、地理、風水、姓名學的書，或是把一些法師的開示看完後再作開示；常常說錢不夠用，佛堂開銷太大，無法生存等言語。我們努力護持，盡所能供養財物，甚至向保險公司貸款護持；當時以爲這是佛法，連工作都不敢停，所得三分之一全在護持，以爲護持佛法。這樣無知、無明過了十幾年後，心裡常出現「**我要『內證』的東西，我不要這些**」；每星期二次傳法的法本每人都會唸，甚至還生起想去西藏閉關的念頭。

還好諸佛菩薩憐憫我們，安排來正覺，剛開始也不敢全心護持，怕又重蹈覆轍，所以兩邊跑；又有工作，下班瑣事多，也沒拜佛；直到有一次參加禪一後，知道正覺是眞修行的地方，才開始偶爾拜佛，才開始要修行、安住。游老師教看話頭及參禪，有不二口訣：拜、看。心想：如果在密宗，這是六耳不傳之法，老師上課時居然公開傳這麼重要的法，怎有這麼好的事？就在二〇〇五年受菩薩戒前半個月，決定不跑二個道場，專心在正覺上課。想到十八年來無知、無明及情執難斷，聞正法一年半後才決定離開錯誤的道場。渴望正修學的心：居然被我們遇到了，心中五味雜陳。

末學最正確的觀念是確定要留在正覺時，即要放棄以前的修法。例如觀想……等，剛開始小參還問游老師：「憶佛念，放在心輪還是頂輪？」游老師說在腦袋，末學才改過來。在游老師教導下學會了拈提諸方大師佛法的落處，並對照以前在密宗的法本，知道主事者沒有悟得佛法，慢慢具正知正見。

二年半課程結束時，安排全家到北海道旅遊，慶祝畢業。等二星期後回週四上課時，沒看見同班同學，心裡很奇怪。因緣關係，到孫老師座下；此時一直想再重新上（禪淨班的）課，但同修不同意；雖對五陰十八界不懂，還是入進階班。孫老師講課非常精彩，及當時正知見慢慢具足，所以下班後馬上到講堂拜佛；下課後到台北橋吃晚餐時遇到同班同學，得知他錄取禪三，心裡很羨慕。經由林同學鼓勵：要多跟老師小參及報名禪三。並得知林同學將事業結束，專心參禪，心裡又生起希望，想努力修行。孫老師上課，講《心經》色不異空、空不異色、空性、空相法時，回家路上淚水不停；晚上睡覺躺在床上一直流淚，老師講課期間經常如此。有一天來上課途中遇到孫老師，提到此事，老師要我登記小參，就這樣開始常常和老師小參。

剛開始小參，孫老師告訴末學這是菩薩大法，說明了二、三次才慢慢知道眞的是菩薩大法。瞭解孫老師智慧深細，更喜歡上課。此時眞的很想努力拜佛，但下班後瑣事很多，無法專心拜佛；常現起退休離職專心修行的念頭，常想「**這樣混下去不是辦法**」，剛好有個機緣讓末學更堅定離職。就這樣每天拜三小時，沒發願、懺悔、迴向，只純拜佛，又常落入無記。觀行是最感困難的，小參時經由孫老師指導：「**身體、手等是四大所成……而有受想行識。**」識也不懂，老師說：「**別人一天讀懂，給妳一星期把識弄懂。**」結果一整晚睡不著，到清晨五點起床看《識蘊眞義》十四章，兩小時眞的弄懂了；而且老師也說不能落入無記，一定要有憶佛念，這樣開始心想往前用功的念頭了。

二〇〇六年七月末學向孫老師報告要報名禪三時腰閃到，一星期無法上班，當然打消報名的機會了。二〇〇七年一月又要報名，心想：「**都不要講，**

免得有障礙。」沒想到禪三前二十天抱小狗，腰嚴重受傷，動都不能動，又很痛；忍尿忍了三小時，由救護車五花大綁送醫院，到急診室躺在床上尿半個小時。之後檢查及復健期間，醫生說骨刺很大片，怕包住神經及鈣化，要趕快脊椎開刀；因復健眞的沒效，每天痛。此時收到禪三錄取通知，本來想放棄，但眞的想看看禪三是怎麼回事？很嚮往！以前聽同學說上一次禪三比你在家修十幾年功德受用還大，所以忍痛上禪三。五陰十八界搞不懂，每天早上四點起床，腰輕輕一動，好像快閃到一樣，每天戰戰兢兢保護腰，只求菩薩讓我不妨礙同學參禪。

第一次見到 導師是受菩薩戒，心想 導師整個人看起來清心寡慾，什麼仙鶴的樣子，不會形容，總之像個修行人樣子。第二次是浴佛節，見到 導師施機鋒，有女尼將悉達多太子像推倒，很震撼；心想：一定有東西，確實有東西。第三次是歸依大典。這次禪三是第四次見到 導師。這次禪三第二天要小參，末學很緊張；沒有東西，功夫不好，不曉得要怎麼辦？導師說這樣四天我會很辛苦，當時末學說「不會」，就這樣包著護腰，忍痛一直拜，幾乎沒停；拜了三天，第四天實在拜不動了，才有時坐、有時拜。其中過堂時，導師突然問：「星期二沒聽《金剛經》的人舉手。」末學馬上舉手，導師說要打三十大板。眞是慚愧、懺悔！大菩薩宣講第一義，居然沒來聽。公案不懂，全部都不懂，只知禪三讓末學非常震撼；經行不是要專心不打妄想，不是一般的經行用意，碰到眞正禪師才是我們最大的福報。禪三法會莊嚴，諸佛菩薩攝受力讓你感受到；維那沈靜緩慢悲柔引導〈懺悔文〉時，每人放聲大哭；此生只有母親往生時才有這樣傷心悲痛，到禪三懺悔時怎會如此？末學更能體會 導師是用生命弘揚正法、孤軍奮戰，力求還原佛法眞相之大菩薩。感謝諸佛菩薩、導師讓弟子參加禪三。

禪三回來第二天，一早禮佛時居然痛哭；想到諸佛攝受，導師這樣辛勞，覺得非常愧對諸佛菩薩及 導師、親教師等。這樣每天自己在家狂哭了半個月之久，憶佛念半個月不斷；眼睛哭到過敏變紅眼症，半年醫不好，後來到大醫院才看好。每次講到 導師都淚流不止，我也不想這樣啊！接著要馬上開刀治療腰椎，弟弟打聽用民俗療法在背、腰磨破皮，用竹筒像拔灌熱脹冷縮的原理，四天吸一次，一次吸四十分鐘，將骨刺、血塊吸出，再貼葯布。本來走路很慢，都拐著雨傘走路；第一次治療後不用雨傘，而且可以走快了。

這樣身上共六十幾個洞，半年無法睡床，都睡地板，整個背、腰貼滿藥布。正值夏天，換藥開冷氣，不注意，染上肺炎，同修跟女兒二人輪流請假照顧。在家冷氣二十四小時不停，白天客廳開，晚上房間開，只要出門立刻到「7-11吹一下冷氣；因爲有傷口，流汗非常痛；好幾個月無法呼吸新鮮空氣，非常痛苦。沒想到去治療途中跌倒，膝蓋正中間破二個洞，更無法跪；坐也不能久坐，站更不能久站；躺下又痛，功課當然沒作，眞的很痛苦；看到同學可以拜佛，心裡好羨慕，心想這輩子難道不能拜佛了？

一路走來跌跌撞撞，讓弟子無法拜佛，及挫折；但求悟求道之心更堅強勇敢，也沒想太多了，一直憨憨往前走。後來很多人說這是遮障，要懺悔。孫老師也說在過去世中有阻礙他人修學第一義法。同學拿了一些〈懺悔文〉、〈十受章〉給弟子，就這樣每天唸〈大悲懺〉，用憶佛淨念制心一處方法拜懺、求懺悔；發十無盡願、〈十受章〉發願文及迴向……等，到現在眞是至心懺悔。慢慢身體好起來後，努力作義工、放書等等，每月布施護持講堂；自己得聞正法，希望有緣人也能聽聞正法，故而護持正法。同修也夢見菩薩說：「作義工是有記錄的。」

此時末學也知道觀行非常重要，一定要克服，下定決心到怡客咖啡觀行，喝咖啡四、五個小時，非常仔細、細心、反覆觀行；發現□□□□□是第幾識？跟孫老師小參，老師說這是疑情。還是不懂什麼叫疑情？故停兩個月後再小參，老師說是入處，還是不懂「入處」。然後每天觀行□□，問題點還是一樣；掃地是誰？喝水是誰？記得孫老師說禪三時在□、□、□，勿擴大。想起十幾年前有部外國電影印象深刻；失智老人只要一□□□□時，□□、□□□□非常準確，一□、一□。覺得疑情很重，又不會講。今年一月又要報禪三了，最後一天才報名。孫老師說，只要拜佛，定力就會回來。眞的！我好久無法拜佛了，好高興！正值冬天，腰很緊，就用小電氈插電，綁在腰後包起來拜佛；每天拜三小時，發願、懺悔、迴向功課都作；雖然拜三小時，常落入無記；但記住老師的話，再提憶佛念；此時插電氈拜佛，定力又回來了。

在日常生活起心動念，用智慧對治，努力除斷我見；碰到瓶頸，再小參；雖然老師說的有時不很懂，但儘量依老師開示對治煩惱、習氣。又收到禪三錄取通知，很惶恐，怕沒東西，愧對 導師、孫老師；再小參，被老師棒喝！

老師說：「別人不一定有入處，現在有入處就直接參禪！」「老師！什麼叫參禪？」師曰：「直接找眞心。」此時在家發現□□，□□□是不是？□□□□是不是？可是觸證一定要「碰」！！一下，觸電一下才是。

禪三第二天小參，告訴 導師，孫老師說末學的□□□？□□□？是入處，導師即說：「□□是如來藏。」並引公案□□……。當下即流淚，孫老師說：「妳沒聽過是不是？」末學點點頭。是 導師幫我開悟的！！導師要我整理、體驗、思惟再小參。老實說，再小參碰到孫老師，心裡很激動，並以爲是上課的小參，即說：「□□是如來藏，□□是如來藏。」沒想到孫老師卻出了三個考題。當時還問孫老師：「□□□是要『碰』！！一下嗎？」老師即指牆上掛著「□□□□」的字，並解釋，才恍然大悟。眞是感謝 導師！！要義工菩薩叫末學□□更清楚□□，恩師非常有耐心一遍一遍教導。眞是慚愧！何德何能？導師如此辛苦！回座位時即有很強烈念頭：「要爲導師死！爲正法死都願意！」佛恩、師恩難報！

由於平時不看書，只喜歡拜佛而已；也不懂什麼整理；雖然今年以來由於觀行到晚上睡不著，甚至半夜起來上洗手間時，依然清楚睡夢中在整理，很清楚；但早上起床又忘了，時常這樣。此次禪三知道如來藏是什麼後，更愛看書、努力作義工。正覺的事當成自己的事作；更堅信唯有親證如來藏，無一法可推翻；沒 導師幫忙，不可能明心。三次報禪三，終於有喝水體驗、走路體驗；其中更深細不可思議功德法，若不是 平實菩薩開示，在人間眞的無法聽聞；不是外面相似佛法用意識、文字思惟、創造的法；也不是密宗千種萬種法。菩薩藏妙法唯有實證，理上只有一個如來藏，只要正確受學、方向正確、道心不退、發起菩薩種性；今生、來世人人都有實證的機會，只是早晚而已。

感謝 世尊、觀世音菩薩、十方諸佛菩薩，安排 平實菩薩宣揚如來藏微妙甚深不可思議功德法。於今法脈如絲，若無 平實導師無我、無私、不吝法，不計自心勞悴奔波，大慈大悲爲眾生，大智大勇爲正法，孤軍奮戰、摧邪顯正、弘揚正法，述說第一義，還原佛法眞相，免費開班施設教導我們正知、正見；親教師們辛苦、苦口婆心、反覆不斷教導正知、正見，我們怎會知道有一個法—如來藏—執持業種，本來解脫、沒生死、沒煩惱繫縛，跟五蘊和合仍解脫，一切法在如來藏中眞實、如如。不是遙不可及，不是想像及境界法；不是外面諸大師說的一念不生、清清楚楚明明白白，不是自由心證還「自由落體」的心呢！他們全由自己意識想像創造。

這是眞實有的法，只是他們都沒親證，依文解義，差之毫釐，失之千里。禪宗公案經由他們以自己意識的看法來解說，讀後眞是讓末學更感謝 導師苦心教導。末學也知道外面大法師可能要弟子們不要看「蕭平實」的書，但我們爲何不作爲有智慧的人？只要來上課，正覺的書到底講什麼？自然慢慢會懂，會有智慧分別誰對誰錯。雖然外面很多道場、精舍講明心、無我，開始前一句講佛法很有道理，第二句後完全依自己意識講，成了相似佛法，眞是可悲！

在正覺上課五年，了知外面所講的佛法凡是不講第一義諦、佛法的核心，都是戲論。因爲有三次禪三能近距離跟 導師接近，更讓我看到 導師爲眾生的慈悲性、柔軟性，對我們不厭其煩一次又一次非常有耐心教導。此次有位老菩薩不識字，只會講台語；導師耐心指導，是因老菩薩有菩薩種性。導師說：「**六祖也不識字呀！在正覺很多人不識字也可開悟，不分等級，只要有菩薩種性。**」又看到 導師對事情看法，對就是對，不論對方是敵是友；

對自己，嚴以律己，寬以待人。

想當初病痛來時未曾掉過一滴眼淚，只是有時發呆坐著想：怎麼會變成這種局面？未曾哭過。但禪三回來，每次想到 導師總是這樣用生命為正法，為了眾生勞心、勞悴！我都會痛哭！真的！現在寫時也一樣，看到導師為正法，堅毅、不畏流言、毀謗，堅持正確的。如今我也親證了，更能證明 導師是宣說真實第一義正法之大菩薩！更能證明是還原佛法真相的大菩薩！對 導師—言語道斷—這是真實有的，可以親證；不是虛無飄渺、性空唯名的法。我們非常有福報，未學沒那麼棒，全是諸佛菩薩及 導師，是 恩師活我法身慧命！

正確教育實在太重要了！一般人以為佛教、佛堂、道場就是佛法；導師太慈悲了，免費教導我們修學菩薩大法，非等閒之法，是出三界的法。師恩難報！！唯有幫助 導師還原佛法真相。願弟子無相禮佛感謝諸佛菩薩、平實菩薩！！願自今日到無量劫奉養 恩師。弟子往後到清淨位、轉依真心，將依願而行，如說而作，捨身命財護持第一義、護持 恩師。希望能辯才無礙。

至心禮謝啓蒙—游老師

至心禮謝智慧深細—孫老師

願正法久住 法輪常轉 天人同樂 被 佛所用 被正法所用 被 導師所用

弟子 郭正燕 恭呈

見道報告

一心頂禮 本師釋迦牟尼佛
一心頂禮 阿彌陀佛 觀世音菩薩 大勢至菩薩
一心頂禮 韋陀尊天菩薩
一心頂禮 平實菩薩摩訶薩
一心頂禮 張正圜菩薩摩訶薩
一心頂禮 蔡正元菩薩摩訶薩

—許麗華—

一、**學佛因緣**：我是和我同修一起進入正覺同修會的。

未進正覺學法前，我們曾經跟隨一位在家師兄學過密宗半年，專唸〈六字大明咒〉百萬遍，自己覺得十分感應。後來該師兄於深夜禪坐時不幸往生，我們前往探視時，見其嘴角有咬破流血的跡象；心中甚覺納悶，爲何學密法會有這種情況發生？之後曾跟隨這位師兄的師弟（是出家師父），同赴大陸廣州市跟從四川來的西藏密宗格西學法六日。回來後也曾經在密宗道場學習破瓦法（遷識法），經兩日不停地唱誦咒語後，果眞頭蓋骨內有一小部分下陷，可以在頭頂插上吉祥草；該傳法的仁波切對我們說：「**將來往生時就可憑此法往生想要去的佛國。**」當時因爲缺乏佛法上的正知見，還爲此高興了好幾天呢！後來所謂的明點也修學觀想成功，經前述出家師父點明：「**該明點即是本心。**」認爲就是顯教的明心開悟。當時因沒有正知見，也不知道什麼是開悟，更不覺得「開悟」後有什麼樣的功德受用，所以除了家裡的同修外，也並沒有跟外人提起，否則這大妄語的罪實在是無法擔當的。由於當時對於佛法知見上的無知，致使未能於學後之心性有所轉依。

後來因爲小兒子參加兒童佛學夏令營的因緣，有機會在蓮社講堂上聽師父講述大珠和尚（慧海禪師）所著的《頓悟入道要門論》；論內白紙黑字，字雖識，但就是不懂其中的意思，例如：般若無知，無事不知；般若無見，無事不見；空不空性、淨不淨性……等，覺得開悟的人所開示的法非常艱深，叫人摸不清頭緒。講經師父慈悲，常要人說說聞後的心得，而每當點到我的時候，因自己聽不懂《要門論》內容，只好回答說：「弟子愚癡，請師父開示！」每次上課心裡總是戰戰兢兢如臨深淵，只好找理由缺課，以免因無法應對而尷尬。之後聽人說禮拜《法華經》能使人明心見性增長智慧，甚至連不識字的人都可以為人講解經文，心裡暗喜：「終於找到一法可以醫治我的愚癡病症。」之後還索性講堂也不去了，只在家裡一字一拜的拜起《法華經》來，大約拜了一年多，一部《法華經》才全部拜完，但心中仍然不懂什麼是明心見性！

由於我同修因公務關係去台南講習兩個月，就這樣認識了在台北同修會上課的王秉卿師兄；經由他的引薦，得知一九九九年初 導師將到台中親自教授禪淨初級班；同修與我商量決定後，就這樣踏上了修學正信佛法的旅途。因我們住在台東，講堂地點在台中，所以須於早上六點半之前出門，去搭乘火車到高雄；到達後再由高雄轉搭十二點多的火車前往台中，於下午約三點鐘到達後，略微休息用餐，即準備上晚間六至九時的課程。上完課後，卻因為南迴鐵路不開午夜車次，只能搭乘國光號汽車，每次回到台東時，已經是凌晨五、六點了。這樣一路走來，雖然有一些艱苦，但我的心裡十分篤定自己的選擇是不會錯的，也心甘情願的面對未來這樣模式的日子；不管是颱風天、下雨天，只要路能通、車子能走，我們一定不會缺課的，實在是因爲這個法正是我們想要的。如此四年多來，台東和台中之間的一路往返，心中未曾有絲毫的悔意與怠惰；二〇〇三年法難後，才轉入台南講堂張老師教授的進階班上課。

張老師爲人溫婉和善又有威嚴，有一種讓人很想親近又敬仰的感覺；老師上課的攝受力很強，常不隱晦自己的過失，作爲上課時的教材。更要求學員們於日常生活中歷緣對境注意自己的身口意行，從中學習包容、謙卑、調柔、安忍……，就像一位母親對於自己的子女般的呵護著我們，讓人有種想要擁抱她的衝動！

二、**見道內容與過程**：

記得去年參加四月份第二梯次的禪三前，由於每週二都上高雄講堂聽導師講述的《金剛經宗通》；由於觀察思惟 導師在講經時意有所指的弦外之音（□□□）；久久之後，疑情終於起來了；雖有點體悟，但又有些模糊，就是無法將□□、□□及□□□之間的關係釐清。禪三時，首次與主三和尙導師小參時，蒙 導師慈悲地爲我講述聯貫知見，而我也猛點頭地直說：「對、對、對。」但讓我再整理重說一遍時，竟然不是馬上忘了，就是講得零零落落，詞不達意，眞是慚愧啊！此時才知道苦啊！也知道之前的想法錯了（自以爲聽得懂老師講的就可以了，以及以爲會裡有人因爲不識字也能破參，就認爲自己也可以這樣的錯誤想法）。之後雖再與監香老師小參，仍因爲知見不足而無法獲得老師們的肯定，究其原因乃是我的慢心重、求法心不懇切、企圖心不強，以及未能從聞、思、修上逐步建立知見，以及缺乏觀行上的體驗所致。

經由這一次的經驗，清楚了知自己的落處所在；解三回家後心漸漸的安住下來，重新翻閱 導師的著作；一遍再一遍的研讀並作筆記，希望在這有限的腦力下能再多裝一些法寶進去；同時也觀察體驗眞心與妄心的運作（當在□□時，□□是□□，□□即是□□，而如來藏就是□□□□□）這樣整理了約一年，因禪三報名的日子越來越近，而導師的書仍然看不完，心中不禁著急起來。想著家裡同修都已經過關了，而我竟然還在混日子，眞不知還要流浪到何時啊！剎時悲從心起，心中不斷地祈求佛菩薩、平實導師及張老師，希望您們原諒麗華從前所犯的過失，希望這第三次禪三報名能順利錄取，有機會得到 導師的印證。

此次禪三於小參室內蒙 導師慈悲的引導，終於能通過層層考驗，順利拿到金剛寶印，麗華何其幸運啊！如果沒有諸佛菩薩的加持及 導師、張老師及蔡老師慈悲攝受及悉心教導，眞不知要到何時才能破參回到如來家啊！心裡除了感謝外還是感謝！最後感謝監香孫老師、陳老師、義工菩薩，如果沒有您們辛苦的付出與關心，哪有今日的我呢！

禪三後再次的翻閱《大珠和尚頓悟入道要門論》，以前看不懂的地方，現在大部分都能清楚知道它的意涵。導師啊！眞是太感謝您了，如果沒有您的教導，我們就不可能入如來家。我們的法身慧命是 導師您給的，麗華將盡此生及未來生跟隨著 導師您，努力修學種智、修除性障、救護有緣佛子入大乘證菩提；生生世世護持正法，盡未來際永不退轉。

最後我用最至誠的心，將明心功德迴向給今生及累劫的冤親眷屬，希望你們能早日修學了義正法，永離三惡道，同證菩提，並祈求佛菩薩護佑 導師及師母色身康泰、傳法無礙。

阿彌陀佛！

弟子 許麗華 頂禮

我的菩提路

佛弟子 陳新布 恭述

一心頂禮 本師 釋迦牟尼佛
一心頂禮 諸佛菩薩、護法龍天
一心頂禮 平實菩薩摩訶薩
一心頂禮 監香老師及諸護三菩薩

弟子家住彰化縣竹塘鄉，世代務農，從小個性沉默、穩重，行止中規中矩，是親友心目中的好孩子。小學成績總是名列前茅，是個品學兼優的好學生。小學畢業後到台中市立一中唸初中，台中一中唸高中；青少年時期即開始探索人生的問題、思考生命的意義。雖然家中供奉玄天上帝，大哥也擔任神職工作，但是傳統的神道教無法解決我對生命問題的疑惑；一九七三年參加大學聯招考上國立臺灣師範大學，一九七四年在同窗室友的影響下，跑到台北和平教會受洗信仰基督教，並積極參加青年團契、聖歌隊、查經班、作禮拜、教主日學；一九七六年暑假隨隊到花蓮秀林鄉從事山地服務工作、一九七七年帶隊到台東太武鄉從事山地傳福音的服務工作。

回想自己當年信仰基督教的原因如下：

一、在傳統神道教裡面無法找到信仰的歸依處，因為傳統神道教似乎沒有完整的教理與經典來教導信眾。

二、在傳統神道教裡除求神問卜之外無法找到種種生命問題的答案。

三、基督教比較重視人際關係的培養與信仰觀念的建立，如主日學、青年團契、聖歌隊、查經班、家庭聚會等。

四、基督教給人比較現代化、比較理性而不迷信的感覺。教堂也比一般的廟宇乾淨、有氣氛。

五、基督徒的社經地位似乎比較高。基督徒之間的關係也較為融洽。

六、基督教比較重視年輕人的種種人生問題，教會的牧師、長老能提供意見、幫忙解決問題。

七、耶穌基督的博愛精神令人感動，各種教會組織都能深入偏遠地區從事救濟及文教工作。

一九七七年師範大學畢業後，分發到南投縣竹山鎮省立竹山高中實習一年，一九七八年入伍服兵役兩年，一九八〇年退伍後又回竹山高中服務；雖然信仰基督教已有六年之久，但對《聖經》及教理仍然無法全部認同，因爲《舊約聖經》〈創世紀〉談到上帝創造天地、創造亞當與夏娃的神話違背常理，而且上帝也會常常沒涵養的生氣、發怒，甚至會降災懲罰人類；這樣一個沒有慈悲心的上帝，與一般凡人有何差異？信仰上帝得永生，不信仰者會下地獄的教義，也令人難以苟同。總之，基督教的信仰容易與自己的理性起衝突，我實在很難以信仰的立場來說服自己的理性。最後，只好背叛上帝離開基督教！

一九八三年因緣際會跑到水里蓮因寺歸依三寶，開始修學佛法、研究佛學；一九八六年在鹿谷淨律寺照因法師鼓勵下，召集竹山的一些佛教徒成立「竹山念佛會」，借用竹山明善寺共修；後來在一位蓮友發心免費借用建地下，發動募款籌建道場，並將「竹山念佛會」改名「竹山佛教蓮社」。從蓮社宗旨的擬定、組織章程的建構、通訊錄的建立、課誦本的編印，自己一手包辦，作得不亦樂乎！蓮社成立，剛開始都由弟子開車往返淨律寺迎請從慈法師（當今國姓鄉德林念佛會住持）帶領共修。一九八八年從慈法師離開淨律寺後，由另一位法師來帶領共修；幾個月之後法師因事不克前來，只好由弟子當維那領眾唸佛共修兼開示。蓮社除共修外，也籌組助唸團幫亡者助唸，成立慈善基金濟助貧窮的人，也發放清寒獎助學金幫助清寒優秀學生，也舉辦假日兒童讀經班、暑期兒童學佛營，希望有更多的學子能從小接觸佛教、修學佛法，建立正確的人生觀。

弟子除了自己修學淨土法門之外，也購買不少佛教法師（尤其是慧律法師）的錄音帶與佛教書籍來與大眾結緣；自己也很努力看各家的經典與著作，從儒家的四書五經、道家的《易經》、老子、佛家的經典《金剛經、維摩詰經、大佛頂首楞嚴經》，尤其是《六祖壇經、永嘉大師證道歌、頓悟入道要門論、超脫眞詮、達磨四行觀》……等禪宗書籍與公案，更是讀得津津有味，很嚮往禪師的灑脫與智慧。今人的著作則看老古出版社南懷瑾先生的，及後來在法雲寺旁閉關九年的林中治先生所出版的書籍，我對實證經驗的著作似乎比較有興趣。另一方面，自己也勤練太極拳，當教練教人打拳，也學打坐教人靜坐；後來也學「長生學」，也當「開穴師」，並免費幫人調理身體、治療疾病；也學過瑜伽又練氣功，希望能達到性命雙修以探究生命實相的目的。廣學多聞是爲了提升自己的佛學素養，且能具足方便善巧用來弘法利生。

一九八七年家妹在台北工作，與李元松學長熟識而跟他學現代禪；當時現代禪想在南投縣尋覓適當地點籌建道場，李元松學長常來竹山找我；經由弟子介紹認識鹿谷的楊老師，而覓得後來他常來居住的「鹿谷居」。一九八八年雖然現代禪驗證弟子已經開悟，李元松學長並送我其裝訂成冊的影印手稿「心法秘要」（後來搬家時，再次翻閱，覺得沒什麼實質內涵，就資源回收了！）但由弟子當時對開悟內涵的瞭解，現代禪的開悟似乎有問題；他們以體悟到「一念不生」爲開悟（當時我對識蘊的運作也沒有多少概念），開悟後也沒有產生般若智慧，也沒有解脫的功德受用，所以對於自己是否眞正開悟也不太在意。

我本來吃素已整整三年，為了學「禪者」的灑脫，特地請他到餐廳吃飯而中斷；當天晚上即夢到天上飛的、地上爬的、水中游的所有「有情眾生」看到我即恐懼的狂奔逃命，當時我即直覺認為現代禪有問題；隔天晚上又夢到我在帶領共修時敲斷引磬，我回頭看共修大眾，一切似乎都不對了。隔天醒來即決定再也不與現代禪往來。隔年四月，李元松學長即成立現代禪教團，並以「祖、禪、明、心、徹、見、法、性、悲、願、如、海、廣、度、有、情」為各代法號，自號「祖光」，開始弘揚現代禪。

一九八六年暑假，日常法師剛從印度回台，他先在鹿谷淨律寺講密宗的《菩提道次第廣論》，我即前往聽課；後來因淨律寺以專弘淨土法門，無法接受密宗的法為由而中斷此課，他只好轉往埔里佛光寺（？）繼續講課，我又跑去聽了幾次，從道前基礎、下士道、中士道講到上士道；「奢摩他」與「毘缽舍那」部分，他說他不熟而不想講；我最想瞭解的止觀部分竟然聽不到，感覺有點遺憾（編案：廣論後半部所說的止觀都是密宗的雙身法無上瑜伽，全屬意識身識境界，日常法師不敢公開宣講）。隔年他就到台中大坑南普陀寺廣化老法師那邊擔任監院（？），舍弟即歸依日常法師，當他的侍者而出家修學佛法；因現出家相，出門處處受人恭敬、頂禮、供養；幾個月之後，舍弟認為現「出家相」反而不容易修行而還俗。

後來我又跑到台中跟一位黃上師學密宗，也參加法界圓覺宗，歸依智敏、慧華上師，接受灌頂，學紅教密法；又到雲林縣林內鄉的白馬寺歸依、學法；也去新竹峨嵋「十方禪林」，跟首愚法師修學密宗準提法。跑了好幾個道場，一直希望能尋找到眞正的善知識，對自己的修行有所幫助。

一九八八年在國際佛光會竹山分會幾位前會長的勸請下，接下即將「倒會」的竹山分會長職務，推展「人間佛教」，提供自家佛堂供會員共修；經三年的努力，佛光會員增加到二百多人。同時二月與同修一起隨滿舟法師到印度朝聖，沿途在各個聖地誦經作早課；並從靈鷲山下三步一拜直到山頂，在靈鷲山上誦《法華經》，感應護法龍天灑甘露，只聽到雨滴打經本上發出劈哩啪啦的響聲，經本卻沒有任何水滴出現，這是很殊勝、很奇妙的體驗。後來在印度菩提伽耶乞受在家三歸五戒。七月與我同修一起到佛光山短期出家，乞受沙彌戒；二〇〇〇年十二月同修邀我一起到佛光山受在家菩薩戒。

一九九九年九二一集集大地震後，國際佛光會馬上成立「賑災專案小組」，弟子也是九人小組成員之一，積極投入賑災及重建工作，並在台中、南投災區陸續成立十四個佛光園，舉辦各項活動：心靈講座、醫療義診、超薦法會、祈福共修、社教活動等，以兩年的時間陪伴九二一災民走過創傷與哀痛；二〇〇一年接任佛光園總幹事之職，繼續推動各項災後心靈重建工作。二〇〇二年接任「南投縣慈慧善行協會」理事長之職，連續四年積極帶領會員、志工投入關懷獨居老人、低收入戶、老人日托、環保淨街、急難救助等社會服務工作。二〇〇三年通過國際佛光會「檀講師」甄選，取得檀講師資格，參與「校園講座」的弘法工作並受邀到各分會講說佛法。

弟子平日早課必誦〈楞嚴神咒〉、〈十小咒〉等，除了唸佛、持咒之外，也以觀心法門、安般守意法門學習打坐修定。但一直苦無明眼善知識可依止，只好祈求諸佛菩薩幫忙；又怕自己業障深重，因此勤拜八十八佛以懺悔業障。皇天不負苦心人，二〇〇四年六月在一次聚會時，一位正覺同修會的師兄送我《無相念佛》、《念佛三昧修學次第》二書；迫不及待的將二書讀完，很訝異在現代竟還有人能教導他人明心見性，因此確認這就是我所應依止的明眼善知識、我所應親近的道場。八月即把握機會參加台中講堂由寬道法師授課的「禪淨班」。感謝　導師那麼的慈悲，將所知、所證的佛法寫成那麼多的書籍，免費的與大眾結緣，也感謝有那麼多的菩薩發心助印。感謝親教師每週不辭勞苦的遠從北部來台中授課，也感謝有那麼多的義工菩薩發心來護持道場。兩年半風雨無阻的參加共修，這期間努力拜佛、勤作觀行，也拼命讀同修會的結緣書籍，又勤讀正智出版社所出版　導師的著作，幾本重要的書都讀了好幾遍，勤作筆記再三思惟觀行，稍有心得。每星期也必定到台中聽　導師 DVD 講經說法，獲益良多！

二〇〇七年三月禪淨班結束後，報名參加「禪三」，幸運被錄取；第一次參加禪三有點興奮，帶點好奇又有一點期盼；雖然知道每個有情眾生都有獨一無二且具有共同體性的如來藏，如來藏是□□、體相用具足，但其本體無形無相、隨緣應物、妙用無窮，感覺如來藏就是每個有情眾生的□□；眾生生命的本體是無爲法，不可能單獨在三界中現行，必須依附於所生的有爲法中才能顯現出來，須藉用顯其體。但是小參時我要如何去「口說手呈」給主三和尚呢？單單一個□□又怎麼詮釋祂的無窮妙用呢？譬如睡覺時，縱使身體靜靜的躺著，但如來藏卻□□□、無怨無悔的爲我們□□□□□□

□□□，從□□□□、□□□□、□□□□□□、□□□□□、□□□等的□□與□□，各種□□□□□□□，其精密程度與神奇妙用眞的超乎我們想樣之外，更不要說其能藏、所藏、執藏種子的功能妙用了！所以當第一次小參時，主三和尚問我：「什麼是如來藏？」我雖然□□一個□□，我也知道這個□□□□、□□、□□□，□□是□、□□是□□、□□□□應是如來藏，但我就是無法講得很清楚，也很疑惑就是這樣嗎？每日經行也一直在分析□□、□□、□□□；和尚教我洗碗時，我也一直在分析□□、□□、□□□，拜佛時也在分析□□、□□、□□□，也一直在思惟觀察□□與意念的關係、□□與意念的關係。進入小參室，監香老師一問，我又迷糊掉而不知如何回答了。一而再、再而三，幾乎失去信心；第一次「禪三」因此無功而還，空佔一個名額、白白浪費道糧，感到很慚愧！但卻深深感受到主三和尚與監香老師的慈心悲願與智慧善巧，也感謝護三菩薩的犧牲與奉獻！

禪三回來之後進入進階班上課，游老師溫文儒雅、學養豐富，上課內容很充實、講解很詳細，他總是老婆心切的一再告訴我們：眞心外於蘊處界運作的範圍，卻在蘊處界顯現其眞如性。一再要我們必須把眞妄分清楚，要在日常生活中以一件事，仔細、不斷、重複的觀行，然後寫觀行報告；想想自己第一次「禪三」沒破參，也沒什麼不好啦！有此因緣可以來進階班上課，能與游老師及同修大眾結結法緣也是很殊勝的。二〇〇七年六月與我家同修一起到台北講堂再次歸依，能歸依勝義菩薩僧是我們的福報，十二月再度北上乞受菩薩戒。

禪三回來之後，自己也再三地閱讀《禪—悟前與悟後》、《識蘊眞義》、《眞實如來藏》、《心經密意》、《宗通與說通》等書；反覆再三地閱讀、思惟整理，下定決心：不理出頭緒絕不罷休！每星期二晚上必定到台中講堂認眞聽 導師講經說法，聽《金剛經宗通》時看到 導師在扮「神頭鬼臉」，在那邊「烘雲托月」，在那邊□□「此經、此經」、在那邊嘟囔「所謂什麼、即非什麼、是名什麼」時，認爲這個應該是「如來藏」不會錯啦！回家將七大本《公案拈提》五百五十六則公案一一閱讀、尋求驗證，確實如此！如一八六則「石頭綠瓦」中 平實導師的〈縫隙披離頌〉說：「導師禪師作問頭，石頭卻道是木頭；超佛越祖問偏多，雲門胡餅塞卻口。塞卻口，劈木頭，法身分明在指頭……。」又如三六四則「古靈故紙」中說：「只如古靈禪師撫師背云：『好所佛殿，而佛不聖。』是什麼意？諸方密宗法王須急著眼，莫將爲等閒，三世諸佛不許明傳之密意盡在其中。」其實在《公案拈提》裡 導師的評論中，老早將密意隱藏其中，看大家有沒有「用心」去尋覓而已！

此次禪三幸運的再被錄取，行前即在 佛前再次祈求諸佛菩薩、護法龍天，能庇佑 主三和尚、監香老師、護三菩薩身體健康，禪三順利，有更多同修破參（好像沒爲自己求破參）。因爲有前次的經驗，此次就抱著輕鬆的心情到大溪道場，下午拜懺前想著：這一次要很灑脫，再也不哭、不流淚了！沒想到剛一起腔，即淚流滿面、哭得不成人樣。後來 主三和尚殺大家的我見時，也沒特別的感受；晚上的普參，卻能隨 主三和尚的「神頭鬼臉」而發出會心的微笑。

第二天上禪堂，仍然在佛菩薩面前爲大家祈求順利破參；也再次許下「生生世世永留娑婆世界跟隨本師釋迦牟尼佛，一起荷擔如來家業，弘揚如來正法」的願，並許下「護持了義正法，弘揚了義正法」的願。第一次小參時，主三和尚即看出我的盲點所在，要我思惟、整理「□□、□□□」，以分清楚如來藏與□□。下去之後跪在佛前發誓：弄不清楚絕不起來。想不到，幾分鐘之後似乎弄懂了而回座位上，但是又被哪個是□□、哪個是□□，「□□」到底是名詞或是動詞所搞亂了。

第二次小參時，監香老師問我：哪個是如來藏？我又比了□□。監香老師拿起資料夾說：眞想敲你的頭，整理幾個小時竟然沒有分清楚！師問：「你剛剛□□□的？」我說：「我□□□，如來藏□□□啦！」師又問：「是先有如來藏？還是先有意識？」我說：「當然先有如來藏，祂從無始劫以來就存在了！意識是意法因緣生，夜夜斷滅。」師答：「對啊！」猶如一聲響雷，當下「我見」斷盡、桶底脫落、眞心現前，一時豁然開朗，這麼現成、這麼平凡，人人本具、個個圓成的東西，竟然找得那麼辛苦。在這之前，理論都知道，就是缺少如此深刻的體驗啦！此時對如來藏的覺受比以前親切太多了。我終於知道我這大半輩子都被妄心耍得團團轉，都在「認假作眞」、都在「迷己逐物」；回想過去生活的點點滴滴，感覺有點好笑；眞好笑！太好笑了！「眞心□□□，妄心□□□。」內心感慨萬千！

第三次小參時，監香老師問：「以□□□述說如來藏。」我又比了「□

□」，說：「眞心外於蘊處界運作的範圍，卻在蘊處界顯現其眞如性。」（眞是書呆子，主三和尚給的答案竟然忘了！）老師知我落處，因此以喝水爲例，簡單爲我說明其運作。後來所問□、□、□的運作情形及器官捐贈等問題，我都答得很順暢！

第四次小參監香老師所問的「□□□、□□□」及如來藏□□□□□，這些問題在《識蘊眞義》書中 導師都講得很詳細，所以答起來當然沒問題。又問：「□□□□時，主人公何在？」答曰：「祂很忙碌的在□□□□□□□□，從□□□□、□□□□、□□□□、□□□□□、□□□□□□□□□□□□□□□□□。祂正默默的、無怨無悔的付出！」

第五次小參是 主三和尚提問題，我又是書呆子現前，缺乏禪者的直截了當，主三和尚慈悲稍加提示順利過關。至於□□如來藏□□□□，在《眞實如來藏》書中所舉例子太多了，寫出來是很容易的。

第六次小參則要我們寫：……（此段省略不載）其實「眞如」只是在描述阿賴耶識眞實存在及如如不動的體性而已，這個假設題目想來想去充滿矛盾，根本不可能成立，但也逐條的分析這些矛盾狀況。其實 主三和尚是要堅固我們對如來藏妙法體系的信心！

當第六次小參後，已即將解三了，因此來不及享受喝「無生茶」的樂趣，也來不及享受「舉足下足皆從道場來」的慢步經行，希望下次禪三能夠參加護三，請 主三和尚慈悲指導！

自從歸依三寶以來，體認到佛法不只是一種宗教信仰或思想，而是宇宙萬有的實相；更可依善知識的教導與經論的方法，實證諸佛菩薩的境地。因此，一個佛教徒不應只求心靈的寄託或精神的慰藉，更應將佛法落實在生活中，形成一種生命態度，並透過正確的修證來達到身心解脫的目的。

回想自己以前的修學過程，哪裡有名師就往哪裡鑽，東歸依、西灌頂，到處跑道場、趕法會，生活忙碌，六根競馳，何曾靜下心來尋覓眞心？我佛慈悲，今生有幸得遇善知識、能參加共修、能參加禪三有個入手處而明心；感謝諸佛菩薩的慈悲，感謝護法龍天的護持，感謝 導師的悲願，感謝諸親教師與義工菩薩的發心；希望有一天自己也能成爲親教師，能爲佛教、爲弘揚了義正法而努力！也希望「生生世世跟隨本師釋迦牟尼佛一起荷擔如來家業，弘揚如來正法」的願永不退轉！

弟子 陳新布 頂禮

見道報告

陳秀森

一心頂禮本師　釋迦牟尼佛

一心頂禮南無大悲　觀世音菩薩

一心頂禮法身慧命父母　上平下實和上

一心頂禮親教師　正光老師、正瑛老師

一九九八年剛上台北工作時，同事約我陪她去龍山寺拜拜，說是還願，當時一口便答應。當時在一旁等待的我，看著香火瀰漫中的人群，虔敬的禮拜　觀世音菩薩，很是感動。此時有一位居士來到我的身邊，要我跪在菩薩像前持　觀世音菩薩聖號十分鐘，及教我禮佛，事後要我有空可到承天禪寺，又給我一位師姊電話，說師姊很慈悲，在附近家有佛堂正在教《金剛經》等。

隔年，我換了工作在一家高級的珠寶店上班，因爲每一樣產品都很貴重，所以常被要求要很小心，及與客人應對進退的種種細節。以及面對客人時要眼觀四面，耳聽八方（因客人常會問不同店員同樣產品價錢）。主管常嚴格的要求，讓從小無憂無慮在鄉間長大的我，至此變得非常不快樂及沒有自信。

有一天在店裡，有人送了我一張白衣大士像，後面有印《心經》；當時看了像，就像清水滌去了心中的煩憂。默唸著《心經》，尤其是唸到「照見五蘊皆空，度一切苦厄，舍利子！色不異空，空不異色；色即是空，空即是色。」感到很親切。晚上睡覺時就把白衣大士像放在床頭上，《心經》竟在心中一句一句地出現；從此，我坐車等車沒事時，不是持聖號就是默誦《心經》。某日假日，到師姊家聽她教《金剛經》，現在回想起來其實她都依文解義，完全不及第一義諦（第一義諦只有正覺講堂才有）。聽了幾次，因工作忙就沒再共修，但卻喜歡《金剛經》的經文，也會在每晚上入睡前，默誦一遍然後入睡。

每天的工作，讓我有莫名的恐懼；老闆雖然把我當成自家人，常帶我們去飯店吃飯、郊遊、看電影、出國旅遊……。但因爲對我嚴格的要求，在內心深處一直很憂鬱。就這樣工作了約三年，有天師姊約我去高雄大岡山的清雲寺朝山，她說她師父是個苦行僧，完全靠托缽化緣維生。師姊每次看到師父，就拉著我的手要去請師父開示，我常常就是請問：「什麼是明心見性？如何明心見性？」及「本來面目是什麼？」師父的回答總是說只要一心持名，唸到不唸而唸就是；或是前念已過、後念未起時的中間即是。當時也不懂佛法，大都以定爲禪當作是明心。

當時，老師父的侍者，不久要閉生死關，問我是否可以來幫她護關；當時因工作的壓力，內心一直不快樂，一直想有個清淨的地方，不用爲世俗事煩憂；其實，有點兒逃避的心理，就答應了護關的職事。除了護關的職事外，其餘的時間都可自由安排；我很喜歡佛寺清幽的環境，當時心想，男兒要花二年當兵，我就把護關認作當兵一樣，反正自己還很年輕，可以好好的深入經藏。

讀了一段時間，怎麼每個人的註解都不同？就請教老師父，師父就說那是別人的體驗，要我以看佛經爲主；可是依然看不懂，又問師父，師父說：「繼續看，久了智慧開，自然就會懂。」想想我才來佛寺不久，佛法沒有那麼容易就懂的。沒想到佛寺的生活只清淨了一段時間之後就不平靜了；是是非非的，還有，閉關爲什麼俗家人來還可以入關房探望，不是爲了了生脫死的大事嗎？後來聽老師父說：他的侍者，其實是閉名利關（當時佛教界很流行閉關），等出來之後就要到南投的靜觀寺去開山，地都買好了。聽完，心裡有些憂戚……

當時，老師父勸我要好好修行，說我是修行的命；縱使結婚，也不會圓滿，繞了一圈，還是會回到修行的路；因年事已高，希望將來寺院能由我來接。我何德何能，便一口回絕。師父想我年紀輕輕，又無所求的來護持，很是感動。且單身一個人，掙錢不容易，慈悲的贈與一間房子，要我好好修行，不用擔心將來沒有棲身之處。來到正覺講堂修學正知見後，才知這是很嚴重的過失；因爲是十方眾生的錢，我沒有福德去承受這個供養；希望將此房子能儘快的售出，捐給正覺寺，也爲十方眾生積點正法的福德因緣，以及懺悔自己的過失；並將此功德迴向老師父再來娑婆世間時，有此因緣能夠修學大乘了義正法。

一年多以後，師父的侍者就出關房了，整個人變得歇斯底里，寺院不再清靜。反正佛法在世間，不離世間覺（當時沒有正知見，不知世間就是五陰身，直認爲就是人間的世間），於是又回到台北投入工作，還是常常持誦《心經》。可是《心經》的眞實內涵是什麼？就到龍山寺求 觀世音菩薩，請一定要幫我，讓我明瞭《心經》的眞實義。有一天到圓山觀音洞去禮拜，遇到一比丘尼，請教佛法，覺得這位師父所講的佛法不俗；問及《心經》，她說這兒有一師父很懂得《心經》，今天剛好不在，要我改日再上山。隔週迫不及待的上山，遇到三位師父；□□師父詳細解說，所講的佛法跟以前聽到的都不一樣，很震撼！且說：「**明心見性是有可能的，只在於是否有遇到大善知識。**」□□師父說他們不惜飄洋過海來台灣，就是因爲台灣有一個大善知識 平實導師，專門教人明心見性，且把修學佛法的次第與方法清楚的指示出來；只要如實的去行，因緣成熟就可產生一念相應慧，就可找到本來面目。我尋尋覓覓了多年，終於找到了，這就是我要找的佛法。得知最近的新班是在十二月的每週四晚間，在等待上課的日子，每週日都會到山上參加大悲懺，懺除無始劫的罪障（師父怕我們修學正法會有遮障），其餘時間就讀 導師的書。

很快地，上課的時間就到了，在陳老師座下修學；除了週四的課，每個星期二也都會來聽經。爲了修學正法，我辭掉了工作，以前在鑽石貿易公司上班，每天沒日沒夜的工作，假日也常要加班，或者出差。常常一個位置作熟了又要變更職位去支援其他的部門，很難專心修學，因此辭掉。爲了能夠不受打擾地無相拜佛（以前都與姪女共睡一間房，她常要練琴），我搬離住了十多年的大姊家，到外面租房子，以離講堂近爲考量。改掉以前不好的習性（如：愛漂亮、買名牌、買小件的珠寶、花很多的錢置裝、出門一定要穿高跟鞋、到美容院洗頭、逛街喝下午茶、聽音樂會、出國旅行……種種物慾的享樂），但不管外表多麼的光鮮亮麗，內心的不踏實感，從沒停過；從此，改穿唐裝及平底鞋。因爲，這個法對我來說太重要了。

休息了八個月後，旁邊的朋友一直勸我：「年紀還輕，還是有個工作較好。」因此與親教師小參，老師說：「除非有廣大的資糧，」以及「學佛要有長遠心。」但又擔心工作會影響上課，老師就教我求 觀世音菩薩。眞的很靈驗，不久就有以前的廠商，問我是否可以去她公司上班，是珍珠批發的業務。我說：「可以，但是，每個星期有兩天要上課，是否可以提早下班讓我去上課？」老闆答應說可以。就這樣從事了業務的工作，這在以前以我內向、害羞、喜靜、不愛說話的個性，是不可能接受這份工作的；但遇到了正法，讓我整個人改變了；也信任菩薩的安排，藉此工作讓自己在歷緣對境中，消除自己的性障及習氣。把佛法應用在工作及生活上，眞正的去歷練。不再把這個「我」看得那麼重。

每天都很如實的聽親教師的話作功夫，從每天拜佛兩小時，到後來的三至五小時；拜到腰瘦背痛還是拜，因爲老師說無相拜佛功夫的定力，可讓人修成至初地所需的定力。捨掉所有的外緣，爲了快速累積福德，努力修除性障和作義工（很珍惜能夠在講堂作義工），不再亂花錢買不必要的奢侈品，要省下來累積菩提道的資糧。

記得禪淨班上課沒多久，有一次夢見 導師，像是禪三的場景；問我七轉識的問題，我太緊張，竟然結結巴巴……。只記得 導師說：「嘴巴張開！我看。」我就（啊……）嘴巴張得大大的，就醒了。想一定是佛菩薩加持，趕緊起床盥洗，禮佛。可是仍然不知夢中的機鋒。又有一次在夢中夢到 導師，從長講桌上緩緩走下來，我叉手胡跪，向 導師懺悔。導師說了句：「妳問後面的老人家，願不願意原諒妳？」嚇醒，想我往昔一定作了很多罪孽深重、不可原諒的事。與老師小參，老師教我如何的懺悔，以及每天在佛前懺悔，及至有因緣禪三時，再當面向 導師懺悔。

很幸運的第一次禪三順利被錄取，也成就了與 導師懺悔的因緣，導師慈悲地說他沒有關係，不用掛心；但 世尊的部分就……。此次禪三遮障很深，從第一天起三，導師宣講斷我見時就開始昏沉；每晚公案普說時也是一樣，很難攝心；且膝蓋一直刺痛，不斷地變更姿勢。雖然 導師具足方便善巧，公案講得生動活潑，且妙語如珠，我還是無法聽出弦外之音。第二天，經行時腦海不斷地浮現 導師所講的斷我見及公案：大人都在聽小人喊口令；每天揹著佛殿在找佛殿；如□□□、□□□；十八界都是虛妄，意識只□□□□。以及公奠文裡 導師的開示：第八識惟對意根意識所思言聽計從……。靈光一閃，那不就□□□□如來藏嗎？

雖然有所觸證，但因是意識思惟，也不敢承擔。拜佛累了，至陽台吹風及喝水，導師剛好也來到陽台，趕緊一問訊，就給了弟子一個機鋒：「□□□□？喝水□□□？」當時很茫然，看著 導師，啞口無言。拜佛參禪時，導師會過來巡視，也會指導弟子，但總有一股莫名的屏障隔著……。

就這樣下了山，晚上拜佛時，一拜下去，眼淚不自覺的潸潸滑下；想到 導師的慈悲，以及親教師二年半不辭辛勞、風雨無阻的攝受教導；悲從中來，哭了許久才發現衛生紙上都是血。進了進階班，在游老師座下繼續修學，老師不斷地教導、強調六度萬行，以及累積福德的重要，還有要拜懺；都字字的聽進心裡，且更用心與努力地去作，講堂的事總是擺在第一位。很快地，半年又到了，很順利地上了第二次的禪三，導師說：「妳此次的禪三比上次好（遮障較少）。」然後說：「妳很聰明，但是如果沒有找到如來藏，妳的智慧就無法發起。」當時眼淚就在眼眶裡打轉。又說：「陳秀森不是妳，妳不是陳秀森。繼續在七轉識作細觀…，法離見聞覺知……找到時自己檢驗，再排小參。」到了第三天，導師問我：「如何？」搖搖頭，然後又說：「趕快排小參，請監香老師給個方向。」雖然知道□□□□都是如來藏，但 導師、監香問我時卻又答不出來，想要丟又丟不掉。第四天中午，導師又詢問弟子情形，還是搖頭，導師慈悲的說：「怎會沒有消息？」然後又教弟子□□□□□□□。導師的慈悲，只有來到禪三道場，才會深刻的感受，那種慈父般地關懷著每個孩子，竭盡所能、十八般武藝的展現，就是要幫助大家都能夠找到生命的實相。

整個心都陷在懺悔裡，懺悔年輕時完全不懂得佛法就住到佛寺中，不知犯了多少的過失……，以及又接受了老師父所贈與房子的錯誤與過失，不斷地、不斷地在佛前向佛菩薩懺悔，就這樣整個心都陷在懺悔中……。感謝佛菩薩、導師，對於業障深重的我，不斷的給與弟子機會；弟子喪身捨命都無以回報，今後將不惜捨身、命、財，護持 導師弘揚正法，摧邪顯正；以報答師恩、佛恩的浩翰，盡未來際受持，永不退轉；今後也將以講堂爲家，努力護持。佛菩薩好像聽到了，解三後文翰老師問我，在下班時間，是否可以到推廣組幫忙每週二次的寄書，就開心的說好。

每天的早晚，都會跪在佛前發願、懺悔、求佛加持、迴向；有一次早上發願時竟天旋地轉，以爲地震；轉頭看了天花板的燈及門上的珠簾，並沒有在搖動，確定不是地震；又看佛桌上千手千眼 觀世音菩薩聖像，前面兩隻手握著的法器也在搖動，當時很震驚。菩薩到底在示現什麼玄機？每年有幾次固定的出國出差，剛好都在接近禪三的日子；工作之餘，晚上同事都會去購物，我則會在飯店附近的公園經行；有一次迷路了，在公園裡繞了好幾圈才走回飯店。與游老師談起，老師說一個人不適合在外經行，從此就改在飯店裡觀行；有一次在練習，當眼看杯子時五陰十八界的運作，舉手、移動時，五陰十八界恆□□□□□□，拿起時……好像感受到有另一個心在運作。老師說：要從根塵觸去參究念頭的起處，因一切種子都從如來藏流注。難道不斷□□……，在□□□□□□運作的這個就是？

很幸運能連著三次上禪三，心裡既驚且喜，也很惶恐，因為已經是第三次上山了。入了小參室，導師問：「如來藏在哪裡？」我回答：「在□□。」導師慈悲的補充：「不可以說□□，否則色身壞了，不就斷滅？」然後給予引導，以□□為例，問我□□是□□、□□是□□、□□是□□？因為體驗不夠，導師就告之：「再去整理，整理好了再登記小參。」禮謝 導師，走出小參室，就到佛前發願、懺悔求佛加持，然後到護法 韋陀菩薩前禮拜，再到聖 克勤大師前禮拜：「感謝祖師爺，能夠有導師這麼好的徒弟，來帶領我們，照亮心中的明燈；希望成為東山禪的弟子之一，承諾會以導師護持克勤大師的心，來護持導師，讓東山禪不斷地在人間住持，直到當來下生彌勒尊佛爲止。」晚上普說時，導師常說當禪師最好命，像他這樣一個人要扮演經師、律師、論師，最是辛苦；還要當禪師，扮盡神頭鬼臉等……。常說自己的師父聖 克勤大師最好命，因爲有一個好徒弟。我相信 導師也一定會好命，因爲 導師現在有四百個入室徒弟，而且不斷地在增加中。

一直無法將□□、□□分清楚，導師還指導弟子，一直沒會意過來；還被說「實頭（閩南語）」，叫我不要午休，好好整理。到了晚上，拜到一點多鐘時，就到陽台喝水；從拿起杯子到喝水，原來這個就是□□，只是一段時間與空間轉換的過程，而如來藏祂是□□□□□□□□。到了第四天的早上，才通過監香老師的審核。但後面還有題目未整理完……，禪三就結束了。

雖然已知答案，但未受 導師印證，心就不敢懈怠；每天還是如實的作功夫，繼續體驗。接近禪三前的假日，就拜佛八小時；有時拜不下去，休息一會兒，就繼續拜，或者讀書。每天早晚不斷的發願、懺悔、求佛加持及迴向。佛桌上的千手千眼 觀世音菩薩手上拿的法器，也常常□□□□。原來色身□□□□□□□。也就是□□□這個就是。如此直接了當，竟然不會，難怪 導師會說我「實頭」。

此次，收到禪三錄取通知，眼淚不自覺的滑落，趕緊放在佛桌上，上香禮拜佛菩薩、導師以及親教師。也加緊拜懺，向冤親債主懺悔；上山前向佛菩薩稟白，並向冤親債主告知去處（以前曾聽說上山最好偷偷上山，不要讓冤親債主知道，其實是錯的）。第二天早上的經行，再次體驗眞心妄心的運作，配合得天衣無縫；如果不是遇到大善知識 導師，給予正確的知見以及修行的方向，想要明白本來面目，不知是幾劫以後的事……；想到此，眼淚不禁又奪眶而出。

輪到第一次小參，恭敬的禮拜了 導師後，就在蒲團上坐下來。導師問體驗得如何？就向 導師稟白：「有一次喝水時，您問了弟子『□□□□？□□□的是誰？□□的是這個□□，可是□□是妄心。□□，□□□□□□。』」您又問：「□□是誰？□□□□是誰？」弟子都一一的回答，您還與弟子解釋公案中，爲什麼「問處何如答處親」，以及「花藥欄、綠瓦」、還有「六六三十六」的道理。最後說了句：「應該沒什麼問題了，不過也別輕心大意。」出了小參室就到佛前禮佛，感謝佛菩薩，然後發願，就回座位禮佛參究。晚上的普說精彩萬分，聽懂了！此次的禪三是頭腦最清楚的一次，不像前幾次的昏沉、遮障。

每上一次禪三，對 導師的慈悲、智慧如海，仰慕更深。第三天，與監香章老師小參，整理之前未完成的題目，很順利的通過審核。當受 導師印可後，導師吩咐說：「得法了，被印證了，飲水要思源，要感謝世尊、護法韋陀菩薩、克勤圜悟大師，應該去報告及感恩。」禮佛時眼淚便不停的滑落，久久說不出話來；弟子從今以後，盡未來際不惜捨身命財護持 導師，弘揚正法、摧邪顯正，將此身心依止 導師、依止正覺講堂以無私的心鼎力護持，學習導師的心行與行儀，以報師恩佛恩……。

後來 導師讓我們體驗喝水：一、□□的□□，二、□□的□□，三、□□□□□□時的□□。在體驗喝水時，監香游老師問我：「好不好喝？」我微笑點頭，還說：「這是千金、萬金買不到的。」確實如是，我尋尋覓覓，找了快二十年才找到。一直以假爲眞，被五陰騙得團團轉，在生死海裡不知流轉多少劫，才找到本來自性清淨的面目。想起少女時很喜歡的一首詞：「眾裡尋他千百度，驀然回首，那人卻在燈火闌珊處。」原來祂一直就沒離開過自己。

到了第四天中午，導師召集喝水整理的人進小參室；聽完大家的心得，同時也作了一些指導，導師接著更深細的解說眞妄心如何配合運作，才明白眞心□□□□□□□□；還有作了實驗，妄心的了別也很犀利強烈，剛看到的當下，了別即已完成。且光一個法，就有那麼多的智慧在裡面，是想都想像不到的；如果不是大菩薩再來，怎會有如此深妙的智慧？

又施設方便要我們□□□□走路，來證明妄心也很重要。藉妄修眞，轉依無生的眞心，對於七轉識妄心就可看著祂起起落落，泰然處之，這就是親證眞心的功德。而我最喜歡的，誦了十幾年《心經》及《金剛經》，現在也可以眞正明了其中的眞實義。以前最怕的禪宗公案，現在不再陌生，就像看漫畫書一般，覺得很有趣。最後 導師要我們回家以後要繼續觀行，從早晨睡醒至晚上入睡，如來藏□□□□□？佛法眞的就在世間，不離世間覺，而且現成與實在。

願以證悟明心功德，迴向 導師、師娘、親教師：色身康泰，轉正法輪，作眾生依導，永利人天。迴向無始劫父母、師長、累劫冤親債主，希望早日，歸命三寶，修學正法，未來世中成爲同修道友，相互扶持，早日明心見性，共同荷擔如來家業，直至成佛。

南無本師 釋迦牟尼佛

南無 大悲觀世音菩薩

南無 平實菩薩摩訶薩

佛弟子 陳秀森 頂禮

禪三見道報告

簡尊彝

導師 鈞鑒：

首先弟子要感謝本師 世尊弘傳此無上妙法、諸佛菩薩慈悲攝受、平實導師以大悲心及無量方便善巧開示成佛之道，並助佛子們能證悟般若實相；禪淨班侯老師及進階班蔡老師教授了義佛法正知正見與修學次第及方法、所有正覺義工菩薩們的無私護持，以及正覺同修們一起參與這場了義佛法的法會，來共同成就當世佛法的中國在台灣；因而使弟子有此因緣能於正覺修學了義佛法，並進而證悟般若。現在回想起來，這一世能於正覺修學了義佛法真是值得慶幸；反之，若未進入正覺，不知還要在生死海中多流浪幾回呢！

進入正覺修學第一義諦迄今已滿三年，如今檢視這世的學佛因緣，發現些許值得提出來與同修們及有緣眾生分享之處，希能於成佛之道上相互提攜、精進不懈！

印象中，我的學佛因緣應該是從大學時接觸佛學書籍開始，至於當時爲什麼會想去讀佛書，確實的原因其實有些忘了；直到最近，突然記起小時候曾想到關於死亡的問題，當時心想是否人死後即一無所有，也揣摩自己死亡後會是什麼情況；當時覺得應該會是什麼都沒了，雖然納悶怎會就什麼都沒了？但心中還是頓覺驚怖。由此看來，大學時會去讀佛書，看來似乎還是有脈絡可尋的。不過，當初拿到的第一本書，並不是導師的書，現在回想起來，除了心中感嘆之外，其實更應該要去檢視與瞭解：爲什麼讀的第一本佛法書籍不是了義佛法的書？這應是過去世於正法熏習及修學不足、福德資糧不夠，才會於此世無緣早些聽聞正法。不過也因爲讀了一些關於佛法的書，開始有了吃素的因緣；一直到研究所時才於某日驚覺不應再吃眾生肉了，當時內心激動莫名，潸然淚下，不禁感嘆爲何沒有人能早點告知這些佛法的基本道理；直到現在，才知道其實這都是由於個人過去生所作所爲才成就如此的因緣，怨不得他人！

目前正覺講堂裡，都可見到一些小菩薩們前來聽課，有的甚至已開始每天無相拜佛，也發願要好好學佛，將來要爭取早日成爲親教師，爲何這些小菩薩們能這麼早就修學了義佛法？觀之正覺小菩薩們的心行，再檢視自己今生的學佛因緣，因此，爲了成就未來世更好的修學了義佛法的善因緣，以利樂更多的有情眾生，菩薩們當要時時警惕自己：這一世能不於正法的修學上更努力精進嗎？這一世能不於正法的護持上更積極嗎？這一世能不於正法的弘揚上更賣力嗎？

公元一九九八年由台北南下至台南開始念研究所後，周遭有一些分於不同團體學法的朋友，有一貫道、眞佛宗、喇嘛教及淨土宗，有時也會與他們聊些當時我所認爲的「佛法」。會把佛法給個括號，其實是當時自己對眞實佛法仍是一知半解，甚至可說是迷迷糊糊；即使是在讀了一些所謂的佛法書籍或者瀏覽了一些佛教團體的網站後，對修學佛法的次第、方法及目標，仍然完全不清楚；其中有很多只是在教授打坐修定的方法，例如從數息開始，對如何明心見性大都沒有著墨；若有者，於今重新檢視，皆言不及第一義。照理說，在佛法看似興盛的台灣，是不應該有此現象的；似乎應該到書局找佛書時，隨手拈來就很容易有介紹修學佛法的次第、方法及目標乃至第一義諦的書籍，而使學人能很容易的瞭解什麼是了義佛法及其修學方法等。

顯然，當時在台灣未悟及錯悟的人多，而眞悟的人少。爲什麼呢？以邏輯推論之，若依止眞悟者且按其所傳授的修行方法老實修行，待因緣成熟，定得證悟般若。反之，若於未悟者座下依其所傳授的修行方法來修，焉有能悟之理？何以故？未悟者無能力引導他人證悟般若，也無智慧爲他人印證自身從未證得的般若實相故。因此可斷定，當時僅是表相佛法興盛，即是空有佛法的表相而無了義佛法的內涵，是故無法在大多數的書中或網站上找到如何開悟的方法。行筆至此，感到未來於了義正法的弘揚及廣傳上要作的工作太多了，必須更努力才能轉表相佛法爲了義正法的廣傳。常聽人說：「修學佛法有八萬四千法門，所以不要評論他人所傳授之法門。」但眾生往往沒注意到，傳授開悟方法的人得要是眞悟者，其所傳授之法門才有可能是可開悟之法門。因此，若確認傳授所謂開悟方法的法師或居士未悟，一定要提出指正，以警莘莘學佛眾生，免得勤苦學佛一生卻唐捐其功，甚至因被誤導而成就大妄語、謗三寶之大惡業。（編案：八萬四千法門之所悟都是同一標的，即是如來藏；若八萬四千法門所悟各各不同，意謂實相有八萬四千種，即違實相唯一而絕待的事實，佛說一切法皆以眞如爲定量故。）

未進入正覺修學之前，曾與一貫道的朋友談論其教理及扶鸞，當時直覺這是不究竟的，只有佛法才是眞究竟；但當時仍未具如何修學佛法之正確知見，當然也無善巧方便，無法度其學佛。另外，亦從眞佛宗及喇嘛教的朋友口中及其網站上，得知所謂的身口意三密；現在看來，如此煮沙成飯之謬理，竟還有人信！其中更不乏博士學歷及其他世智聰辯之士，可見世間智慧是不能與般若相提並論的；又有些淨土學人所修持名唸佛求生西方極樂世界的法門，總覺得少了利樂眾生的願行；平實導師常在課中提到，此世間眾生中，能眞正信受且安住正覺修學佛菩提道，並願盡未來際利樂眾生直至成佛的人，永遠都是金字塔頂端少許之人；此言眞實不虛，觀此世間眾生之習氣與心行即可了知。

印象中第一次看到 導師的書，是在台南的素食餐廳裡，記得是《我與無我》及《狂密與眞密》，那時我還在研究所的求學階段；雖能認同書中義理，但仍有不解之處，當時進入正覺之因緣亦尚未具足；不過已有建立正知見之效，同時也開展了此世進入正覺的法緣。記得之前曾去藏密行者朋友之住處，見到其立刻以布幔遮蓋一些雕像，當時我在心裡納悶爲何怕我看？但又不好意思問；後來讀了導師的《狂密與眞密》，才瞭解那些雕像還眞不好見人，難怪要在外人看到前立刻爲其遮掩。當時朋友未提及有所謂的雙身法，社會上亦未見到雙身法的公開講說，因此，包含我在內，除了身口意三密外，最多再加上一些如財神法、愛染明王法（此皆是鬼神法）等，這些是當時多數人對密宗僅有的瞭解；也因爲雙身法多未公開明講，且密教名相大多取自佛教，魚目混珠，導致很多人誤認密宗亦是佛教。例如密宗也講「有漏法」及「無漏法」，但眾生卻不知其所謂的「漏」，於男眾意爲行淫時的精漏，而非佛法中說的斷除三界愛的煩惱，使解脫功德不再漏失而稱爲無漏，這與眞實佛法豈是十萬八千里的差別可以形容？

尤有甚者，如眞佛宗盧勝彥於其所著《智慧的光環》一書中，宣稱他這個「無漏法」可使密教行者修成無漏金剛體、金剛身、身體不壞；觀之古今，可身體不壞之密教祖師而今安在？將來盧勝彥又將如何使其身體不壞、久住人間成爲金剛身？也因當世眾生對世間法的貪著，於是修學藏密的人數便與日俱增；原先學佛初衷是要於煩惱中得解脫、得自在，乃至出三界、了生脫死，但後來反而因爲修學密宗雙身法、鬼神法而種下墮落三惡道之惡因，對莘莘佛子來說，眞是情何以堪？因此，面對邪知惡見誤導眾生，若不挺身而出摧邪顯正、救護眾生，豈是菩薩所應行？但是，若自身未具正知見、未發起般若智慧前，要能行摧邪顯正、救護眾生之事業，恐怕作用不大。就在自己於研究所期間爲了能早日畢業，辭掉了在碩士班時仍繼續的原工作之後不久，家中同修也因公司經營不善，原有工作亦告結束；這時，爲維持家庭運作，我開始重新找工作，不過這似乎也預告了自己進入正覺的因緣。

當時，我找的是大學教職的工作，投履歷表的學校，從南到北都有；最後，總算有一所位於高雄縣的學校願意聘當時尚未畢業的我，我想這應是佛菩薩的慈悲庇佑。正式到校任教後，舉家由台北遷往台南定居，就在家庭、工作及學業都大致上軌道時，心中由來已久學佛的想法似乎也愈來愈具體；雖然此時仍不知道要往何處安住學法，但心裡十分篤定要在畢業後開始眞正走上學佛、修行之路。在一個殊勝的因緣上，認識了學校裡的一位同事：蔡老師。後來才知道他是本會的親教師。經由蔡老師的邀請，我帶著全家至台南共修處聽這一場應是自己此生第一次的現場佛法開示；記得當時的題目是《鈍鳥與靈龜》，導師演講的內容對我來說眞是前所未聞，可想而知當然是幾乎聽不懂。之後，蔡老師又告知台南禪淨班開課的訊息，另外也以 導師法寶《心經密意》與我結緣。當時心中不解 導師書中所說以妄心找眞心之意，於是帶著問題去請教蔡老師；經蔡老師一番解說，深覺自己智慧之不足，於是乎就乖乖的去報名禪淨班。一星期後，家中同修也報名共修，我們就此安住於正覺修學第一義諦。

這一期新班的親教師是侯老師，兩年半的的上課內容，從了義佛法的架構、修學目標、次第及方法，乃至六度、參禪知見與方法，完整的鋪陳開來；且不厭其煩的不斷解說，而在上課一段時間後，原本對於如何修學佛法迷迷糊糊的我，終於豁然開朗；對於修學佛法的目標、方法及次第，這下子總算清楚了。對於人生的意義也有比以前更進一步的認知，更知道修學大乘佛法一定要先求明心，之後才眞正進入修道位，進而修學種智；努力精進，地地增上，往成佛目標不斷邁進，直至成佛。侯老師於兩年半裡，課中說法愈來愈行雲流水、渾然自成；感覺上，進步最多的不是我們這些學生，而是侯老師，想來眞是慚愧。

這期間從無相憶念拜佛的功夫開始，對於無相憶佛、拜佛的念，自己是可體會的，但無法長時間成片。轉入看話頭、參禪，功夫得力之後，常在行住坐臥中觀察、尋找眞心在哪裡；不過總是沒甚麼體會，只是常在走路時觀察到意識的自己並沒有直接去完成□□的□□，當時的認知應是意根的作用。一直到報名禪三後，才猛然警覺，一點消息都沒有，怎麼辦呢？共修期間中很少小參的我，這下子每一堂課，必登記小參；無奈時間離禪三所剩不多，終究還是靜悄悄的。眞是後悔自己不夠用功也太少登記小參，這眞的要勸請同修們不論有無心得，一定要常小參；如此不但可以確認自己的用功方法正確與否，更可每星期督促自己用功，免得每次小參時沒有體會的內容可以向親教師報告。因為有這個壓力，回家後就一定會更用功，道業增長才會更迅速，才能早日破參實證般若，有更多的方便善巧可以利樂更多的有情眾生。

就在又期待又怕受傷害的心情下，禪三通知開始寄送了，確定沒在第一梯次中；心裡雖然想還有第二梯次，但難免還是會擔心沒有錄取；不過對自己可以明心這件事，進正覺後，則是從來沒有任何的懷疑。後來於某天早上睡醒前，於夢中見到有人翻開錄取通知給我看；雖然那個影像不是非常清楚，但還是足以確認是錄取了；果真於下午出門前，在信箱裡拿到第二梯次的禪三錄取通知，心中百感交集，竟把整串鑰匙留在信箱上，手裡拿著錄取通知就跳上車趕去學校載女兒下課。還好後來家人從外返家，把鑰匙收了起來，替我省了一個可能會發生的麻煩；在車上立刻打電話告知家中同修這個好消息，她高興到流下淚來；這陣子，她為了能讓我安心用功，很多家中事務都替我擔了。她總是說：「因為有家庭要經營維繫，我們無法同時全心投入參究，你一定要先破參，然後再輪到我來用功。」每次她這樣說，我的心裡總是有著滿滿的感動與感謝；不過也有著滿滿的壓力，深怕太晚破參，而耽誤了她的道業。所以，一定得更用功才行；無奈在上禪三前，還是沒甚麼新的體會；只好把希望放在禪三，打定主意禪三期間一定要努力用功，要破參回來對家中同修有個交代。

禪三前的這一、二個星期，末學除了平時的教學工作之外，一直在籌劃一個在禪三第一天舉辦的重要研討會，一直忙到前一天的夜間，所有事務都依原先安排完成，隔天的主持及相關工作事先商請同事幫忙，禪三第一天清晨就搭上高鐵直赴禪三道場。

到了禪三道場，一進禪堂，白老師就說：「**簡師兄！到佛前禮佛，然後開口求願，再回到座位用功。**」由於是第一次上禪三，感受到禪堂裡嚴肅的氣氛，有點不知所措；於是末學就觀察其他師兄姊的動作，然後照作，之後再回到座位用功。到了下午，導師鉅細靡遺的宣說斷我見的知見，以幫助學人斷我見，作爲明心的基礎。末學深深以爲，若上了禪三，對 導師如何慈悲助學人證悟般若，一定會有更深且實際的體會。一直到隔天早上經行後，輪到與導師小參前，還是毫無所獲，心想只好直接向 導師求救了。進了小參室，頂禮過後，見到 導師慈祥和藹的面容，心中安定感油然而生，立刻老實向導師報告：「**學生還是找不到，懇請導師指引入**

處。」經 導師開示後，於是就再回到禪堂用功。直到隔天早上經行前，拜佛時觀行、參究，靜坐憶佛、思惟或觀行，到佛前發願等等所會的招數全都用盡了，還是完全沒有動靜。

第三天經行時，聽到監香老師說：「**眾生無始來都不會□□。**」突然一念相應，不禁熱淚盈眶，不就是這個□□□□而又不知道甚麼是□□的祂嗎？妄心起□□的作意，祂來完成□□的所有實際□□。以往所認為的妄心的自己，竟是如此的虛妄不實，連□□都不會。誰才是真正的主人？答案已經很清楚了，然而這個真正的主人卻不會說：「**我才是主人，你要聽我的。**」反而對那個不斷認為自己是主人的假主人言聽計從、呵護備至，並且從來都是毫無怨尤。此時，對斷我見就有了更清楚的體會；深深覺得一定得要明心之後，才有可能究竟斷我見；這一定是佛菩薩加持，否則這用想的怎會想到呢？

現在才真正體會到萬法真是由祂所生，真是生緣處處啊！以前常聽 導師或親教師提到「**悟了就可現觀**」，現在當下自己證實真的可以現觀祂的體性及運作，心中踴躍無以形容。經行時監香老師說祂□□、□□□，現在總算能實際體會。回到禪堂後繼續將所體會的與《心經》內容比對，現觀一切法由祂所生，祂本來就在，找不到一個能出生祂的法，也找不到一個能毀壞祂的法。本來不生所以不滅，一切染淨法由祂所生，但對祂本身而言是沒有垢淨的，所以不垢不淨；祂不生不滅且具足一切法，所以不增不減……；如此繼續在座位上整理體會所得，準備當輪到小參時向監香老師報告。

由於我是第一次上禪三，對監香老師會如何提問，根本毫無概念；進了小參室，就把體會的內容向監香老師報告；但想不到，經監香老師一問，竟然當場語塞，腦筋一片空白，只好再回座位體驗、整理。回到座位，心想這天已是第三天了，下次輪到小參不知何時？有點擔心會來不及，只好努力的去登記小參，但是這一招到最後證明還是沒用。不過，當天晚上的公案普說，情況就不同了；以前公案是一個都不懂，別人會心的笑，自己則是不好意思的傻笑；今晚則是大部分的公案都懂了，眞是神奇！這一天曾透過祖師堂的窗戶看到飛舞的蝴蝶，以前對於眾生平等只是知見上的認知；現在則不再僅是知見，而是能眞實體會。同時也對導師常說的：集諸佛威神力都無法毀壞一隻螞蟻的如來藏。現在，在這個知見上，有了實際的見地。

第四天小參時，在回答一些問題後，監香老師安慰的說：「**第一次上禪三有這**

些成果就不錯了，一切就由佛菩薩安排吧！」並請末學再出去整理幾個問題。一出小參室，才猛然想到這幾個問題我能當場回答，爲什麼剛剛沒想到要直接回答呢？原來，佛菩薩已有安排，至此大勢底定，這次應是過不了關了。不過心裡還是抱著最後一分希望，心想如果沒過關回去，如何向家中同修交代？於是，再去向糾察老師探詢是否可再登記小參，答案是時間來不及了，於是就回到座位，心想只好下回繼續努力了。解三時，導師開示：「如果以古時候的標準，其實有一些同修也算破參了；但是此時眾生難度，若以這次禪三所體會的爲基礎，下山後回去再繼續深細體驗，才更能承擔弘揚了義正法及度眾之任務。」心中盤算：這次沒過關也好，檢視這幾天的公案普說，還是有一、二個公案有點不清楚；監香老師所問的問題，自覺回答的也不是很好，這應是體驗不足的緣故；待下山回去，再把不足之處補上，才有能力爲正法、爲眾生作更多的事。

在收到半年後的禪三錄取通知前夕，並不像上一次禪三的情形一樣，先在夢中見到錄取通知；這次則是完全沒有任何跡象，有點覺得自己或許這次不會錄取了，家中同修這次還求佛菩薩能讓末學錄取。後來佛菩薩圓了我及家中同修的共同心願——末學收到了第二梯次的禪三錄取通知。

從上一次禪三回來，末學就從公案拈提第一輯開始閱讀，除了檢驗上次體驗的內容外，也希望能增長差別智；有了上一次禪三的基礎與經驗，這次禪三前，知見不足之處就由閱讀 導師法寶中補足；體驗的部分，就在日常生活中觀行、思惟整理。並常在佛前懺悔、發願及迴向，希望這次能順利破參。

禪三第一天中午過堂時，當大家就定位後，末學發現自己的座位與主三和尚同桌，而且就在正對面；想到可以如此親近善知識，不禁紅了眼眶；心想若不於法上好好增上並且努力弘揚正法及利樂眾生，如何回報佛恩與師恩？這一天的起三法會懺悔時，唱到「往昔所造諸惡業，皆由無始貪瞋癡」時，想到無始來為無明所籠罩，造了諸多罪業，眞是愚癡到了極點；此時激動的情緒早已無法自已，放聲大哭，眼淚不斷流下。我想，這應是我此生到現在最深切的一次懺悔，懺悔後內心感覺非常清明，接下來就努力發願、觀行、思惟及整理。第二天進了主三和尚的小參室，頂禮完畢，見到 導師還是像上一次禪三一樣慈悲的面容，覺得非常親切，對 導師所問的問題，末學大多能順利回答；離開小參室前，導師交代：等到可以登記小參時就去登記小參。接下來與監香老師的小參及問題整理，也都一一完成；直到第三天的下午，於主三和尚的小參室領了 導師的金剛寶印；出了小參室，照著 導師的吩咐，至 佛前、韋陀菩薩前及 克勤祖師前禮拜，然後稟白：「弟子今日於平實導師座下證悟般若，至誠感謝佛菩薩加被、護持及祖師之師傅，並誓願履行所發之願。」

回到座位，見到兩旁的師兄還在努力參究；想到第一次禪三時，當見到有人喝水時，心情還是難免受到影響；於是，就開始禮佛，至心禮拜 世尊，也繼續在禮佛中體會眞心如來藏的運作；直到晚間普說後，糾察老師過來請我去拿茶杯喝水，於是這水就從當晚一直喝到隔天的下午；從來不知道這原是大家都會的喝水，有這麼大的學問；悟了，就會知道爲什麼七住菩薩才剛要進入相見道位；悟了，就會實際體會 導師智慧之深妙是吾等所遠遠不及；悟了，就會知道爲什麼等覺菩薩會最尊敬 佛；所以，悟了，就應該更謙卑；悟了，就應該更感念佛恩、師恩浩蕩；悟了，就應該更努力增上、更努力弘揚正法；悟了，就應該心繫眾生而發起菩薩願行，世世利樂眾生無有窮盡，直至成佛。

以前常聽禪淨班侯老師說：「破參這件事不簡單。」這眞的是如實語。爲什麼呢？因爲這並不是意識的境界。回想這一路來，能上禪三，能一念相應，能破參，眞是佛菩薩加持。對我來說，這眞的不是只靠長久以來所妄認的自己之一向習以爲常的意識思惟就能成就的；來到正覺修學了義佛法的同修們，心中所想的無非是要證悟實相，進而發起般若智慧，並且能於悟前、悟後隨分、隨力弘法度眾，盡未來際利樂眾生，無有窮盡；但要能明心並得到 導師的金剛寶印，就要先具足上禪三的因緣。

要如何具足上禪三的因緣呢？在此僅以個人的觀點與同修們分享，在禪淨班或進階班的課程熏習之下，對於了義佛法的正知見、憶佛拜佛功夫、參禪知見與看話頭功夫等基本條件，只要能依平時每週上課及小參中親教師的開示如實修學，應該都能具足；但末學以爲，關鍵的部分應是菩薩性是否發起，以及是否實際有菩薩願行。畢竟，若得了此無上妙法，而不努力利樂眾生，就已違當初所發菩薩四宏誓願，更遑論承擔如來家業？因此，欲得此無上妙法，當常思自己是否已有菩薩利樂眾生之願行？是否能勇於承擔如來家業？只要能上禪三，親自體會導師無以形容的慈悲，就會有破參的機會。

上了禪三，如何能對破參有所助益呢？個人以爲：若動中功夫不好，那麼即使上了禪三，於禪堂中，若無法制心一處，心常往外攀緣，乃至心常隨妄念而轉，果眞如此，如何能一心參究呢？那麼，入寶山空手而回的機會就會很大。另外，對能否破參，非常重要而且能兼得二乘初果解脫受用的斷我見，一定要依 導師《識蘊眞義》及《阿含正義》法寶中所開示五蘊十八界的實際觀行與思惟；千萬不要徒具知見，最好隨時依 導師法寶中檢驗的方法，來檢驗是否眞的我見已斷；若能確認都沒有落在五陰的一一陰中，對破參將會有很大的幫助。再來要提的是，明心這件事與書念得多與否無關，六祖就是一例；會內已破參的同修們，也遍於各個學歷與領域；就個人的體會，自己世間法的書也唸了不少，深覺學歷愈高，愈習慣於意識思惟，往往葛藤愈多。這是末學的親身體驗，希望能讓大家對明心與學歷的相關性有所瞭解。

最後，希望在可預期的將來，經由大家共同努力，繼續把這個「佛法的中國」不斷的擴大，願能成就更多眾生得度的因緣，以助此世及來生更多的眾生，藉此因緣而能對了義佛法有正確的認知，並進而能於正法的殿堂安住與修學第一義諦。

願

導師色身康泰 弘法無礙

還未明心的同修們早日證悟般若

已明心的同修們　智慧增上早入初地

佛弟子　簡奠彝　敬呈

公元二〇〇八年十一月十八日

明心見道報告

熊千喜

【學佛因緣與過程】

我從小生長在一貫道的家族中，父母初結婚時住在開設一貫道佛堂的姑姑家中。據說母親懷胎足足十個月才生下我，且在助產士處待產多時，直到奶奶和姑姑在佛堂裡獻午香禮拜叩求後，我才誕生。小時候最不喜歡的就是假日要被迫參加一貫道的小天使班，聽些陳腔濫調；後來我們搬離了姑姑家，經過了許多年以後，才又斷斷續續地接近一貫道。

十四歲那年，父親過世，倔強的我認爲活著的人才重要，也沒有流下半滴眼淚，只是暗自立下心願，要把小七歲的弟弟當作兒子般守護他、帶大他。不久，母親因偶爾自姑姑家得到接濟，又開始親近一貫道，並且熱衷起一貫道的活動；母親開始吃素，並希望我也能素食。因爲我從小不敢聞蔥蒜味道，也不敢吃肥肉，素食對我來說是很喜歡的；雖然當時物資不是很豐富，吃的多是青菜豆腐和過鹹的滷味，只是慢心甚重的我很討厭被約束，所以總是拒絕。

十八歲時有一回從家中騎腳踏車去大里的佛堂，途中經過中興大學側門等紅綠燈時，心裡閃過一個念頭：「明天開始要吃素了。」我就這樣開始茹素。每當提起我素食的因緣，很多人都不能置信。開始學習吃素食前，我經常在一貫道裡，向點傳師踢館找碴，問些別人都不會有的問題；雖然問題都沒得到滿意的答案，但或許是宿緣安排，讓我在讀專科時老是遇到一貫道的道親，又讓我想去探探究竟，就這樣一頭栽進去十多年的光陰。

在一貫道道場進進出出許多年，最後在全省講師訓練中臨陣脫逃；因為我始終弄不清楚一貫道宗旨為何（現在知道他們根本沒有自己的宗旨，都是剽竊別人的教義），也沒有智慧與知見去揀擇。我在學生時代參加過許多社團活動，當我在世俗法上歷練或進步時，就愈覺得一貫道鄉愿，時常認為自己有一天會離開。由於自己心裡常感到不踏實、沒有依歸、很空虛，但因為父親家族幾乎都是一貫道的成員，就這樣斷斷續續、進進出出數次；也曾經想過放下一切跟隨前賢到海外開荒，但佛菩薩安排，每每到重要關頭，不是不能成行，就是自己又臨陣脫逃了。

【來本會共修的因緣】

我這一生學佛的因緣很晚，除了十幾歲、二十歲出頭時，在宗教書店瀏覽過一些佛教故事集，以及同事借給我看的「佛陀的故事」錄影帶，對於佛教的資訊都無涉獵。

公元二○○一年美國九一一事件後，我因台中市文化中心老師邀約，參加寶來溫泉旅遊。途中參訪一個寺院，看到同行的人在大理石鋪設的地板上虔敬地禮佛時，我心裡有種奇特的感受；當時只跟那位老師說：「**看你們拜佛好好看哦！**」那位老師便答應有空教我拜佛。隔年那位老師應邀到大陸籌辦奧運商務，也就沒有聯絡了。後來到正覺後，偶然聽師兄們提起，才知道是廣欽老和尚曾住的妙通寺。心裡感到開心，因爲以前也曾隨同事去台北松山佛光山道場，並沒有這種感受，原來我是和正法比較相應呀！這件事後，我的學佛因緣也漸漸近了。

公元二○○四年八月，在工作崗位上幾經波折後，我調任新職務、派駐到新單位；單位負責人是一個學道的時髦師姊——鄧經理，她自稱是基督徒第二代，後來改信道教。鄧經理告訴我，她們全家如何從基督徒變成道教徒，以及她的妹妹成爲道祖的代言人（靈媒）的經過，並經常邀請我到她妹妹那裡坐坐。我從小對寺院與神壇都極爲戒愼恐懼，因此總是婉拒她的邀約。有一次她又開口邀請，沒想到我竟然脫口答應；出了聲答應後立即產生懊悔，但是已經出口答應了不能反悔，所以就去了。那位鄧師姊作的是夜市的生意，在鄧師姊回家前，家裡有另一位他們非常尊敬的訪客——當時在正覺台南講堂共修的林師兄。在等待的時間，我應邀去看看神龕，見到老子的畫像覺得很有熟悉感，心裡也比較踏實；當晚他們告訴我「應該趕快到正覺來上課」，並交代我要拜懺迴向，以祈求能順利學法。當然接下來還是免不了波折，家中母親、弟弟和工作上的事，都不斷地給我考驗；幸蒙佛菩薩加被攝受、累世怨親債主的成全，才能順利走到今天。

【見道過程與內容】

雖然學佛的時間不長，但是禪淨班的熏習很有次第，讓我對破參明心很有信心。如同蔡禮政老師破參前，有一次在台中講堂說的：「明心很簡單啊！就是找到如來藏嘛！只是我現在還沒找到而已啊！」相對的，我也不由自主地急切著想破參，常常在想：「祖師說生緣處處，那我破參的緣在哪裡呢？」後來在週二聽經時，有一回聽 導師說這回破參的人，有人是從〈超意境〉的小冊中悟入的；我想我對音樂很敏感，或許我也可以從中契入，於是經常播放〈超意境〉。當時 導師也已經開始宣講《金剛經宗通》。就這樣，一邊上禪淨班、一邊聽 導師講經、一邊聽〈超意境〉看小冊上的公案；當時在每天拜佛用功時，腦海就會經常出現〈超意境〉歌詞的內容，或是 導師講經公案上的內容。當時我最喜歡〈超意境〉中的「慈心一片」、「黃檗笠子」，總覺得笠子下那個就是。

二〇〇七年三月二十五日參加禪一，午齋時，吃得比平時慢很多；老是一動一動慢慢地、怔怔地看著□□□□，心想：「我爲什麼會有這個？」我看到自己□□□□運作，順著□又看到自己□□，但是所見的□□□□並不是五蘊身（祂與五蘊身同在一起，卻不是五蘊身），我一面慢慢地用齋、一面觀察□□□□，一直到午齋快結束了，才匆匆把盒餐吃完。之後，我照鏡子都會有很陌生的感覺，總覺得鏡子裡的人不是我，但是仍舊似是而非、很模糊；因惡見故，又擔心自己受到鬼神境界干擾，所以總是不能承擔、心生恐懼。

又有一晚失眠，不知道自己在想些什麼，只覺很睏卻不能入眠，輾轉反側間，心想不如起來讀書或拜佛；將起身時覺得眼睛很痠、很累，便將手放在眼睛上；當我舉起手睜開眼時，又看見這個無形物（有形的是五蘊，但祂無形無相而且並不是五蘊），心想難道就是這個？順著手往下看，怎麼全身都是？心裡好震驚，開始□□□□□，發覺就如同 導師在講經時說過的，有些人找到時想甩甩不掉；我也想甩甩看，還眞甩不掉呢！起床走到客廳開了燈，見蟑螂菩薩在垃圾桶上爬，蟑螂菩薩身上也有這個無形無相的如來藏，感覺好神奇哦！拿著垃圾桶走到陽台，想將蟑螂菩薩請出去；卻因爲太粗魯了，在提起垃圾桶敲著陽台時，壓死了一隻蟑螂菩薩，又看見了蟑螂菩薩的如來藏因牠捨報而離開了。接著，我又邊哭、邊翻閱 導師著作的《禪—悟前與悟後》；大約半個多鐘頭後，覺得很累便上床睡覺去了。

此後不久，我心想：若是找到如來藏，覺明現前，應該都不累，而能一直去探究祂的內容，然後不斷地發起智慧，我怎麼都沒有呢？這個無形無相的東西，會不會是我自己想像出來的呢？但是，之後在講堂打掃時，過馬路看路人時，以及在二〇〇七年十二月底受菩薩戒時，我在自己和別的有情身上也都看到了；到底這個是或不是？心裡困惑、油然而生。

就這樣一直到了禪淨班快結束前，我到 佛前稟求說：我要將自己之前所有的心得都丟掉，重新參究，請佛菩薩給我方向。想當然爾，當然沒有新方向。第一次禪三，我幾乎都在昏沈中度過；佛菩薩安排了很多機會，讓我去確認和承擔，可是我都不願意；甚至因爲找來找去老是找到同一個，還自己生起悶氣來賭氣說：「**我不相信。**」

第一次禪三第二天早上經行時，在忽快忽慢的□□□□□，我感覺身體有一個□□□□□的東西，但還不能明確說出是什麼；在跟 導師小參時，導師問我找到什麼，我回答：「**金子做的金器。**」當時還惹得監香老師大笑，我自己也覺得不好意思，現在才知道自己根本是本末倒置、捨本逐末去了。導師又很有耐心地問我經行的心得，然後說：「**體驗不夠，所以朦朦朧朧看不清楚。**」並要我從拜佛中去體驗「□□在作什麼、□□在作什麼，□□□

的□□不作、□□作的□□不作」。

第二天晚上普說時，導師問有沒有人想知道，我大聲答「我」；導師要我出列提問，我問：「**如何是馬驢貓兒？**」導師「喵」地一聲，爲我們直示如來藏的所在；這與我在〈超意境〉裡聽到的弦外之音異曲同工，而我卻沒有慧眼瞧見，將祂一把抓出。

第二天下午與第三天，我在拜佛中體驗——意根□□、如來藏□□、前六識見聞覺知；第三天幾次與監香老師小參，都不能說得具體完整，監香老師說我只說了眞心出生妄心，另一半卻都沒說。後來我向監香老師說：「**我有一個體驗，但是平時聽說講了這個答案要挨棒的，就是如來藏祂**□□□□□□□□□。」監香老師說，這裡是禪三不是平時，禪三就是要有什麼說什麼。監香老師又問我洗過碗沒有，我說等了幾天都沒輪到我，監香老師告訴我說應該輪到我洗碗了，又說機會是自己爭取的。

就在中午過堂後，我舉手向 導師請求洗碗。在廚房等 導師時，因爲苦參不出心如槁木，自己先慢慢洗著；見到碗裡映出自己的影子，心裡又驚又疑；等到 導師來了，問：「**會洗碗麼？**」自己又不爭氣地流著眼淚說「**不會**」。

導師很親切地說洗碗是很容易悟的，要好好洗，教我們洗碗時□□□，把□□□的□□帶著，不要去管碗洗乾淨了沒有；回到座上，也可以帶著□□繼續洗。

下午開始參究時，我的疑情又開始很濃，在座位上不自覺地一直洗碗；空洗了沒多久，又看到如來藏□□□，這個體驗跟我上山前不是一樣嗎？眞的會是這個嗎？我不相信。但若不是，爲什麼我又一直看到？可是祂究竟是在幹什麼啊？我爲什麼看不清楚啊！（眞是無明遮障，明明就是□□□□□，因爲日用不知、太平常太現成了，就是不能慧眼得見、讓意根認了祂。）我就這樣一面洗碗、一面哭、一面生悶氣；一位梵唄組的師姊見狀，向導師報告。我聽到導師說：「**還沒啦！她還在疑情中⋯⋯浪費了我的機鋒⋯⋯。**」我聽了既氣自己、又難過。

傍晚在等候小參時，導師很關切地一一詢問等小參的菩薩們有消息了沒有；問到我時，我卻說「有問題」——因爲定力不夠、慧力不夠，還是模模糊糊，不能肯定吶！接下來跟監香老師小參，我向監香老師報告自己洗碗的體驗，覺得□□□這個好像是，監香老師又說：「**那是妳說的，不是我說的。**」

我自己又沒有信心，覺得那應該不是。

當天晚上普說時，我看見 導師自己起身移動風扇說：「**原來我有個侍者**。」我知道 導師說的□□□□□□。安板後在座上繼續拜佛，一隻蚊子菩薩飛來，卻沒要叮咬的樣子；我想到以前讀《我的菩提路》時，有菩薩就是因爲蚊子菩薩、蜈蚣菩薩破參的，我就想：「**蚊子菩薩啊！你告訴我啊！如來藏祂究竟是在作什麼呢？**」蚊子菩薩繼續飛來飛去，從我左手飛到右手，又從右手飛到左手。即使這樣，無明愚癡的我還是不肯信受蚊子菩薩示現給我看的；半信半疑又覺得不耐煩之下，決定早早去休息。洗澡時，我卻又很開心體驗侍者幫我洗頭。回寮房準備就寢，台中的師姊正準備再回大殿用功，出寮房時回頭關心地看看我，我作勢說我要睡了；睡下時看見隔壁師姊五蘊身中所顯非一非異的如來藏，忍不住想用手指去戳戳她的如來藏。

這一夜並沒有好眠，胡亂地作夢；第四天清晨四時多在黑暗中醒來，意根又作意洗碗；躺在床上乾洗沒多久，突然心裡一陣悸動：啊！眞的是□□□沒錯啦！爲什麼那麼多的體驗、自己就是不肯承擔呢？佛菩薩給我那麼多次機會、那麼多體驗，爲什麼自己這麼愚癡不願意相信？一邊哭、一邊匆匆盥洗，急忙到大殿禮佛，稟報佛菩薩：弟子願意承擔了！接下來就等向監香老師報告。

好不容易等到小參，向監香老師報告：我在洗碗時找到了如來藏，□□□是如來藏。監香老師拿起一隻筆問我：□□是什麼？□□是什麼？如來藏在哪裡？我指著手說「這裡」，監香老師告訴我說：「證悟是現量，不是比量。如果找到了，是『諸佛現全身』才是。」又說：「現在妳不會和我爭，等一下妳就會和我爭辯。妳下山後再好好提起話頭參究，不必再登記小參了。」

出了小參室，我呆坐在座位上，不知道出了什麼問題（其實是自己說得不清楚），又沒了信心。不久 導師又走到女眾這邊關切著幾位菩薩的進展，接著問我：「監香老師的題目整理如何？」我答說監香老師要我下山再用功。過了一會兒，教學組的戴老師要我到等候小參的位置下等候，說 導師……（中略），導師又說我剛才是九點三十七分小參的，等十一點三十七分時可以再登記小參。最後一次小參，監香老師留了兩個問題，讓我回去整理。

接下來的半年就在進階班中繼續熏習，準備下次禪三。進階班游老師在我簡略報告和提問中，發現我有遮障，便囑我要拜懺迴向。感謝佛菩薩的安排，很幸運地錄取了第二次禪三。第二次上禪三前和游老師小參，我向游老師報告說：「第一次禪三是有信心沒把握，這次是有把握沒信心！」第一次是因爲對講堂弘宣的法有信心，但對自己沒把握；第二次是對自己所觸證的標的有把握，但是如來藏法那麼深，對自己的慧力實在沒信心。

佛菩薩比我們還瞭解我們自己，總是在我們最需要的地方提醒我們、考驗我們。第二次禪三與 導師小參後，本來想可以好好體驗輕鬆過關的；沒想到自己彷彿在旋轉門中老是轉不出，明明到了門口了卻踏不進去，幾乎對自己又沒了信心，卻也找不出原因。直到第三天下午，心想或許是自己求法不恭敬，或在不自覺時生了慢心才遮障自己，便到 佛前向 佛菩薩懺悔。果然，在那天晚上過堂前小參後才又有了轉機；但是到第四天中午，大概知道自己來不及了，心裡又想：「不然這次就到這裡好了。」旋即又跟自己說：「都已經好不容易上山了，能拼到哪裡就拼到哪裡。」畢竟值遇正法不易啊！

解三時已破參的師姊提醒我，是不是因爲還有疑，所以佛菩薩安排還要再來一次？而我眞的一直到第二次禪三下山後，仍然會無意間起一念疑；幸好有會內善知識的教導，才讓我有能力以自己熏習的知見去揀擇，確認沒有問題，也讓意根願意接受。也因此，我能深刻體會到，因為祂的實在、平凡，真的很難安忍、很難承擔；但祂卻是萬法的根源、般若之母，得認了祂，才得漸知一切奧祕。

第二次禪三下山後我覺得自己都發願「謹遵佛菩薩的安排」了，那麼破參的因緣就交給佛菩薩去安排了。而且想到還有機會上山和善知識同住，又感到很開心；因此當台中講堂李老師問我過關沒有時，我還很天真地說「很高興可以再去一次」。

因為深知要能錄取禪三，除了菩薩種性外，還要有福德；而且自己都去過兩次了，應該也花費不少福德；又因為要「謹遵佛菩薩的安排」，所以只要講堂有需要、執事菩薩交辦，我都不推辭、盡力去作。導師說「有願有力」，只要真心懇切為正法作事，佛菩薩自然會幫忙。第三次禪三前，因為公司無法排休第一梯次禪三的時間，我就求佛菩薩說「如果我有破參的因緣，請讓我錄取第二梯次」。又求佛菩薩讓我具足圓滿破參的慧力，因為已經去過兩次了，覺得要過關真不容易（自己慧力不好又不用功）。

在第三次禪三中，佛菩薩安排監香老師開示我「自力增上道業的重要」，又給我深入思惟整理的機會；當我聽到監香老師說「能答得出這個問題，智慧就能增上，或許有機會可以擔任親教師」時，不自覺地眼睛發亮，便自告奮勇要自己再去現觀整理。在努力的過程中，佛菩薩仍不忘善護加持，如來藏種子不斷湧出，因此得到許多以前都沒深入思惟與整理的問題與答案；在思惟整理的過程，法一直出現、自己受用一直提升，感到法樂無窮；所以我又一直求佛菩薩再給我更多更多，最後都忘了要勘驗過關這件事了；還自私地打算把禪三當育樂營（既得法益又得法樂），下次再來。

感謝佛菩薩的安排，讓 導師出世弘法，又讓我得以悟入實相。來正覺共修三年多的學佛過程中，我與家人彼此的心性與因緣都改善了；平日深受導師、親教師攝受教導，正覺諸位菩薩善護；感謝三次禪三監香陸老師、章老師、游老師、蔡老師，以及糾察、護三菩薩們，爲成就弟子的法身慧命而日夜辛勞。導師已將悟後增上的次第，在書中與平時說法囑咐中爲我們安排妥當；雖然深知自己不足又心性懶散，但是憶及過去多世皆未能聞熏正法，當不免戮力責成自己努力增上，以報 佛恩師恩於千萬億分之一。

弟子熊千喜敬呈 2009/5/9

為償多劫願 浩蕩赴前程

——禪三見道報告

歐正佩

一心頂禮 本師釋迦牟尼佛

一心頂禮 觀世音菩薩摩訶薩

一心頂禮 彌勒菩薩摩訶薩

一心頂禮 護法韋陀尊天菩薩摩訶薩

一心頂禮 祖師克勤圜悟菩薩摩訶薩

一心頂禮 導師平實菩薩摩訶薩

一心頂禮 親教師正瑛菩薩摩訶薩

一心頂禮 監香孫老師、游老師及護三菩薩摩訶薩

一心頂禮 正覺海會眾菩薩摩訶薩

壹、前言：

思及第一次參加禪三就能順利過關，不覺心中澎湃，熱淚盈眶！因為深知自己的功夫還很差、知見也還不足、福德仍很欠缺、性障更是深重！所能依憑的唯有對佛菩薩，對 導師及師長們的全然信受，與生生世世護持正法、利樂有情的菩薩願。故在禪三期間透過不斷的求佛菩薩、發菩提願、懺悔身口意行、迴向冤親債主，終能找到眞心，得蒙 導師印可！而在過程中，對於佛菩薩的慈悲加持，導師的慈悲開示老婆指引，親教師的慈悲攝受及監香老師、護三菩薩的慈悲護念，如今思來，感動莫名不能自已！

貳、回首來時路～我的學佛因緣

回想自己的學佛因緣，係因煩惱苦逼，心不得自在故；可笑的是想逃離佛法亦因為此……。考上師大的那一年暑假，在眾多的社團招生資料中，中道社的一首偈：「菩薩清涼月，常遊畢竟空；眾生心水淨，菩提影現中；為償多劫願，浩蕩赴前程。」為當時正因聯考考得不甚滿意，卻又不想重考的熱惱的心，注入一股清涼，心想就先進師範大學再說吧！開學後，跑去聽了幾場中道社的演講，覺得佛法的智慧果然不凡，便順理成章的入了社。

大一下，因與同學間情感的困擾及感受遊玩嬉戲的空虛無趣，對佛法的渴求更加殷切！便積極投入佛法的修學並擔任社團幹部。由於中道社固定親近三峽横溪的西蓮淨苑，西蓮淨苑的宗風是：律紹南山．教宗般若．行在彌陀。是一個很清淨的淨土道場，故若時間許可，週六、日及寒暑假都會隨著學長們上山參加共修——聽法師講經、進行小組研討、打坐念佛；並在智諭老和尚的座下受三歸、五戒及修學淨土法門，基本的佛法概念就在親近道場中建立了！

大三時覺得世間學問無用，解脫不了生死；一心一意只想出家，認爲唯有出家才能了生脫死，完成此生的目的。（此時回想起來，眞是聲聞心性，智慧短淺！）但大四立刻招來魔考——因一段□□□□□糾葛，而使自己□□□□□中，退失道心！當時心裡雖然知道□□□□□□□，但□□□□□□卻無法自拔，一頭栽下！□□□後又很懊悔！如此身口意反反覆覆造作惡業，內心又掉悔不斷，十分痛苦；而當時所學的佛法此時不但用不上，反而更增加罪惡感：對自己很絕望，很想放棄自己；也曾動過自殺的念頭，覺得自己沒有臉去面對佛菩薩、面對法師及同修們。漸漸的，就以各種理由推託而不去道場！也不吃素了！（補註：如今回想起來，知「如理作意」之重要！若當時自己能照見我及我所的虛妄，便能心得決定當下斷除相應之煩惱心所——對□□□□□□□□□□□，應能逃過此劫！而這多年心中揮之不去的痛苦心結，終在正瑛老師的慈悲攝受及四位師兄姊的見證下，於佛前發露懺悔，永不復作！感恩佛菩薩、親教師及同修菩薩們的慈悲！）

就這樣，很顛倒的過著世俗的生活，跟大家一起吃喝玩樂、享受五欲！但心裡仍覺得很苦悶，對生命仍有很多的疑問想去探究！後來調校至中正國中，剛好學校同事想成立學佛社，也許是佛菩薩的慈悲吧！陰錯陽差，想逃離佛法的人竟被拉去參與創社！並隨著華藏講堂的阮居士繼續熏習淨土法門；每週一次的例會聽講及研討中，對熱惱的教書生涯中多少起了一點清涼的作用；但總覺得內心深刻的我執煩惱仍未觸及，法義也多只是在表相上的理解，與實際的生活仍有隔閡，自己的改變與進步並不大。

由於個人對生命及哲思的議題有著深厚的興趣，又自覺自己連「作人」都沒作好，哪有資格談「學佛」？故利用課餘時間到台北的書院聽《四書》及《易經》的課，希望藉由儒家的人生哲學再建立起對自己的信心來。授課的先生是一位九十歲的前清遺族——毓老，毓老師年紀雖大，但身體硬朗，聲若洪鐘，頭腦清晰，滿腹經綸；對於這個世界，對於中國文化、儒家的思想有很深的使命感！在與之學習的過程中最大的收穫是：對生命及生活又充滿熱情，覺得自己對這個世間有責任，應該作一點有益於周遭人們的事！

正驚歎於《易經》中所蘊藏的人生智慧時，碰巧，趙嘉威師兄在學校成立了《易經》的讀書會，便興沖沖的參加了；沒想到《易經》的課程隨著趙師兄到正覺講堂修學佛法，竟轉變成佛法的研討課！（佛菩薩對正佩的慈悲又再次驗證！）由於趙師兄在《易經》上所展現的智慧令人折服，故對其轉而修學佛法的改變深感好奇；但由於之前曾聽到一些對 平實導師的負面批評，故對於是否去參加同修會的課程，仍猶豫不決！但在認眞研讀趙師兄所結緣的 導師著作後，不見有任何不如法的地方，反見 導師的智慧如海；欣慕之餘，便毅然決然的報名參加兩年半的禪淨班了！

雖然自己對佛法並不陌生，但在學法時，心中很自然的就起了一個念頭：要像嬰兒般的從頭學起，不帶一絲成見！故兩年半來，在親教師正瑛老師的慈悲教導下，一點一滴重新建構起正確的佛法知見，並知道應如何修集福德、消除性障！正瑛老師上課時生動活潑，平易近人，攝受力極強！而老師智慧善巧俱足，總能將勝妙而抽象的法義以平實簡單的方式讓我們直接可以在生活中運用，更時時刻刻用如實不做作的身口意行來調柔我們的心性，讓我們對自己具足信心——不生卑賤想，相信自己是菩薩，且一定能開悟！願眞實發起菩薩性並不斷增上，不會得少爲足而生貢高我慢，知道感念佛菩薩及 導師的深恩。兩年半來用一言一行慈悲的攝受著我們、護念著我們，爲我等隱覆密意——讓我等具足與眞心相應的因緣。而每週二到講堂聽 導師講經及平日閱讀 導師的著作，更是令正佩受益匪淺、樂此不疲！導師的智慧深細，說法勝妙，不論是在法（第一義諦）及次法（福德的修集、性障的消除、功夫的鍛鍊……等）的宣說及教導，總是令人茅塞頓開、歎未曾有！而正佩對 導師及親教師的教導總是全然信受並努力去作！就這樣終得水到渠成，法身慧命得以出生！

而來正覺學法以後，方知以前自己的落處及過失——都在意識心、在表相上下功夫，從未觸及眞心法界實相！故學佛多年，名相知道一堆；但在日常生活中、在煩惱來時，就用不上力，沒有功德受用！除此之外，更讓正佩眞眞實實感受到經典上佛所說的都是如實語，所說的法義、境界都是可以確實親證現觀；而在 導師的悲智大願攝受下，在勝妙法義的鋪陳指引下，在功夫方法的善巧方便施設下，生生世世行菩薩行，次第增上證佛菩提，已不再是一個虛無渺茫的想望！在如實的修證下，自己有很大的功德受用並確信自己也可以當菩薩，也可以成佛！生命中充滿著前所未有的充實感、踏實感與幸福感！

參、加功用行勤參究～精進禪三行

兩年半的修學即將圓滿，就待上禪三驗收成果。而隨著禪三日期的逼近，心念的躁動或安定便影響著功夫的得力與否，此時更見正瑛老師的用心良苦、老婆心切，不斷的耳提面命，以一句句慈悲法語撫慰我們躁動不安的妄心，教導我們具足證悟的因緣。如：「八識的體性要分清楚，不要眞妄不分」、「禪三前拜佛一定要超過三小時，定力夠、心夠細才能與祂相應」、「每週交一篇觀行報告，眞實體驗並練習整理」、「盡力就好了，一切都是因緣，要安忍」、「沒有觸證沒關係，上山時與善知識共住時再求一念相應」、「想作什麼的都是妄心，眞心從不想作什麼」、「要乖、要聽話、要直心，眞心最乖、最聽話、最直心」、「禪三前一週不要再看書了，要屏除外緣閉關參究」、「放輕鬆，祂都在」、「禪三時，色身常會有狀況，故一定要迴向給冤親債主」、「對善知識若起了不好的念頭，一定要當面發露懺悔，否則進小參室時會有遮障，本來靈光的腦袋會變成漿糊」、「不要以爲自己很行，慢心障道；能開悟絕對不是因爲自己很厲害，而是佛力加持、導師慈悲、福德因緣具足故」、「有任何狀況時就去求佛，求時要發大願，方能堪受此大法」、「找到了，要直下承擔」、「沒有方向時就去求佛，不要一直呆坐」、「要多拜佛，腿瘦腳痛也要拜，拜到腿斷了也要拜；不過從沒有人拜到腿斷掉，所以不必擔心，不要太寶貝色身」……等。而正佩對老師的叮嚀，總是全然信受，隨時檢點自己並奉行不疑，任何境界來時總能以老師所教導的法一一應對，故在禪三時有很大的感應及受用，並能順利破參，皆因信受善知識故。

終於收到禪三的錄取通知了，高興得合不攏嘴，帶著錄取通知書去上禪淨班的最後一堂課，很有福報的在電梯中遇到正瑛老師，老師問：「**收到沒？**」正佩回答：「**收到了，謝謝老師。**」老師慈悲叮嚀：「**放輕鬆！**」正佩回答：「**好！謝謝老師！**」當下心得決定——就乖乖帶著老師的叮嚀與祝福：放輕鬆上山參究去！

週二到講堂聽 導師講「金剛經宗通」，當 導師上座前經過身邊時，全身竟起雞皮疙瘩；而隨著張老師唸開經偈「微妙甚深無上法，百千萬劫難值遇；我今見聞得證悟，願解如來究竟義」時，莫名所以的，竟哭得淚流滿面！整堂課望著 導師的慈顏，目不暫捨，一心一意體會信受 導師的法語，親切無比，歡喜得不得了！藉著 導師、親教師的攝受護念，禪三前一週；正佩把看電視斷了，而報紙老早就沒看了！（很難想像從小就是電視兒童，常入電視定而忽略外境的我，能從一天看個三、四個小時以上，減少到一天只看半小時卡通，到最後能完全不看，眞的不可思議！）不看電視以後，心變得很澄淨，所有的心思都在拜佛參究、參話頭、觀行上。週六、日每天拜佛七個小時；週一至週四，除週二到講堂聽經，拜兩個多小時外，每天都拜佛四小時以上，如是一心爲參加禪三而準備。這段時間，用功拜佛故，家事及一些日常瑣事都由家中的一位同修正娟菩薩代勞；感恩她的護持，功德無量！下回換正佩護持她參加精進禪三。

上禪三前一晚，睡得很淺；當天起個大早，原本一直很平靜的心竟然開始有些緊張；趕緊跪在 佛前發願，求佛加持。果然佛力不可思議，焦躁的心就安定下來了。搭著吳師姊的車，彼此互相祝禱，一路往大溪禪三道場行去！由於親教師慈悲，在課堂上早將禪三的流程、規矩及用功的要領，都作了詳細的解說，故進了禪堂、安了單，隨著禪三的儀軌，便開始如實用功：灑淨、午供、過堂、拜懺，深體每一個儀軌的深意而用心，務求身心清淨、國土清淨，具足開悟因緣！下午正式起三，導師開示如何斷三縛結，將五陰十八界的虛妄體性詳細解說，令我等在參究時能從眞妄和合運作中將妄心與眞心分開來。接著放小蒙山、過堂、沐浴。七點半公案普說，導師上座不發一語，又是喝水，又是拿起毛巾擦汗的，忙了一陣，機鋒盡出！接著說：要是古時候的禪師，現在就可以下座了——普說完畢！然因爲是第一天，尚未有人悟入；即使有入處，也沒人敢接 導師的機鋒；故現場一片寂靜，無人搭腔。導師見大眾都沒反應，只得自導自演的開始講解。正佩雖然有些體會，但因仍未能將眞心妄心分得清楚，故聽得似懂非懂——其實沒眞懂！當下告訴自己：不懂就不懂，沒關係！時節因緣未到，要安忍，不要慌張！將用功的重點擺在拜佛時用心參究，先不理公案。普說完畢安板後，留於禪堂繼續拜佛參究。不知何故，心中忽現起監香 游老師（法名正光）的身影，接著竟然出現電視的廣告詞：「**正光金絲膏，有效！哇—哈、哈、哈！**」心中一驚，尋思：「**在這節骨眼上，怎會出現這般戲謔的話語？**」偏偏這話語一直盤旋不去，已然是種子起現行而現行又回熏種子了！當下起念：一定要向 游老師懺悔！如此心才得以安住下來繼續拜佛參究！（後來事實證明，此次禪三與游老師的緣很深——兩次與監香老師小參時都是排到跟游老師小參。很慶幸自己在親教師的攝受下，知道如何善護自己的身口意行！故參究的過程中雖有波折但還算順利！詳見下文，在此略過。）

第二天開始第一輪小參，輪到我時，敲門進入，頂禮 導師一拜後，端坐在 導師面前；導師看來莊嚴而慈悲，並不可怕！導師看著報名表說：「學佛二十年了？」正佩回答：「很慚愧！」導師說：「不慚愧，印順法師二十幾歲出家，一直到九十幾歲了都還落在意識心上，所以不必慚愧。」正佩有感而發說：「謝謝老師慈悲出世弘法，弟子才有因緣學此無上大法，覺得不虛此生！」導師說：「要能開悟了，才眞的是不虛此生。」導師接著問：「有什麼體會？」回答：「套用《金剛經》的公式——所謂吃飯，即非吃飯，是名吃飯。是不是可以解釋作：吃飯的是五陰，如來藏沒有吃飯相，但□□□□□□□□、□□□□□是如來藏！以此之故，□□□□是如來藏！」導師聽了不置可否；正佩便將早上經行時，感覺到□□的□□性，□□□□，□□□□，□□□□，□□□□，□□□□□的體驗向 導師稟報。導師說：「那妳這樣算是懂得經行了！」接著問：「□□□□？」答：「如來藏！」又問：「如來藏□□？」答：「□□□□！」導師說：「這樣說太籠統！妳□□□□□□□□□□□□□□？」一時語塞，答不上來！就在正佩思索之際，導師慈悲，逕自拿起餅乾吃將起來；可惜正佩有眼無珠，雖知有蹊蹺，但一時仍無法意會，不敢承擔，故錯失機鋒！導師又問：「祂在作什麼？」答：「祂□□，意根□□，□□就□□□□！」（而最後一句話，當時的想法其實是如來藏□□□□□□□□，但並沒有把祂表達清楚，只是私心認爲理當如此。）導師說：「那這樣與如來藏□□□□□□□一樣嗎？」當時只覺得如來藏無覺無知、不作主，怎能說祂「□□」□□□□□？故回答：「不一樣，如來藏從不會想作什麼。」導師說：「嗯！方向對了，只是有些知見錯誤。下去多拜佛，體驗兩個題目，看哪一個對？二選一嘛！第一：如來藏□□□□□□。第二：如來藏□□，意根□□，□□□□□□□。」（聽了心裡很高興，很感謝導師，表示自己有一半的機率會過關，導師眞是太慈悲了！）導師隨即叮嚀，即使現在有答案了也不要就下定論，要兩個題目都去體驗，思惟整理後修正錯誤的知見再來報告。（導師慈悲老婆至此，明示暗示若此，可惜自己被自以爲是的慢心障住，絲毫不知個中關節，法身慧命差點活不過來！）

回到座位用功，繼續拜佛參究，一邊拜一邊體驗到底是哪個對？本來一心認定第二個答案對，但仔細思惟覺得第一個答案也不算錯，便自作聰明的想：那把兩個答案綜合起來一定最完美！整理後下了一個結論：如來藏□□，意根□□，如來藏□□□□□□□□□□□。

好不容易終於輪到我跟監香老師小參，游老師開口就問：「歐師姊！哪個答案對？」回答：「第二個，如來藏□□，意根□□，□□□□□□。」游老師：「若是這樣，那妳就錯得離譜了！」我趕緊回答：「應該是兩個答案綜合，請老師給我一次機會再講一遍！」老師慈悲點頭，我修正說：「如來藏□□□□□□，祂□□，意根□□，□□□□□□。」（緊張之下，依舊沒把主詞說清楚！）游老師：「這兩個答案完全不同，只有一個答案對！妳應該是有觸證到了，但是眞妄分不清楚，知見還有錯誤，有時自己講對了也不知道！下去再整理！」就這樣一棒被打了出來！

離開小參室，心裡有些茫然；瞥見同行的吳師姊已過了第一關，心裡有些不是滋味：怎麼人家都過了，我又回到原點！念頭一閃，頓時覺察到自己的慢心及諍勝心；趕緊到佛前懺悔、發願並求佛菩薩加持攝受，讓弟子能去除遮障，一念相應！回到位子後，用心參究，在拜佛中感應到親教師現身指引：「眞心當下就是，直接了當，哪來那麼多葛藤。」便把之前所熏習的知見放下，認眞去體驗「如來藏□□□□□□□」這句話！

再進小參室已經是下午兩點多了，游老師問：「找到了嗎？」心中很篤定的回答：「找到了！」游老師：「好！那□□□□□□，如來藏是什麼？」我□□□，說：「這就是！」老師說：「這是□□、□□！」我說：「□□是□！□□是□□！如來藏就是這個——□□□。」老師：「說得不夠清楚。好！那我問你：如來藏□□□□？」我□□□□□，嘴裡喃喃地唸著：「如來藏□□□？□□□？」疑情被老師提到了最高點……，忽然登時領悟說：「如來藏□□□□，□□□□□□□□！」游老師嚴肅的問：「是嗎？這個就是嗎？你不怕再被趕出去，再重來一次？」我當下直下承擔：「不怕！就是祂，沒有錯！」老師才終於認可，雙方都鬆了一口氣！接著老師又問了一些題目。由於親教師上課時都有提到，而相關的知見在閱讀 導師著作時也曾思惟整理過，所以還蠻順利的！只有最後一題：要我將□□□□□□□□□時，腦筋忽然短路，轉不過來，推來推去老是只能順推，無法逆推，腦袋眞的變成漿糊了；幸得敢於賴皮懇求，加上游老師慈悲提示，才終於突破順利過關！（若不是游老師慈悲攝受，細心引導逼拶，弟子的法身慧命一定出不來！謝謝游老師！！）

出了監香小參室，糾察高老師看到我很開心的說：「ｏｋ了！」並慈悲的要我趕快整理，說馬上就輪到我與 導師小參進行印證。(心裡很感動！想著：「讓高老師擔心了，感恩菩薩護念！」) 導師看到我，慈悲的說：「參得很辛苦吧！」正佩點點頭。望著 導師慈祥的面容，歡喜信受得不得了！導師說：「好！□□□□□□如來藏□□□？」正佩回答：「□□□□□！」導師說：「是吧！□□□□就可以說得清楚！」又問：「如來藏爲什麼□□□□？」答：「因爲如來藏□□□□，能□□□□，故可以□□□□！」 導師讚許：「答得不錯！」接著又問一些題目，弟子也都能一一應答無礙，最後 導師交代一個題目：證明如來藏□□□□，要我下去思惟整理，至少要寫出五、六個理由；兩個小時候後交報告，再給第二個題目。(第二道題是益智問答題：從□□、□□、□□及□□時，會發生的種種狀況來探討，□□□□□的過失)！而 導師似乎有他心通，知道我剛剛腦筋變成漿糊過，所以慈悲的問我：「要不要舉例說明？還是你自己想？」當下賴皮的說：「請老師慈悲說明一下。」只見 導師的智慧如海辯才無礙，張口像連珠砲似的，一下子就說了四、五點；我趕忙問：「那老師講過的能不能寫？」導師說：「可以！但要說明理由，自己可以想出別的更好！」問訊出了小參室，感戴 佛恩、師恩，便到佛前、祖師前、韋陀菩薩前至誠頂禮，發願迴向；並祈求思路通達，能將 導師交代的功課作好！

印證過後尚須書面整理兩道題目，並經 導師口試通過，應是從二〇〇三年法難後增設的關卡。正佩一邊思惟整理法義，一邊體會 導師的用心良苦──爲攝受我們證得如來藏時，自己能從教證、理證上肯定祂的不生不滅、眞實如如而不退轉；確知祂是法界的實相──是三界輪迴、酬償因果的主體，無有一法可毀壞祂；是萬法的根源──能生一切法而無有一法能出生祂……等；而不會再被未悟者的邪知邪見所誤導，不會退轉回離念靈知的意識境界；並且能增益我們的見地，能爲人舉證說明、破邪顯正。爲此，他老人家眞的是慈悲老婆到了無微不至的地步！

小參室內的慈顏開示，禪堂上的老婆心切，在被印證後，體會更是深刻！我想再也找不到這麼大方、手頭這麼鬆的禪師了！過堂的吃飯禪、水果禪、洗碗禪，經行時的□□□□引導參究，晚上公案普說時的神頭鬼臉機鋒不斷，簡直是無所不用其極的，就是要你開悟！可惜的是因緣不具足的人，還是沒辦法勘破！（只能說：善知識能給的都給了，不能戳破那一層薄紗，眞的都是自己的問題！）而正佩在被導師印證後，由於對 導師身口意行的信受；不可思議的，在行住坐臥中感應到 導師以其慣有之幽默老婆口吻，時刻爲正佩宣說眞心妄心的體性；眞是很殊勝的一個體驗！感恩 導師！！

終於可以喝水了，導師要我們去體驗三個重點：喝水時，第一、□□□□□□？第二、□□□□□？第三、□□□□□，眞心妄心□□□□□？這一杯無生水眞的不好喝，喝得腰痠背痛手直發抖，也只體會出……（中略）。然這些體會都還非常粗淺，只是 導師所講的一小小小部分而已！

再度進小參室報告喝水的體驗，由於時間很趕，每一部分都只能由一位師兄姊作示範及分享，再由 導師補充。導師的觀行眞是太深細了，可惜時間不夠，未能讓 導師一一細說，令人頗有意猶未盡之感！講解的過程中 導師還穿插一些小實驗，讓我們去觀察體驗意識心的超級伶俐及與前五識間的密切配合；以及一念不生時的離念靈知仍不離分別……等。讓我們對眞心與妄心的不同處能體會得更深刻，以確保我們不會再退轉。其智慧善巧與慈悲，令正佩感動佩服不已，深深覺得能在 導師的座下修學眞是太有福報了！

即將解三了，導師及監香老師、糾察老師等仍把握最後的時間，爲趕搭末班車的師兄姊勘驗作印證！菩薩的慈悲心行，令人動容！此刻思之，仍不免感動流淚！四天三夜的苦參，比起 導師、監香老師、糾察老師、護三菩薩的辛勞，眞的是微不足道！若不勇猛精進於佛菩提道的修學，生生世世護持正法、利樂眾生，如此深恩，何以爲報？

肆、明心的功德受用：

明心後的功德受用，就如同古時禪師曾說過的話：「還是舊時人，不是舊行履。」在身心上都有些不一樣的變化！試舉數例說明：

第一、下山後，回到學校上課，最大的感受是：看到一切人都非常的親切、慈悲，彷彿與自己一體；學生跌倒時就好像自己跌倒一樣，對別人的用心能深刻共鳴而感動流淚。

第二、同時很奇妙的，不容易生氣，變得更有耐心，遇到事情或狀況時，能以從容的、溫和的態度加以處理。

第三、心量變大了，願意承擔！只要是有利於正法弘傳或能幫助別人的事，總是一口答應；遇到自己不熟悉的事，頂多是想到不會的話可以學，不會想要推辭；當下並覺得自己很有福報，可以有機會護持正法、培植福德、利益他人，深感佛菩薩對正佩的慈悲護念！以此對照在明心前，遇到事情一定會先衡量自己的時間或能力是否允許，思前想後才會作決定的心性，覺得很不可思議！

第四、繼續喝水體驗時，更能體會無生法的勝妙。當意根……（中略）。謹將眞心如來藏與妄心七轉識之配合整理如下：

……（中略）讓眞心妄心和合運作得更完美！

伍、結語：

藉由撰寫見道報告，正佩又重溫此殊勝的明心過程！這段時間，寫了又改，改了又寫，總覺得仍有很多要感謝的人事物未能一一具說；然行文至此，已然是長篇累牘，故不敢再述！正佩唯有如實修行，依著禪三報名表上自己所發的求悟發願文一一去實踐履行，務求生生世世護持正法、利樂有情，在佛菩提道上勇猛精進，永不退轉！方能上報佛恩、師恩、父母恩、眾生恩於萬一！感激趙師兄的善巧接引，感謝 親教師正瑛菩薩的用心教導，感動 平實導師的菩薩大願，更感恩佛菩薩的慈悲不捨！令正佩得入正覺講堂，修學無上大法，眞眞實實了知並圓滿此生的目的——作一個菩薩摩訶薩，荷擔如來家業，利樂一切有緣眾生共成佛道！

南無　本師釋迦牟尼佛（三稱）
南無　觀世音菩薩摩訶薩
南無　彌勒菩薩摩訶薩
南無　護法韋陀尊天菩薩摩訶薩
南無　祖師克勤圓悟菩薩摩訶薩
南無　導師平實菩薩摩訶薩
南無　親教師正瑛菩薩摩訶薩
南無　正覺海會眾菩薩摩訶薩

佛弟子　歐正佩　頂禮敬呈
2007.05.21

見道報告

——賴榮豊——

再一個禮拜就可以拿到博士學位了。由於在攻讀學位期間，一直參加基督教的聖經研讀，因此心想一拿到學位就受洗成為基督徒。這是一九九二年七月時的想法。

由於快要學成歸國，許多友朋便紛紛電話道別；就為了再見一面，呂□□師兄更是千里而來。不知怎的席間就談起了佛法，而整頓飯便在呂師兄的法音中度過。因此一因緣我便放棄了成為基督徒的想法。返國後就在呂師兄的推薦下研讀了蓮生師父的相關書籍。過了一年便正式歸依，成為眞佛宗的一個信眾。

由於個性上比較自我，對於眞佛宗的活動參與不多，除了參加每週一次的共修外，大部分時間都待在家裡修法懺悔。雖然如此，由於具博士學位背景特殊，就在呂師兄的的鼓勵及蓮生師父的號召下，寫了一篇博士推薦函，向大眾推薦眞佛宗。由於當時無知，不知蓮生師父尚未開悟，更未成佛，所說之法有誤而且不觸及第一義。弟子僅在此公開懺悔，祈求 世尊悲憫持續攝受。弟子賴榮豊，盡未來際，不再重犯此過。弟子也在此祈求蓮生師父公開回應岳正犀先生所寫《眞假活佛》一書中所提所有質疑。若是弟子所言有誤，當再向蓮生師父祈求寬恕，否則蓮生師父也須公開懺悔，免於持續誤導眾多眞佛宗弟子。

待在眞佛宗的近八個年頭裡，日子起起落落，雖常在佛前懺悔，但總覺得修行不得力。脾氣還是很大，雖不常生氣，但一發起怒來眞是天搖地動。看在內人眼裡，直覺得我不知在修些什麼。一九九八年的某一天，呂師兄又是千里而來造訪。席間不可避免的又談起了佛法還鄭重介紹 蕭導師的書，並且再三強調研讀 蕭導師書籍後的強烈感受。並留下了《禪—悟前與悟後》、《護法集》、《眞實如來藏》等幾本書。呂師兄更是一再強調 蕭導師是一位善知識，已幫助很多人在禪三期間明心，而且每次明心的人越來越多。當時本著科學的基本原則即任意答了一句：**「不會吧？數目總會到達頂點再往下降。」**

在閱讀了 蕭導師的書後，感覺 蕭導師的法遠比蓮生師父的法勝妙。因此也有了求悟的衝動。自然地就參究起來。半年後若有所觸證，並向呂師兄談論自己的心得。對此，呂師兄持肯定態度，並建議我參加正覺同修會的初級班課程。也正式開啓了我學習正法的歷程。

由於　蕭導師在書中一再強調未證言證果報的可怕，因此自已雖似有所證，仍不敢公開承認。雖然已有了一些功德受用，最明顯的是脾氣改善很多，而且　導師所寫的《公案拈提》(第一輯)大概有一半看得懂。由於這一段經歷再加上自己的高學歷，慢心不知不覺中長養了起來，覺得同修會的初級班課程太淺了。因而不是很認眞聽講，常常覺得課程有點無聊。當時　導師的《楞伽經詳解》倒是深深吸引了我，雖然絕大部分都看不懂。課程結束後，由於我是中途加入上課尚未滿二年半，因此得在老參班補滿二年半的時間才能報名參加禪三。或許是　世尊的安排尚未能參加禪三，我即出國進修半年(2002/08~2003/02)。回國後當時的親教師(楊先生)已換成李先生，但不到三個月同修會又派了游老師來擔任親教師。又上了半年課，因爲我全部的上課時間二年半已滿，因此向游老師詢問參加禪三的可能性。游老師則認爲我缺課太多，知見不足，建議我等機緣成熟再說。尤其當時游老師態度堅決，表情嚴肅，不但讓我印象深刻，而且還有所畏懼。後來更在親教師會議的決議下，我必須重上初級班的課程，因而被迫轉到張老師的班。老實說當時我有點不服氣，心想好歹總應讓我試試看，更何況當時自認為已有所觸證。上了張老師幾堂課後，不但不服氣的感覺消失了，對於張老師更是言聽計從，非常的信受。記得當時我無相念佛的功夫訓練得還不錯，自已想轉入看話頭的功夫；可是試了很多次，都讓人洩氣。記得有一次上課，張老師解釋完何謂話頭、如何看話頭後，就說同學們可以練習看話頭的功夫了。隔日我居然看得住話頭了。這是第一次驚奇的發現我的意根居然聽張老師的話。在兩年張老師的上課期間，自然地我變成一個乖學生，老師怎麼說，我就怎麼作。尤其禪三前的三個月，老師要求一日最少拜佛三個小時，禪三前的一個月，一日最少拜佛四個小時。雖然無法完全達成，但都非常努力去作。這期間上張老師的課變成是一種享受而每個月的二個單週六成為我一個月中最期待的日子。

很快地，有資格報禪三的日子來臨了。在張老師的推薦及 導師的攝受下。終於第一次上了山。但感覺上這好像不是真的，總是想見到 導師後心裡才覺得踏實。在報到後及起三前，其實還有一段時間作淨化、午供及懺悔的活動，這期間心裡突然起一個念——導師怎麼這樣大牌，還沒有出現？念頭才一起，卻突然發現 導師已在身旁。這時眼淚不知不覺掉了下來。報到後的第二天，有了機會和 導師小參，原本的觸證全吞到肚子裡去了，自己也不知說些什麼。導師還是很慈悲的給了方向得予讓我持續參究。

這時 導師特別看了我發了什麼願，一則願當親教師，二則永不入無餘依涅槃。此時趕快抓緊機會特別向 導師稟報已加發了一個願——未來受生之處，視正法需要，願隨 世尊指定。導師對此讚賞有加，可是大概也看得出來此願發得有點勉強，導師要我在佛前多說幾次，願力可更加堅固，功德受用會更大。小參後順著 導師的方向，愈覺得以前的觸證方向應該沒錯，因而登記和監香孫老師小參。但被問到的第一個問題——□□□、□□□□□□□□，就讓我啞口無言。無論孫老師怎麼提示，腦袋就是空空如也。

接下來的兩天也和游老師有三次小參的機會，但是一直對游老師有所畏懼之心。使得任憑游老師如何慈悲的提示(如今回想幾乎已明說)還是無法心領神會。假如密意的答案是我愛妳，當時我只會講——我喜歡妳、妳很漂亮、我想跟妳結婚。四天三夜的禪三就這樣結束了，也帶了一堆疑團回家。下山後遵從 導師的指示，思索何以未能破參的原因。並且在一次的上課中公開懺悔對 導師的不尊敬：「不會吧？數目總會到達頂點再往下降。」及「導師怎麼這樣大牌，還沒有出現？」也特別向游老師懺悔自己對他的畏懼之心。

下山後，特別向張老師報告自己的禪三經過。老師安慰我說這是佛、菩薩的安排——總是要把張老師的全套本領學完，以後度人才容易。本來這次禪三未能破參，眞的有點洩氣，而且竊以爲下次報禪三再被錄取的機會應該很低。因此禪三後的兩個月，每日拜佛的時間只有一個小時。大部分時間都在看 導師的書，目的是重新整理知見，另一方面也希望確定下山前的一念相應所悟內容是否正確？（因時間不夠未能和監香老師小參）。但是張老師總有辦法讓人再一股作氣。漸漸的我又鼓起了鬥志，決定再試一次。這期間由於張老師的循循善誘，及 導師、佛、菩薩的攝受，拜佛比以前更融入，也把眞心、妄心的運作情況分清楚了。

在一次聽 導師宣講《勝鬘經》時感動異常，在 DVD 課結束後我在佛前發願，願生生世世攝受正法，並祈求世尊賜予大智、大悲及大勇，盡未來際永不誤入邪法、永不疲倦、永不退縮，即使捨身、命、財也要護持正法，宏揚正法。第一次上山雖然沒有破參，但我見幾已斷除。這時環視身旁學佛的親朋好友受到誤導，常暗自流淚；再加上張老師特別用了二堂課解釋如何斷我見，因此也常利用機會向他們宣說這個道理。

三月三十一日再次收到禪三錄取通知，隔天上課時，向張老師報告此事及參究情況；老師要我深入的拜佛就好，其他事情不用擔心，皆可迎刃而解。由於是基礎班的最後一堂課，也向助教淑瑛老師不捨的道別。淑瑛老師鼓勵我說「這一次一定可以破參，因為你要為正法所用」。張老師及淑瑛老師的祝福不但深入我心，我的冤親債主大概也都聽到了，因此一覺醒來，本來只有稍微鼻塞的感冒突然加劇，鼻子變得幾乎不通；鼻涕怎麼清都清不完，拜佛時鼻涕一直流，只好一邊拜佛一邊擦鼻涕。這樣的情況一直持續到上山仍未見改善，由於這種情況讓我在禪三拜懺時放聲大哭，並祈求 世尊作主讓冤親債主能護持我，如能順利破參，願將破參功德迴向給他們。未來世如機緣成熟也將助他們明心，一同共向佛道。整個拜懺的過程，我的鼻涕流得比眼淚多。拜完懺後，居然鼻子不塞了，只利用休息時間清淨鼻涕即不影響參禪拜佛。

由於我禪三的座位在後面，而且這一次從女眾開始和 導師小參，因此直到第三天才有機會進入小參室。第一晚 導師普說完後及第二天整天，我都謹記張老師的叮嚀，深入的拜佛。累了便將 導師關於五蘊十八界的教導再詳細思惟一番。並且每天都將自己的進度向 佛稟報，如有走入岐路，請 佛引回；如方向正確，請 佛加持能有更深入的領會。第二天近中午時分拜完佛，想再一次詳細思惟五蘊十八界時，忽然眼前所見的不再是前面師兄姊的□□□□□，而是□□□□□□□。

第三天一早，便在 佛像前祈求 世尊加持和 導師小參時能將自己的見地如實陳述，並得到 導師的引導。進入小參室向 導師頂禮完坐定後，便將日常生活眞心及妄心分別運作的部分詳細陳述。導師聽完後還覺得滿意，因此問我什麼是□□□？導師看我傻傻的愣在那邊，便詳細的向我解說。說完後要我用自己的話再說一遍。但是就是講不出來，只會勉強說就是□□□。導師聽完後又看看我的報名表，笑著說，你不是唸完博士了嗎？這時實在覺得很慚愧，而且無言以對。

導師又經過一番考問後要我詳細整理□□□□□□□□□的理由，並通過監香老師的認可後再和 導師小參。稍後監香孫老師聽完我整理的□□理由後爲了再次確定我已完全分辨眞妄、主從關係，特別再問一次密意是什麼？經過一番陳述後，孫老師說手呈可以過關，但口述不夠精確，必須□□□□□□□□。我愛——我說(假如密意的答案仍是我愛妳)。孫老師不認可。愛妳——我又說。兩個加起來——孫老師說。此時我又呆呆的望著孫老師，意思是說怎麼加？孫老師又費了一番口舌後，才讓我說出我愛妳三個字。這時才眞正將主從關係弄清楚。午飯後和 導師小參，再一次詳細陳述□□□□□□□□的理由後，導師要我再詳細整理□□□□□□□的過失，並得到認可後才算過關。第四天早餐完得到 導師許可在禪堂喝水，體驗眞心的運作情況。這期間鼻子怎麼又塞住不能呼吸了，發覺此一現象後，趕快到佛前請 世尊作主將這次破參功德迴向給冤親債主。之後才能順利的持續體驗。

在正覺同修會熏習正法前後總共約有六個年頭才破參，和其他師兄姊相比可謂辛苦迂迴。因此也將自己的心得歸納如下，希望師兄姊們以我爲鑑，免得多走冤枉路。

修習正法，信受爲第一要務。以前自以爲具博士學位又在大學教書，自己應該比別人聰明，破參應比別人容易。由於這個慢心讓我基礎班課程得上二次才有資格報禪三。因此慢心一定要去除。

再則要具備慧力、福德及定力。二年半的課程足以讓無慢心者具足破參應有的正確知見，因此這一部分無需太擔心，倒是福德不易具足。但有一方法可以迅速增長福德——即是發願、攝受正法。最好的方式是請求 世尊依正法須要安排未來世受生之處。在民間有一家奇美企業，老闆願意將公司所得利潤與員工分享，因此這家公司的員工自成立以來只有進、沒有出。現今在娑婆世界弘揚正法，不也是 世尊的事業嗎？以 世尊的智慧、福德，不知超出世間人多少倍。因此其受雇員工——即弘揚正法者，一定不愁吃、不愁穿，最後還讓受雇員工當董事長——即成佛。這麼好的事哪裡找？因此發願攝受正法穩賺不賠。

最後就是定力，沒有定力想破參，任誰也幫不了忙。雖然每個人的情況不同，但張老師施設的進度，或許可供參考。上課的第一年，拜佛時間爲每日一小時(早晚各半小時)。上課的第二年，拜佛時間爲每日二小時(早晚各一小時)。禪三前的三個月，每日最少拜佛三個小時。禪三前的一個月，每日最少拜佛四個小時。尤其越近禪三每次拜佛的時間越長越好，越長則越容易融入，越融入則越容易一念相應。假如上了山參禪，不要忘了每日向 世尊報告進度，祈求加持。尤其進小參室前記得向 世尊或 韋陀菩薩祈求不要讓腦袋變漿糊。以上是一些個人心得提供師兄姊參考，也祝福師兄姊們早日破參，道業增長。

最後再次感激 世尊、諸佛菩薩的加持攝受，導師的慈悲，張老師及淑瑛老師的言教及身教，禪三期間孫老師、游老師及陸老師的指導。

弟子　賴榮豊頂禮

附言：弟子在此再次向　導師懺悔。在這次禪三期間，有一次聽見　導師在禪堂外說話，突然起一個念：「導師又在說話了。」又有一晚，導師在普說時自己明明聽得津津有味，也同時在檢驗自己所悟是否正確時，突然起了「放屁」的念頭。弟子隨後在　佛前懺悔，深自責備。在此也再一次向　導師懺悔，也祈求攝受讓慢心能迅速消除。

我的菩提路

釋光慈

回憶余學佛以來，坎坷非常；那時正處於文化革命「十年浩劫」中，把佛教列爲封建迷信，什麼牛鬼邪神，什麼破四舊、立四新；好多寺院被毀壞，經典焚燒，逼迫僧眾還俗，我只好到終南山最高的山峰摸天嶺，同一老尼師一住十年。那時我只知唸 阿彌陀佛、往生極樂世界；什麼「明心見性」從來聞所未聞。直到文革後期一九七八年，國家宗教政策落實後，八二年我才正式披剃出家；看到別人趕經懺，總覺得不是滋味，但又說不出所以然，只有自尋經論；雖讀不懂，可是卻愛讀什麼「明自本心、見自本性」；如何「明心見性」一概不知，見法師就問；都是同一個答覆：「末法時代還想攀高門？臨終能往生極樂就不錯了。」

公元一九九三年，在興教寺看到一本《略論明心見性》，元音老人著。

書中大意是：心中心是無相最上密乘，大圓滿的精髓，三密加持，補禪宗的不足。他是禪爲體、以密爲用，以淨土爲歸，修法簡單，成就迅速……。當時我想，三宗合一，眞是圓滿，也是我夢寐想求的東西，立即去上海拜訪元音老人，傳法灌頂，當了元音老人的忠實學僧，開始成爲弘揚常見外道法的幫兇。當時愚昧的我，還沾沾自喜，領眾修學正法、聚眾打七，每天坐十二小時，最後一天坐十八小時，自以爲很精進，還代老人隔空灌頂。現在想來，眞是愚癡到頂。正如 佛所說：「**獅子身中蟲，自食獅子肉。**」眞是慚愧至極。一晃浪費九年光陰，白費米糧。

我本來與藏密無緣，因我看過密宗上師五十頌、三昧耶戒，心中產生很多疑問；他們所作所爲，與《楞嚴經》及《四分律》完全背道而馳。所謂的法王、上師、活佛、仁波切，從來不去拜訪。二〇〇二年，一位尼師送來一本萬行上師《三次閉關實錄》，其中講他師父——於蒙上師如何如何，說得神乎其神；而我一向不喜誰把佛教說得神神道道的，當時我想：**漢地的上師語言相通，不如去探探藏密的眞相。**彼喇嘛自稱神通廣大、咒術靈感，親見後，再向他提一些問題，他完全處於應付。

有一天幫喇嘛寺裡整理經書，順手抽出一本《邪見與佛法》，奇怪的是：一翻開書講的就是「大陸八大修行人之一，元音老人」。當時我很驚訝：「**元音老人是常見外道。**」難道是花了眼？心中很納悶。再看其他書，本本的著作者都是平實居士。幸虧我從來不注重表相；注重法義，依法不依人。每天全神貫注的看，越看心越歡喜，如得至寶：是否修學正法的因緣已到，是佛菩薩的安排。回寺立即與某居士聯繫，又去信向 導師求法、請益，導師來信耐心給我開示，指出明確的方向。令我記憶最深刻的是，導師說：**信我法者不歡喜，不信者不煩惱；自己潛修、方便接引**。雖簡單幾句，便知 導師是乘願再來的大菩薩。當時就在佛前歸命 導師，終生為吾師。

這次受 導師的厚愛，有幸報名參加二〇〇六年四月的二十一屆精進禪三，先感恩諸佛菩薩、感恩 導師、感恩親教師及護三菩薩、感恩同行的三位同修，一路無微不至的關懷照料；唉！真是感慨萬千，要感恩的太多了，更要感恩 導師已鋪好的一條成佛之道，讓我們循序修學。

四月六日晚上九點，飛機一路順利的降落寶島機場，心中有說不出的喜悅；因為就要見到久別的法身父母——導師、菩薩勝義僧團的法眷。我們乘計程車到台北講堂，見到那些同修們，好熟悉啊！講堂那些菩薩都很謙虛、又親切，也許是菩薩同共特質。可能是孫老師講課的小參吧！一見孫老師，不覺生起恭敬、崇拜的心；她親切、溫和、安祥、直爽，坐在她身邊，好似對我有一種攝受力，心很平靜的感覺。恰好這次禪三又是我們的監香老師，是佛菩薩的安排吧！能與孫老師相處四天三夜，很幸運。

第二天去禪三道場，聽一位同修說：「**導師、親教師及護三菩薩，禪三半月前就上山佈置道場，細心準備禪三所需用的東西，一切費用都是正覺同修會會員捐獻的。**」（編案：數年來的禪三道場佈置，已經由福田組規格化而直接完成了，都已經不必導師、親教師先去視察或安排了。這是指本會大溪禪三專用的祖師堂尚未建成以前的禪三。）一進禪三院落，啊！好清靜，把一個臨時租借房屋佈置得這麼清淨莊嚴，一切安排得有條有理，而不知大菩薩們花了多少心血。護三菩薩們裡外忙碌，正覺同修會 導師、親教師及破參的菩薩，爲正法的護持及付出，深感佩服及崇拜；如大陸有這一因緣，我亦要全力付出。

迎請主三和尚時，我跪在 導師前，觀注到 導師那慈悲、溫和、安祥的慈容，好親切啊！如見久別的父母。導師只坐一把底小的椅子（編案：是地上墊高二寸的蒲團），給我們一一開示，此時我流出了尊敬佩服的眼淚；導師完全把一顆心放在眾生身上，無私、無我，平等待人，沒有一點善知識的架子，一言一行都是大菩薩的風範。

每天與 導師、監香老師共桌用齋，很溫和、親切，親切中又有一種膽顫的感覺；導師連二、三的機鋒，一會兒夾菜，一會兒給吃水果，又問好吃不？甜不？答好吃，三十棒；甜也三十棒。好似懂，但又說不出來，實質是懵懵懂懂。

第二天小參，我是第一個；先向 導師一禮，頓時我變成白癡；這時深深體會到古德所言「學佛法必實修親證」的重要。因自己已經走過錯路，誤導了一些眾生，罪業極重。我已聞到第一義諦正法，多讀 導師的著作，先建立自己的正知正見，將昔日誤導的佛子回歸正道，忽略了自己的功夫；導師問我的體會，我說了一些書本的知見；導師慈悲，給弟子指出入手的方向。一拜 導師，退出小參室，回禪堂求佛菩薩加被，虔心懺悔往昔所造諸惡業，歸位整理。第二次又安排小參，陸老師問：「**整理這麼快？有什麼體會？**」末學說什麼眞妄和合、什麼如如不動……。陸老師不客氣的說：「**你那是意**

識心想像出來的。」善知識的智慧劍眞厲害，一箭射穿；此時我想：「完了！這次白來一趟，佔了禪三名額，辜負了導師的苦心，辜負了大陸居士對我的希望。」

回到禪堂，叉手胡跪，佛前發願：「這次無論證悟與否，決定不捨正法，將我有生之年，寧願粉身碎骨，在大陸助導師摧邪顯正、弘揚正法。生生世世隨導師修學，直至成佛。」但又憶起《維摩詰經》云：「自疾無能救，焉能救他疾。」轉而思之，禪三還有三天兩夜，不如放捨身心，思惟這幾天，導師如何舞他的智慧劍。我一進廚房洗碗，導師把袖一挽，說：「光慈師！要像禪師的樣子。」把水龍頭一擰，慢慢比劃如何體會眞妄、心。在用餐時給我慢慢夾菜，手又慢慢收回；給我吃水果時，還問甜不？出齋堂時，導師又每天叮囑：注意腳下。到底是何密意呢？導師指的方向和方法，我一直照作，卻苦無突破。

第三天上午又安排我小參，進小參室，向孫老師一問訊，老師問：「有什麼體會？」我就實話實說：「我沒找著，請孫老師開示。」孫老師耐心的比喻，並給我三道題，讓我下去整理，還叫我參眞心在哪裡。慈悲的大菩薩

——導師，在百忙中，不斷的提示我。監香老師、糾察師、護三菩薩，他們都希望我：到如來寶山，不能空手而歸。同去的同修，也幫我求佛菩薩的加持，深感這些菩薩的道情關懷。

禪三，明天最後一天，今晚不能再睡覺，繼續參究：眞心到底在哪裡？參得頭昏眼花。直到凌晨一點半，幾天沒洗澡，覺得不舒服，這時浴池也無人沖澡，時頭腦很清醒，又什麼都沒想，自覺癡呆；可是□□□、□□、□□□……，爲什麼□□□□□？洗畢躺在床上，無法入睡，反復體驗眞心的運作；沖澡時的祂，走路時的祂，吃飯的祂，拜佛的祂，吃喝拉撒都是祂；左翻右轉直到凌晨四點半，想還是進禪堂拜佛。禪堂只有三位同修在禮佛，是否其他同修已破參了？這時我的心情反而高興：他們都很年輕，正法後繼有人，我這老朽，不破參也無所謂。但又想到：大陸是佛教八大祖庭之地，沒有幾個信受 導師正法的寺院；導師用心良苦，希望正法能讓出家眾弘傳，能把正法回歸寺院，佛教的未來就會更光明、更長遠。想到這裡，又難過起來。

到第二枝香，導師走到我座位旁問：「孫老師給的題，整理好了嗎？」「確定嗎？」吾答：「能確定，敢承擔。」安排我小參，進小參室，向 導師一禮，我雙手合十，向 導師報告。導師說：「不必合掌，我們都是自家人。」導師很慈悲，也覺親切；但親切中又覺畏懼，心一緊張，報告時張口結舌、斷斷續續；慈悲的 導師並未嫌棄愚昧的弟子，一一作指導補充；導師說：「光慈師！恭喜你！我給你的是正印，不是冬瓜印，希望你能（下午）第二次再來（小參室）。」

禪三已近尾聲，導師讓我回禪堂喝水，體驗……。向 導師一拜，出小參室；剛拜佛畢，糾察老師就把杯子放在我座前；唉！這些大菩薩，每個都這樣慈悲謙虛，我何能不感恩呢！（才剛開始喝水不久）導師用竹如意在我身上點了幾下，全身毛孔好似都在跳動。已是禪三最後一天，我也是最後一個破參，因時間不早了，體會很粗淺。直到解三前，導師集合已破參的同修，集體解說……。現在才體會到全部都是「日用而不知」，我衷心的佩服 導師的智慧如海、深不可測；未悟、錯悟的知識，何能知之。

說來我是個苦命人，從出家離開父母，再也未見過他們；剃度恩師是個比丘師，不能常住他們身邊；又加之師的戒律精嚴，女眾不易接近，在修行上無人指導，因而誤入岐途，浪費一生光陰，想來是自己障深慧淺。晚年要不是遇到大善知識——導師，救了我的法身慧命，又怎能學到第一義諦正法，了知修行佛菩提道次第。雖知要用功修行，才能成佛，也是盲修瞎練；雖出了俗家，身披袈裟，住如來家，食如來飯，但還是混吃等死的粥飯僧；想到這裡，淚流滿面、不能自己。

禪三結束後，眞不想離開 導師；想到腳跟未穩、羽翼未豐，不能離開慈母，嬰兒何能斷乳！如能長期在 導師座下，學習、聽法、請益，眞是無上福報。憶起昔日退轉菩薩，爲他們深感遺憾。

這次禪三同去的同修，是以前自己悟入的，可能悟得深入；余在 導師引導下破參的，今後一定要更加努力整理、體驗，多讀 導師著作及經典，才能彌補不足；但也不能作自了漢，更應爲正法作事，爲眾生付出而不求回報；願大陸四眾弟子，早日在正法中相逢，同共攜手荷擔如來家業，令 佛陀正法永續。

衷心求願天下錯悟知識，不各霸山頭，回歸正道。願 導師：少病、少惱，法體輕安，弘法無礙。

阿彌陀佛！

學僧 光慈 敬上

二〇〇六年六月

見道報告

—張善思—

一心頂禮　本師釋迦牟尼佛

一心頂禮　極樂世界阿彌陀佛

一心頂禮　十方一切諸佛菩薩

一心頂禮　大悲觀世音菩薩

一心頂禮　韋陀菩薩摩訶薩

一心頂禮　聖克勤圓悟菩薩摩訶薩

一心頂禮　恩師平實菩薩摩訶薩

一心頂禮　禪淨班章老師菩薩摩訶薩、進階班何老師菩薩摩訶薩

一心頂禮　三次禪三監香菩薩摩訶薩、一切護法義工菩薩摩訶薩

因緣不可思議！竟然能遇到正法，還能遇到大菩薩　恩師平實菩薩摩訶

薩，而且又能破參明心；我才二十五歲而已，真是很有福氣，全家十一個人都在正覺，很多人都明心了。

一、學佛因緣及過程

我的名字是父親看佛經取的，維摩詰菩薩兒子的名字——善思，有這麼好的名字，好像註定我這一生跟佛法有很深的因緣。

從小我就生長在佛教家庭裡面，外婆是虔誠的佛教徒，她三十幾歲就開始吃素念佛，並受菩薩戒，是喜歡布施、供養三寶的佛弟子；到現在每天都一樣虔誠的誦經念佛。我外公、外婆有四個女兒，總共六個孫子，從小我們就常常在外婆家玩，大家共住在一起，現在有十一個人(外婆的四個女兒和一個女婿，加六個孫子)都在正覺學。

我三歲的時候祖母往生，聽媽媽說我那時就一直追問：「**阿嬤去哪裡了？那是什麼地方？**」似乎對死後的世界很好奇，媽媽重複為我細說阿嬤去極樂世界，那世界多麼的美好。我也會指著牆壁上的蜘蛛或其他小昆蟲說：「**牠媽媽在哪裡？**」應該是我很黏媽媽的緣故才問這種問題吧！

也許因爲祖母往生，而爸媽平常都要上班，所以我從小常常在外婆家，因此經過長時間的耳濡目染，聽著外婆唸佛，並帶我們去法光寺。

大概到了我五、六歲的時候父母開始修學現代禪，我們家曾是共修的場地，有許多同修會來家裡共修，因此在共修前我還常常幫媽媽拖地。國小以後父母也常常去精進共修，親近李老師。

到了國中二年級的時候，我變得比較多愁善感，好像有什麼苦想要解決又說不出口，於是開始接觸現代禪李老師的錄音帶和書籍，想要解決內心的苦，覺得人生的目的就是要修行，要修行解脫並幫助別人解脫。記得國中開始，父母就教我們要念淨土發願文，所以我們那時候就會背了。

在我國三的時候，現代禪李老師爲了教育弟子們的第二代，舉辦了小蜜蜂讀書會或稱「哲學研究班」，讓我們熏習中國文化人文素養，並開始接觸宗教。

我到了高一的時候開始參加現代禪的共修，因爲那時很崇拜李老師，於是自己也把開悟解脫放在人生中最重要的目標；在十六、七歲的時候，發願將來要當開悟解脫的大修行人，幫助許多眾生一起悟道解脫。李老師常常跟弟子講：「活的時候要當覺悟的人，死的時候要往生淨土。」

李老師是熱血沸騰的英雄好漢，他威嚴很重但又會讓人很想親近，很有攝受力，像個武林盟主、黑道大哥那樣有威嚴；他武功高強，空手道是黑帶初段，可以臥推舉重兩百磅。雖然他只有國小畢業，從小家庭困苦，但又很聰明、很會念書，說法演講非常精彩；後來靠自己的才智投資賺了很多財富，不需要弟子供養；文武全才、智勇雙全，樣貌又長得很英俊，像電影明星，對人很熱情又很關心；世事洞明、人情練達，帶領的弟子們有許多高知識分子，大學教授、博士、醫生、律師、老師、藝術家、社會上各行各業的菁英分子。

在我十五歲到十九歲這四年當中，現代禪許多同修都陸陸續續搬到象山社區去親近李老師，約有一、兩百戶。李老師照顧著大家的修行，也照顧大家的生活——食、衣、住、行、育、樂，幫助大家能夠安居樂業，進一步安身立命，然後明心見性、悟道解脫。大家每天都在一起聞法、修行，吃、喝、玩、樂，非常的緊密，感情非常的好。現代禪的第二代也都玩在一起，一起爬山、唱歌，一起參加讀書會。現代禪第一代的同修們，就像是金庸小說《倚天屠龍記》中武當七俠師兄弟那樣的血脈情誼，而小孩子們也都像是青梅竹馬的兄弟姊妹，當時大家共同在象山社區和李老師過著幸福快樂的日子。

但是世事無常，李老師在我十九歲的時候往生，英年早逝；他在往生前對外公開懺悔、否定自己的開悟，並把弟子們託付給淨土本願法門之慧淨法師，所以教團也發生了大動盪，原本似乎感情很深的師兄弟，開始產生隔閡；而且還是跟李老師最親近的弟子們，最內圍的弟子們——有在帶領共修的傳法老師們，有的人有不同的意見；或是想要掌權但是大權落在別人手中，或是心裡妒忌的因素，所以離開了團體。因爲我父母在李老師生病往生前跟老師最親近，老師往生後父親被託付爲領眾，所以成爲某些人攻擊、誹謗的目標，突然之間原本感情很好的師兄弟們，似乎形同陌路，並且還誹謗；這些只有在連續劇才看得到的劇情，似乎現實的在我眼前上演，我親眼看見現代禪教團在李老師往生後分崩離析，經過第一次劇烈的大震盪。

李老師在生病的時候就開始吃長素，所以我們全家也都開始吃素，大家跟著李老師改成念佛發願往生西方淨土的行門，對於開悟明心這件事情就暫時放棄。李老師往生後也有許多瑞相和感應，有許多同修看到或夢到李老師往生淨土，所以大家對念佛往生更加有信心！

在十九歲到二十二歲這段期間，我們跟著日本淨土宗本願唸佛法門的慧淨法師念佛，對因果更加深信，也對往生淨土感到很安心，因爲以前現代禪時代都吃肉，並且不努力持戒（有點像密宗，在吃喝玩樂中修行），到了淨土宗開始有努力念佛消業障，並且都吃素了。

慧淨法師常常鼓勵我將來要出家，希望我能把一生奉獻給佛教，讓我對出家也有點興趣；而我也常常去參與助念活動，對敲引磬和當維那也很有興趣，好像不用學就會了！當時在大二（十九歲）的時候開始吃素，並且喜歡閱讀佛經，除了看淨土三經外，對大乘經典也很有興趣；記得常常看佛光山出版的《釋迦牟尼佛傳》，看許多佛法故事，也喜歡看《法華經》、《楞嚴經》、《優婆塞戒經》、《大乘本生心地觀經》、《六度集經》、《雜寶藏經》……等經典，對六道輪迴道理很有興趣，對菩薩布施、持戒等六度也很有興趣。

因爲法師有跟我們開示說，我們每個人念佛、行善的種子都會種在八識田中，所以那時對於自己有阿賴耶識，感到非常的歡喜，所以每天都很努力的唸佛拼業績，常常在下課後去淨土宗念佛會唸佛，平常也喜歡帶計數器唸佛；有時一天唸一萬遍佛號以上不等，發願能夠上品上生往生淨土，然後趕快回到娑婆世界來度眾生。而慧淨法師也鼓勵我將來去唸佛學研究所，所以後來我也考上了佛光宗教學系研究所。

二、來正覺講堂共修之因緣

爸爸在淨土宗這兩年念了許多　平實導師的書，印象中他都在讀《楞伽經詳解》。他在李老師往生後被託付為領眾師兄，所以一個月有兩次要帶領共修，每個月也有一、兩個禮拜在我們家主持讀書會，除了家人還有許多同修參加。到了二〇〇六年三月，大四下學期的時候，我在準備考佛學研究所，爸爸介紹我讀　平實導師的《楞伽經詳解》，還有印順法師的書。

中觀和唯識兩個學派似乎有很多爭論，爸爸也很認眞研究釐清這兩派的差別；因爲現代禪深受印順法師六識論的緣起性空之影響，所以應成派中觀的六識論和唯識的八識論這兩種不同的思想體系，他似乎花了很多時間去研究探討。

也因爲日本傳來的淨土本願念佛法門的思想有許多問題，爸爸對本願念佛「排斥聖道門」及「依本願往生淨土超越九品」的論點很不以爲然，所以兩年來閱讀 平實導師的著作後，逐漸對 平實導師的法門開始信受；剛好在二○○六年三月的時候爸爸鼓勵我去上法光寺的佛學課程，記得那時候爸爸推薦我去上楊郁文教授講的阿含及某位教授講的《楞伽經》的課程，所以我買了楊郁文一本很厚的書（編案：類似以《阿含經》內容剪輯編成的書，約千餘頁的精裝本），要一千塊錢。然後爸爸跟我說可以跟正覺講堂請一本免費結緣書，所以我就寄信跟講堂請了一本《三乘唯識—如來藏系經律彙編》經典，沒想到竟然那麼厚一本（編案：重達 2.8 公斤的精裝本）。我心想學者楊郁文那本都賣一千元了，我跟佛教團體請一本書至少也要贊助一下吧！才不會對不起人家。於是就跟媽媽拿了兩千元去郵政劃撥護持正覺講堂。現在想想，我人生第一次發心供養三寶，就護持到正法，眞是太有福氣了！

後來法光寺的佛學課程也沒上幾堂就不想去了，也因爲我接觸到 平實導師的書，對 導師有許多好奇的地方；問爸爸，才發現一篇〈現代禪副宗長張志成評論蕭平實〉的文章；於是爸爸給我看《宗通與說通》，我才開始認識 平實導師。當時我在《宗通與說通》裡面看到講到淨土宗的部分，批判本願念佛法門的地方我就很認同，而且看到「正覺同修會郭故理事長悟後，因病往生極樂，託夢於其弟子，示現極樂世界境界，云已向八地前進中。又恐一人聞之不信，展轉於其多位弟子夢中如是示現」，這些內容，我也非常的歡喜，想說開悟明心後就可以上品上生，然後往生淨土後可以馬上證初地，然後繼續地地增進，心中對正覺的法生起信心。

然後也看到正覺網站上所列的「附佛外道一籮筐」，竟然有我爸爸張志成的名字，覺得很好玩，我爸爸這種小人物竟然能與宗喀巴、達賴喇嘛和四大山頭的大法師們並列在「全球前十五大附佛外道」；問爸爸才知道正覺同修會這個團體，原來是持戒清淨，然後說法都是依經典很嚴謹，而且全世界的佛教都批判，不論是台灣四大山頭、大陸的居士、西藏密宗、南傳佛教都評論；也聽爸爸說 導師可能是 大慧宗杲禪師再來（編案：是眾弟子認知平實導師為大慧宗杲再來，平實導師不曾如是自稱；但有承認曾是克勤圓悟之弟子，興建正覺祖師堂供奉克勤大師），於是我對這位 蕭老師有種崇敬好奇的心情，覺得怎麼有人那麼勇敢，那麼有膽識敢批判全世界的佛教！我對禪師的印象也是要「很會罵人」的，記得現代禪李老師曾說「當禪師是要有氣魄的，要當得起流氓才能當禪師」，因此對 平實導師批判各山頭不會起反感，反而覺得四大山頭本來就把佛法講得淺化，加上我從小對電視上講經說法的法師和四大山頭就沒興趣，所以對正覺反而很有興趣。看到 平實導師在書中說他自己過去生曾經誹謗過一位善知識所以墮入惡道當老鼠，所以我想 導師應該是很有把握，以及爸爸說他找不到 導師的破綻，認為 導師將唯識如來藏說得很好。

我看每本書中後面都有〈佛道次第表〉，看到第三階段是修學四禪八定、四無量心等三地境界的法，因此我心中覺得平實導師應該是一位地上菩薩，正覺的法能夠讓人開悟明心，所以就算不確定也一定要冒險去看看。而且 導師說他在定中和夢中看到自己的過去世：曾在佛陀時代就已經明心，九百年前是明心又眼見佛性的禪師；還有到西藏去當覺囊派的法王，兩千年來多是出家人；導師這輩子四十歲才開始學佛，不用多少年就可以有如此的成就，想必過去世一定就是大菩薩了！

因為大四的課程週二都上課到晚上六點，所以當時沒有想要馬上去講堂聽經；過了一個月，直到二〇〇六年三月底有一天，我跟爸媽從佛光研究所回來的路上，我才臨時起意約媽媽在四月初連放四天春假時的週二，一起去聽 平實導師講經；記得媽媽答應說，如果天氣好的話就跟我一起去；後來連下了幾天豪雨，果眞那天天氣放晴，我們就去聽 導師講經了！（當時爸爸因爲週二晚上要上班沒辦法前往。）

週二上課當天看到講堂的同修們都很謙卑柔軟，引領義工接引我們的時候都九十度鞠躬的合掌問訊，謙卑調柔的心行令我們很感動。那天剛好有一位師姊坐在我媽媽旁邊，勸我媽媽一定要來報名上課，導師那天課堂的許多開示，深深打動了我媽媽的心，好像是特地在爲她講的（編案：詳見《我的菩提路》第二輯王美伶老師的見道報告），所以回家後媽媽就決定報名參加二〇〇六年四月的週六禪淨班，爸爸和我也要參加，兩位阿姨也很快決定要加入；爸爸因爲工作的因素禮讓我三阿姨先去上課，所以晚半年才參加週五禪淨班，全家於是開始了修學正法的路程！

記得第一次聽經回家後，爸爸（編案：張志成，前現代禪副宗長）決定要向 平實導師親自懺悔曾代表現代禪批評 導師（編案：詳見《我的菩提路》第二輯三〇三頁倒數第三行至三一二頁略說。事實上是他人所寫而由張志成具名發表，張是事後被告知此事方知），所以我有這個因緣能夠在第二次來聽經的時候就跟父母在小參室拜見 導師；導師非常的慈悲，一點架子都沒有，非常的和藹可親，像個鄰居的長者一樣。記得 導師跟我父母談完話之後，還跟我父親說：「這是您的公子嗎？這麼年輕就能夠來學佛，眞是非常有福氣。」當時我心裡面還很不好意思！不過想想也眞是太有福報了，能夠修學正法又親自遇到大菩薩，還是「地上」菩薩喔！

三、在講堂上課的過程

我跟媽媽和兩位阿姨參加週六的禪淨班，親教師是章正鈞老師。章老師非常的慈悲，記得我第一次去小參的時候，不知道爲什麼就非常的感動，不自覺的想要流眼淚，以及禪淨班兩年半的最後一堂課，老師請我唸《法滅盡經》的時候，我也哭得唏哩嘩啦！。

上課三個月的時候經由同班羅餘則師兄的介紹，我開始作義工，羅師兄跟我同年（1984年生），他父母都已經破參了，所以他帶我去找福田組許老師作義工；我們常常去倉庫作搬書的義工，以及在課堂結束後一起打掃廁所；

隨後我跟家人也漸漸參加講堂的助念和彌陀法會，開始參加各種義工活動，例如打掃講堂、幫忙包書寄書、編譯組打字、假日書市、法會接眾義工……等。

來正覺後決定不去念研究所了，所以二〇〇六年十二月中旬，我接到兵單便直接去當兵，沒有申請延期入伍；當時在講堂上課也約八個月了，我在佛前發願當兵的時候能順利吃素，希望週六都能放假回來上課，結果佛菩薩果眞很慈悲加持滿我的願。在軍中吃素很方便，菜色還比別人好，跟軍官的待遇差不多，並且週六都能順利放假，總共當兵一年的時間，也只請五次假的樣子；而且還常常可以作義工，並且歸依和受菩薩戒都很順利的完成。當兵的地點剛好離大溪祖師堂不遠，就在桃園，而且還讓我可以開車去當兵，軍營旁有免費停車場，旁邊有憲兵保護，所以週六去上課，週日作義工然後才回到軍營。並且我快退伍的時候還放週二下午到週三晚上的假，放了七、八次週二的假去聽 導師講經，然後就很順利的退伍，課程也都沒有影響到，這都得感謝佛菩薩的慈悲加持！

二〇〇八年一月一日退伍，離第一次禪三只剩下十個月，我去保險公司上班；大約到了八月的時候就放下工作全力準備禪三，然後在二〇〇八年十月去了第一次禪三。第一次禪三我們家四個人竟然都錄取了：媽媽和兩位阿姨還有我。結果我媽媽破參了，也許因爲她的菩薩種性具足，並且在現代禪時代修動中功夫也很久了，到正覺後很快的憶佛淨念相繼的功夫就練得很好，很快的就闖關成功。第一次禪三我整個一頭霧水的，儘管 導師幫我很多忙，指導我很多方向，還是傻傻的好像什麼都不懂；結果下山後心裡面好像也有種難過的感覺，有一種憂鬱的心情放在心裡。

於是我跟兩位阿姨就到了進階班何老師的班上，何老師很慈悲，法說得很深細，並且很注意我們有沒有作好「觀行」。老師上課很活潑，時常讓我們大家哄堂大笑，使我們都不會打瞌睡。

轉眼間半年又過去了，到了二〇〇九年四月第二次禪三。第二次禪三我兩位阿姨是第一梯次，其中當醫生的三阿姨破參了。然後爸爸跟我參加第二梯次的禪三(媽媽擔任第二梯次的護三菩薩)，導師眞是太慈悲了，讓我們一家人在同一梯次上山。

因爲四月禪三的通知書很晚才寄到，所以使得大家都很緊張！我原本想說應該不會錄取，就平常心面對，所以一點都不緊張。想不到就在我生日那天收到禪三的錄取通知書，我感動得要命！離上山只剩下不到十天，在兩位阿姨上山的時候，家裡人變得很少、很安靜，所以就卯起來開始準備，看《公案拈提》還有拜佛，每天都過得很緊張。記得在上山前一天爸媽還安慰我說，我那麼年輕，即使這次沒過也沒關係，「羅馬不是一天造成的」，破參不是在那四天三夜，不應該只把破參當目標，應該要以累積廣大的善根、福德、智慧，擁有偉大的菩薩種性爲目標，這樣破參後才有用處。

第二次禪三就跟爸爸一起上山，媽媽則當護三菩薩，眞是幸福的孩子！結果爸爸破參了，父母兩人都是禪淨班一畢業就破參！都是一把好手、一條好漢。也許因爲爸爸的個性也很如來藏性，很無諍，不求名利又很踏實努力，時常深入經藏，慧力很好，能力強又發大願。所以一次也就破參了！

第二次禪三下山後，我開始擔任發書的義工工作，並且擔任帶隊小組長，我們常常在假日的時候在台北各地發口袋書，破斥藏密、救護眾生；因爲西藏密宗的勢力實在太龐大了，他們誤導眾生，讓眾生落入意識境界中；而且還修邪淫的雙身法，讓男眾被戴綠帽，賠了夫人又失財；女眾被騙財騙色，失財失身；而且聽說邪淫的雙身法還傳進佛寺中，使某些修密的法師、比丘、比丘尼也修雙身法破戒，這麼可惡，不消滅他們的邪法實在不行。自古正邪不兩立，所以我們都追隨著 平實導師，要學阿諾當魔鬼終結者，一定要消滅西藏密宗的邪法，把邪法趕出佛教，來救護一切眾生。

在二〇〇九年八月的時候，達賴喇嘛來台灣，所以我們就更緊密的發書，還去高雄拉布條抗議，眞是非常的好玩。直接上前線戰場作戰，能夠爲正法而奮戰，眞是我的榮幸！

平實導師在《正法眼藏—護法集》第四四〇頁當中曾經寫到，在《大般涅槃經》有說一個故事：在末法時代，有個國王護持在宣揚正法的比丘，當時有一群破戒的惡比丘們要來殺害那個說正法的比丘。國王爲了保護宣揚正法的說法比丘，率眾與那些惡人戰鬥，讓說法比丘能夠不被傷害，結果國王身負重傷死亡，後來往生到 阿閦佛國中成爲佛座下的第一弟子；說法比丘後來往生到 阿閦佛國中成爲佛的第二弟子。所以我發願要當這種護持正法的人，可以捨身棄命來護持正法。

對我來說人生最重要的事情就是修學佛法、護持正法、弘揚正法、行菩薩道；去保險公司上班一年後，在二〇〇九年三月我就離職了，在家專心用功，除了當兵幾次請假之外，這三年半來上課我都不缺席。我心心念念都在想怎麼樣護持正法，除了作很多義工，也希望可以賺很多錢來護持正法，所以我也花了一些時間研究股市，學習投資理財，心想利用父母的錢來投資賺錢，順便幫父母的忙，因爲他們對投資理財一竅不通，也沒空去學習、處理。剛好那時遇到金融海嘯，股市已經狂跌到四千點很低迷的時候了，我就想說這時候如果投入大筆資金進去，等到漲一倍再賣，那不是就賺很多錢了嗎？這樣可以用來護持正法。

不過因爲自己的經驗不是很夠，所以跟父母討論的結果我們還是很保守的投資，果然到了十月股市已經漲到七千多點了。但是因爲 平實導師常常跟我們開示，賺錢就是把自己過去修的福德給實現，導師他四十幾歲就退休，就是不要太快把福德給實現，而且 導師說捐一大筆錢的福德，也比不上努力護持正法三年的福德。所以我想說錢夠用就好了，不要太貪心想賺很多錢；但是如果正法需要錢，我很願意捨身、命、財來護持正法。

很快的第三次禪三又來臨了，就是在二〇〇九年十月的時候，我二阿姨是在第一梯次，結果她破參了，我非常的高興！我們全家五個人住在同一個屋簷下，我父母和兩個阿姨都破參了，只剩我還沒；如果我破參了，大家就可以一起去上增上班。

四、見道過程與內容

經過三次禪三的經歷，簡直可以寫禪三歷險記了。因為平常週二平實導師講經的時候我幾乎都坐在最前面，導師有時候講一講就看我一下，所以上禪三面對 導師似乎不會很緊張，覺得 導師非常的慈悲，對大家都非常的好，好像把大家都當成自己的小孩。

上禪三的時候，首先開始拜願及懺悔等法會，然後 導師開始說法來殺我們的我見。記得第一次禪三上山的時候，眞的一竅不通，可能因緣眞的還沒到，許多知見都還不是很具足；現在想想其實禪三的一切，都是在指示如來藏。導師眞的非常的慈悲，不論是在齋堂的開示，白天的經行，晚上的公案普說，以及特別指導如何洗碗，這一切都是在明示如來藏的所在，只是還沒悟的人不知道而已。其實週二講《金剛經》的時候 導師給的機鋒也很白了，等於很奢侈的整個灌給我們，只是我們有沒有接到而已。

第一次禪三的時候，導師教我洗碗，而且還用特別的方法，教我看……（中略）。等於明講了，可是我還沒體會到，依舊懵懵懂懂。後來才知道其實經行的時候也一樣啊！……（中略）。

但是一般野狐只知其然，不知其所以然，學人進退應對，學禪師棒、喝、舉手投足、女人拜，以爲「來去行止一切動作」即是如來藏，殊不知那只是色陰、行陰、識陰加上受陰與想陰，風大所轉，乃是無常之法。

還記得禪三時在齋堂栩栩如生的現成公案，至今我都還歷歷在目。導師叫大家吃水果，學員們的應答，導師的肯定或放三頓棒，似乎都可以看出一些端倪；究竟什麼是如來藏？這是「不能說的祕密」啊！這麼神聖而不可說的密意，竟然是那麼的單純和平凡實在；原來就是因爲這麼的簡單，所以不能跟眾生明講，因爲眾生一定不會相信，而且還會誹謗。所以我發願：如果將來佛菩薩或導師指派弟子當禪師的話，我一定要讓徒弟至少磨「十年」才開悟；如果上根者又具足菩薩種性的人，才可以讓他早一點悟，因爲這個是「最高機密」！除非眾生因緣成熟了或是正法需要用人，不要讓眾生輕易得法，免得他將來退轉或謗法。

第一次禪三我還是懵懵懂懂，雖然 導師已經灌給弟子了，但我還是什麼都不懂，因爲一直落在境界法當中，我見沒有斷徹底，所以一直帶著「疑」下山；心裡面也有點難過，覺得導師都盡力幫我了我還不會，還稍微有點抱怨佛菩薩都不加持，都不讓我觸電一下就懂了。現在回想眞是慚愧！在這裡再次向佛菩薩懺悔。

然後直到第二次禪三，根據上次 導師教我洗碗參究的基礎，突然覺得這個應該就是了；雖然心裡面還是有點懷疑，覺得怎麼那麼簡單？所以小參的時候就跟 導師講，有稍微得到 導師的肯定。

到了監香老師小參，想不到我很快的就通過去了，後來監香老師也有些提示，然後又讓我小參時間很長，所以一次小參就把所有題目都通過了。但是心裡面還不是很踏實，覺得這個答案怎麼那麼簡單，而且我都沒有「觸電」的感覺，這樣就算是「開悟」嗎？「疑」還沒有全部斷盡，所以到了主三和尚那邊，導師發現我還是弄得不清楚：眞妄不分。導師擔心我以後會退轉，所以跟我講：「**不要急！你還很年輕。**」又跟我講到惠明將軍去跟 六祖慧能搶衣鉢的時候，手抓到衣鉢時不敢把衣鉢拿起來，因爲拿起衣鉢就代表是開悟者，惠明法師想到自己還沒有開悟的實質，所以拿起衣鉢的話也會擔心將來要如何承擔，眾生向他請法，他要如何回答？因此就不敢拿。

第二次禪三因爲許多陰錯陽差，差一點被我蒙混過關；好險 主三和尚幫我擋了下來，不然也許被印證不久後就退轉了。因爲遇到這一位我很喜歡的監香老師，兩個人好像很有緣的樣子，老師讓我小參了很久，不知不覺就把所有的題目都在一次小參都考過了；但是我其實沒有很確定，有點誤打誤撞就一直答對通過了，所以後來面對 導師再考一次又亂掉了，被打回票再回去重參。

到了第四天我知道這次無法過關了，但是我並沒有感到很難過，依舊在佛菩薩前面發願生生世世努力護持正法、廣度眾生。導師在第三天最後一次小參時教我另一個體驗的方法，也是用「洗碗」來體會如來藏□□、□□□。

第二次禪三下山後繼續努力護持正法，然後我在半年內把《公案拈提》七輯全部看完；這次看公案就八成以上都看得懂了，除了有些比較難的看不懂。而且在週二聽經或 導師書中講到如來藏的體性時，我比以前更懂了，我更加確定自己找到的是如來藏；雖然還有一點點的疑，想說都沒有觸電的感覺，這樣會不會有問題？剛好看到某位菩薩曾經刊登的見道報告，導師跟他說：「明心是找到自己本來就有的如來藏，而不是去等什麼觸電或特殊的感覺。」我就更加確定自己找到的沒有問題，因爲經典和公案都可以通得過！所以斷我見眞的很重要，不要落到意識心的境界當中。

導師在禪三前就先幫我們殺「我見」，五蘊十八界要分清楚。我們八識心王隨時都在和合運作，眼識能了別青黃赤白，耳識能了別聲塵、鼻識能了別香臭、舌識能了別酸甜苦辣，身識能了別一切冷、暖、寒、熱、細滑觸等，意識能了別法塵及五塵的細相，末那識意根能知法塵的變動，而且恆執一切法爲自己所有，第八識自不作主亦不起於見聞覺知、能了知七轉識心行，也能知道如何攝取四大造有情色身、及了知如何讓眾生所造業因種子而受善惡種種果報，能記存眾生的業種……。有了這些知見，分清楚前七個識是什麼，那麼第八識的體性也很清楚，就很好找了；再加上 導師很慈悲的教我們洗碗的訣竅，等於幾乎跟我們明講什麼是第八識，只是我們敢不敢承擔而已。

第二次禪三的時候其實快要過了，已經到了「聽牌」的階段，可是因爲自己整理的還不是很清楚，所以到了 導師那邊又被打回票。到了第三次禪三心想絕對不能再失敗了，一定要通過，加上看到第一梯次幾位一起並肩作戰、護持正法的師兄姊也過了，心裡面很高興！所以想說這次一定要「過五關斬六將」。

第三次禪三很幸運的又被錄取，原本想說就算沒被錄取也不要難過，繼續拼下去。上山後跟往昔一樣白天先灑淨法會，下午拜願、懺悔法會，接著就是起三法會，然後 導師就開始殺大家的我見了。

「三次禪三殺我見，九命怪貓也得死」，每次再被殺一次都獲益良多，好像又進步了，更加確定自己找到的是如來藏，疑根又再斷除一次，而且每次聽 導師講的斷三縛結，好像又多了些內容，自己又可以學到更多東西。

第二天白天一樣經行參究或體驗如來藏（對已經找到的人），然後開始一整天的小參，三次禪三每次男眾都抽到先小參，可能是因為現在女眾比較厲害，所以佛菩薩都給我們男眾優先。

進了小參室頂禮主三和尚 平實導師，坐下後 導師說：「**你上次有觸證，問題也有過，但是後來又亂掉了。**」然後問我現在確定了沒有。我向 導師稟白說：「確定了。」接著就把如來藏「口說手呈」給導師，主三和尚一聽就認可了，監香的游老師在旁邊也笑得很開心，主三和尚說：「在古時候找到如來藏，這樣就可以被印證爲開悟了，你已經比臨濟義玄剛出道還『眞妄不分』的時候厲害了，但是我們這邊印證標準更高。」然後就開始考題，老師要我在某一件事情上面□□□□□□□□、□□和□□□。我回答了幾次之後，老師說越來越接近了，但還不夠直接，還要再弄得更清楚，然後再給我一題「□□□□□□□□」，總共兩題回去整理。

出了小參室我就到佛菩薩面前發願，並求佛菩薩加持，很快的就想到了答案，但是要等到第三天才能再小參，所以心裡面也一直七上八下，想說如果卡在這一題就糟糕了，心裡面開始緊張。

第二天晚上突然覺得有點鬱悶，因爲也擔心這次會過不了，第三天監香老師小參都還沒開始，怎麼「未戰先怯」呢！所以那天晚上就比較早去睡覺了，一覺到四點多起床，盥洗後到佛菩薩前發願，願生生世世護持正法，不爲了自己，而是爲了眾生捨身、命、財行菩薩道，並告訴自己就算失敗了也無所謂，繼續拼就好了。

第三天早上就要跟監香老師小參了，比賽要開始了，很快的到了八點半就輪到我，監香老師問「□□、□□、□□□」。我用昨天求佛後想到的答案一下就通過了，游老師笑得好開心說：「**不錯喔！不錯喔！**」然後再問我一些小題或公案，我都答對了。第一題的疑惑我全部斷除了，而第二題也沒問題，所以一下也就過了。

然後監香老師給我下一題，要我回去整理。很快的兩個小時後可以登記小參，我就去登記；接著第三題的回答，面對的是孫老師，老師笑著說：「**這次禪三比上次進步了喔！**」然後開始考題，也是佛菩薩加持很順利的就通過了，老師問我幾歲，我回答：「二十五歲。」老師說：「**那麼年輕就有般若智慧，必定是有責任的！正法還可以再用你六十年。**」所以我發願一定要好好努力護持正法，願盡形壽、獻生命護法、弘法。最後孫老師說：「**下一題對你來說可能比較容易，但是基於規定還是要請你回去整理。**」

到了下午三點小參，面對游老師；老師看我第三題過了也很高興，又再考一次，然後開始考第四題，接著第五題也很順利的通過了，游老師一樣笑得很開心，他說：「**因爲你義工作得很多，所以擋都擋不住。**」老師又說：「**你**

知道我的意思吧？」我心想這個意思應該是說：「是佛菩薩加持的吧！」然後老師說接下來會安排我跟 導師小參，並且提醒我：「不要再被導師打回票了」，擔心我到時候又會回答的「零零落落」（台語），要我回去再好好思惟整理。

出了小參室，在第三天的下午三點多，五題考完，我又到了「聽牌」的階段；但是有上次「翻船」被大逆轉的經驗，所以我還是很戒愼恐懼的，到佛菩薩尊前感謝佛菩薩的加持，並一樣的發願，心裡也想說一切就交給佛菩薩和 導師去安排吧，反正不論結果如何都要繼續拼下去。最後一天晚上的公案普說，導師超級奢侈的，大家聽得應該都收穫許多，度過了快樂的最後一晚。

第四天早上在大家經行的時候，我被安排跟 導師小參，導師把我前面五題再重新考過一遍，導師說每考過一題就代表又多簽了一張「不退轉保證書」，自己證明自己不退轉，導師問我：「是不是這次破參比較好？」弟子稟白說：「是！」因爲上一次因緣還沒到，如果通過了，可能還會有疑，還會退轉，這次就不一樣了！然後準備要開始寫題目，導師稍微指示可從哪方面著手，然後我們再簽完下一張「不退轉保證書」。兩題都考完後，導師就幫我們印證開悟了。

接著中午的時候，老師教我們五個人喝水體驗眞心妄心的運作，以及下午□□□□的觀行，等驗收的時後才發現原來自己體驗的那麼的粗淺，「開悟」證得如來藏眞的只是學佛的開始而已，根本就起不了「慢心」，覺得自己還要再更努力才能追上正覺早已破參的先輩菩薩們，如果跟師父 平實導師這樣的地上菩薩相差更是太遙遠了，可能差了一大阿僧祇劫的距離，不過趁我現在還年輕，一定要繼續非常的努力才行。

禪三就要結束了，解三的時候 導師說這次很高興，因爲有人「眼見佛性」了。只有一位已明心的菩薩錄取參加禪三，在因緣具足的情況下成功「眼見佛性」了！（編案：詳見《我的菩提路》第二輯，黃正倖老師的見性報告。）剛好這位見性的助教老師我也認識，以前跟她一起擺過假日書市，所以燃起了我想要往「眼見佛性」這關的鬥志；不過見性這關可就難了，福德、定力、慧力都要具足，眞的要憑實力了，不是像明心可以讓老師幫忙，所以我一定要繼續好好努力，爲了眾生拼福德、定力、慧力。

五、結語

古德云：「未經一番寒徹骨，焉得梅花撲鼻香。」經過三次禪三的努力，我終於破參了，進入內門開始學佛的道路；也許過去生累積了很多福德，今生才能夠遇到正法以及 平實導師；加上今世的努力護持正法，讓我很順利的在二十五歲的時候就明心了，這完全都要歸功給佛菩薩的加持，恩師 平實導師的慈悲攝受。因爲有佛菩薩生生世世幫助我們，有 平實導師在講經時或書中爲我們開示佛法知見，在禪三給予開示、機鋒、引導，弟子才有機會破參的。這一條法身慧命能夠活過來，完全都是靠佛菩薩和 導師的慈悲攝受。

以自己小小的心得經驗，給想明心的人一些建議，就是努力拼福德吧！大家一起爲正法賣命付出，努力護持正法、作義工，不要爲了自己，而是爲了眾生去求悟，努力除性障，讓身心謙卑調柔，並且能夠沉著來守護密意；多看 平實導師的書，週二講經以及每堂課都要參與，每天拜佛前要懺悔、發願、求佛、迴向。禮佛三拜後，再頂禮 平實菩薩摩訶薩。

想到 平實導師這麼辛苦的爲了眾生，每天都在打字「寫書」，聽說以前寫書打字到手都腫了，睡覺時還要用兩層襪子包起來保溫減輕疼痛。每週二都要講經，加上每個單週六晚上為已悟同修們講的增上班課程，是連續三小時，中間不休息的課程；而且每半年又有兩梯次禪三（編案：本書出版時已改為每半年舉辦三個梯次禪三），這樣四天三夜不眠不休的為了我們，禪三完隔天接著繼續講經。更何況導師比我年長四十歲，仍然一直為了眾生那麼辛苦，想到不禁很感動！

平實導師把快要滅絕的正法重新又復活了過來，幫助那麼多人開悟，眞是偉大！更何況正覺還曾經歷過三次法難，有許多靠 導師幫助才開悟的「不肖弟子」們，因為疑根沒有斷盡而退轉，竟還背叛師門，不但否定第八阿賴耶識正法，還誹謗幫助自己證悟的根本上師，眞是天地不容、鬼神唾棄。（當然我們也希望他們能浪子回頭，一同回來護持正法。）但是 導師還是很慈悲的想要幫助他們，寫了很多書想要救他們回歸正法；而且都不怪他們，反而怪自己以前太寬鬆，因為明講密意才讓他們後來退轉。這樣的菩薩摩訶薩眞令人感動，我發願以後也要成為這樣的大菩薩！弟子發願生生世世盡形壽、獻身命，「捨身、命、財護持正法」，行菩薩道，以此報答佛恩、導師恩、父母恩、眾生恩。

「願此深心奉塵剎　是則名爲報佛恩」

弟子　張善思　頂禮

公元二〇〇九年十月二十九日

見道報告

楊長成

很高興在人生的旅途中有了依靠，至誠的感謝 導師為佛子們創立正覺同修會，讓我們盡其一生都能聽聞熏習 佛陀的無上大法，也能夠作義工累積福德資糧並藉以消除性障慢心，使身口意逐漸清淨。

一、**學佛因緣與過程**：我今年五十五歲，因為家中是信仰一貫道的，所以在高中時就看過一貫道的書，同時也看過佛教的一些書；可能是往世的種子流注的關係，對一貫道的言論始終不能相應，對佛教書上所顯示的智慧則很嚮往，所以在大一時就加入佛學社，也曾經參加南投水里蓮因寺懺雲法師舉辦的齋戒學會；也到過三峽西蓮淨苑，共修念佛。那時候我曾經問裡面的人：什麼叫三界唯心，萬法唯識？結果沒有獲得圓滿的解答。也去過基隆八堵海會寺道源長老的道場。畢業之後進入社會服務，就常常參加佛七、朝山、八關齋戒、拜懺的活動。曾經在南投靈巖山寺妙蓮長老的道場打過佛七，每天早上三點多就起來拜佛，也曾經跟隨地清法師到東港小琉球弘願寺朝山，也曾經參加苗栗九華山的朝山。

在八關齋戒部分，記得是有一次在大崗山超峰寺參加的，那一天正好是宋楚瑜選省長，我利用中午休息時間回來投票，投完票要返回寺廟時，在高速公路發生車禍，結果人車均安，不過內心受到很大的驚嚇；但是聽到車內錄音帶的佛號聲，仍舊不停地播放，依然是那麼樣的清涼、自在，對照我內心的驚嚇，讓我體會到佛號的不可思議功德。記得第一次拜大悲懺的時候，在拜到 觀世音菩薩發的十二大願時，眼淚就流下來；每一次佛七的大迴向時也是眼淚直流。除了參加外面的活動以外，自己在家中早晚課則是以誦《地藏經》、《佛說觀無量壽佛經》爲主。我還喜歡閱讀羅狀元的〈醒世詩歌〉，以及永明禪師的醒世詩詞，每次看了之後就很有同感。不與人爭，在一九九四年時，我受了菩薩戒。

我二十七歲結婚，宴客時是用全素的，所以現在家人也都全部素食。現在我家中宗教信仰分爲一貫道與佛教，我太太、父母親以及兩位女兒是一貫道，我及家中老大男生則是歸依導師 平實菩薩摩訶薩。現在有一件事情我要在佛前對大眾發露懺悔，那就是二十七、八年以前我和一些學佛的同修相聚時，聽他們說「有學者考證說應該沒有西方極樂世界」；結果在唯一的一次於一貫道的地方講師訓練班（那時約有五、六人），我有說我們不需要往生極樂世界，人間就是淨土等等，對西方極樂世界有否定的話語。當時造了業還不知道，經過了二十幾年，這種子突然在腦中浮起，我知道我錯了，我利用這個機會在佛前對大眾發露懺悔，永不復作．我也知道這是印順思想，以前無知而被害。

二、**來講堂共修因緣：**

我在一九九五、九六年間認識現在在增上班的王東龍師兄，他知道我有在學佛，有一天就問我說：「**楊師兄！你要不要一起到台北上課？**」那時候我因爲職業關係，根本沒有辦法參加。後來在一九九八年底王東龍師兄又跟我說：「**導師明年要到台中開課，你要不要一起去上課？**」我說：「**到台中上課比到台北上課省了一半的時間和金錢。**」而且時間也許可，所以我就跟他說好，參加了台中第一期禪淨班的共修。共修時間是每個月的第二、第四週的週末十八點到二十一點。那時候住在台南的師兄姊們共有二十幾人，就合租一輛遊覽車往返台中台南。就這樣過了三年，之後台南講堂成立，由法蓮師擔任親教師，在這段期間講堂正好發生法難；由於法難當天，我因缺課沒有參與，不過我總認爲：導師的證量難道會比徒弟低嗎？絕對不可能！是徒弟們沒有飲水思源，吃水果不懂得要拜樹頭，是徒弟們恩將仇報背叛師門，當時我也知道是徒弟們私心未遂的緣故。後來台南新講堂成立，就安住在台南講堂共修，從一九九九年到現在已經十年多了。

在台中聽 導師的課時，才知道我對佛法知見懂得太少，對於禪法知見更完全不懂；像是內相分、五蘊十八界、看話頭……等的知見根本就沒聽過。直到後來在台南講堂繼續上課，反覆聽聞熏習，才慢慢瞭解。台中上課結束後報名禪三時，大牛師兄要大家踴躍報名，侯老師在車上說：「**要不要報名是我們的權利，錄不錄取是導師的事，破不破參是佛菩薩的事。**」可是因爲我不用功，始終沒有報名。我總認爲學佛是生生世世的事，先把佛法知見建立，等退休以後再好好用功、拜佛參究，所以在回台南講堂上課的這段期間，以前台中班已破參的師兄姊常常鼓勵我報名禪三，我總是用上面的理由推辭。

我因職業以及世間法的染污加上不用功，直到二〇〇七年才參加第一次的禪三，這次（二〇〇九年）是第二次參加。我平常用功的方式是多閱讀 導師、老師們的著作以及上課時作筆記，並加以思惟，在拜佛、觀行方面多下功夫。假日則積極參加講堂的義工活動，像是推廣組的假日書市以及發放結緣書、福田組的助念。我們能在大乘了義正法下作義工，是為自己累積福德資糧的最迅速方法，能與正法相應，這樣作絕不會吃虧的，利用時間來賺取更多的福德資糧，希望大家踴躍發心作義工。再來就是性障與慢心要慢慢的降伏。在早課方面就是誦〈正覺總持咒〉及〈正覺發願文〉，懺悔、發願並向佛菩薩表白：表白之後就開始拜佛參究，結束後迴向。

一、懺悔方式。我跪在佛前說：弟子楊長成今在佛前至誠懺悔，懺悔於今世及往昔的無量世，仗己福力大於人，惡心惡行向眾生，眾生因而受其害，今時已知往昔過，乃當佛前求懺悔，學佛功德普迴向，願諸冤親皆安樂，乞願 世尊垂加護，早與冤親解怨仇，色身康泰悟菩提，護持 導師弘正法，並願冤親得善緣，早隨知識修佛法，世世常行菩薩道，同證菩提度有情。

二、向佛菩薩表白方式。跪在佛前說：開悟明心乃是菩薩大法，唯有具足菩薩種性才能開悟明心，弟子楊長成是菩薩種性，弟子楊長成已發、今發、當發菩提心，弟子楊長成當努力修除性障、當永發菩薩十無盡願、當荷擔如來家業、護持正法，弟子楊長成懇請本師 釋迦牟尼佛慈悲攝受，大悲 觀世音菩薩摩訶薩慈悲攝受，大力 大勢至菩薩摩訶薩慈悲攝受，聖 彌勒菩薩摩訶薩慈悲攝受，聖導師 平實菩薩摩訶薩慈悲攝受，護佑弟子楊長成早日見道，早日有能力修除性障，有能力永發菩薩十無盡願，有能力荷擔如來家業、護持正法。

南無本師 釋迦牟尼佛（三稱）

南無大悲 觀世音菩薩摩訶薩（三稱）

南無大力 大勢至菩薩摩訶薩（三稱）

南無聖 彌勒菩薩摩訶薩（三稱）

南無聖導師 平實菩薩摩訶薩（三稱）

《大乘本生心地觀經》卷三：「鈍根小智聞一乘，怖畏發心經多劫，不知身有如來藏，唯欣寂滅厭塵勞。眾生本有菩提種，悉在賴耶藏識中；若遇善友發大心，三種鍊磨修妙行；永斷煩惱所知障，證得如來常住身。菩提妙果不難成，眞善知識實難遇；一切菩薩修勝道，四種法要應當知：親近善友爲第一，聽聞正法爲第二，如理思量爲第三，如法修證爲第四。」這四種法要在正覺同修會已全部具足，只要繼續在講堂共修，要明心是早晚的事。

記得二○○七年參加第一次的禪三時，因爲解、行功夫均很粗淺，主三和尚在小參時說我眞妄不分；與監香老師小參時，連五蘊十八界的觀行也無法說清楚，監香老師說：這次讓你來體驗體驗也好。這次禪三，導師利用我在拜佛時爲我施設機鋒；雖然我當時完全不能體會，不過我卻永遠記在心中。

解三回家後就比以前更用功，除了閱讀 導師的書籍外，每天早上拜佛一個小時以上，記取 導師的機鋒，觀行拜佛時□□□□；每天穿衣服時就觀行□□□□□□□□，也觀行上廁所時□□□□□，也觀行開關水龍頭時□□□□，同時也在畜生身上觀行爲何佛說眾生平等，平等在何處？也思惟佛陀在菩提樹下悟道的話：奇哉奇哉！大地眾生皆有如來智慧德相，但因妄想執著而不能證得，若離妄想執著，則無師智、自然智自然現前。

因知道如來藏具有圓成實性，無形無色，能圓滿成就一切法而有眞實的體性，祂出生五陰十八界；……（編案：以上是觀行內容，從略）等等諸法。常常如是觀行思惟，對於如來藏的所在，心中已有了認知。

在到岡山鎭籃框節發放結緣書後，回家就收到了禪三錄取通知；隔天就更加用功（臨時抱佛腳），除了每天五六小時的拜佛參究外，開始將《金剛經》補充資料中的佛菩薩、禪師的偈語整理成筆記再三思惟；也把《眞假開悟》再儘快閱讀一遍，並將重點加以整理成筆記再三思惟。導師在許多書上都有說：如來藏的本覺有祂自己的覺知功能，在對□□□□、在□□□、業種、七轉識……等覺知心所不能知的上面能夠了知；祂在六塵以外有許多的了知性，不屬於六塵中的了知。這種了知是本來就有的，不是藉外緣出生的知覺，不是修行以後才有，而是第八識心體自然就有的，因此又稱爲自然智。這與我的觀行相符，……（編案：觀行內容，從略）。觀行至此已知如來藏的所在，祂是眾生唯一的平等處（因爲有祂，所以每一眾生都能圓滿成就諸法）。除了如來藏，誰也無法□□□圓滿成就諸法，□□□□□是很好的譬喻。

禪三第二天下午輪到進小參室，向 主三和尚報告時，就以吃水果爲例……（編案：觀行內容，從略）。並請　導師看我的報名表上觀行的敘述，導師看了之後就提出二道問題問我：一、□□□□□□□□□□。二、□□□□□□□□□。當時我啞口無言，於是　導師要我下去整理並登記小參；當出了小參室時對第一題，心中就有了答案（自以爲是），於是整天都在整理第二道題目；可是知見不足還是無法整理出答案。在第三天早上輪到向監香老師小參時對第一題直接回答：□□□□□。老師說太間接了，要能更直接說出來。事後老師慈悲指導要我從拜佛中去找。

出了小參室回到座位頭腦始終昏暗，參了整天仍無答案。當時心中起了一個念：這次的準備較慢起步，現在退休了可以好好用功，待下次準備充分時再來。於是整天就在拜佛參究中度過，到了晚上普說結束後仍繼續拜佛直到半夜，後來承蒙　導師慈悲攝受指導，才知道如來藏可以用：□□□□□□□□□□□□□□。眞的很貼切，當時爲何說不上口？只因爲體驗觀行參究都不足的緣故。至於其他的題目也都承蒙　導師慈悲指導才終於通過監香老師的小參。

事後再進入小參室向　導師小參時，導師先後出了兩道題目：□□□□□

□□□□□。□□□□□□□□□□□□□。經 導師提示後要我下去整理，只因爲 導師的書看得太少，知見不足整理得不好，最後還是承蒙 導師慈悲爲我補充資料並詳細爲我說明，才總算通過。後來 導師要我回座位喝水，體驗喝水過程中□□、□□及□□□□運作情形。之後再蒙 導師慈悲指導，既深入又詳細地爲我們說明。內容之精湛眞是聞所未聞，導師智慧如海，導師所提的每一道問題都能大大地提升我們的智慧；導師是大菩薩乘願再來，指導我們這群愚癡的眾生聽聞熏習 世尊親傳的大乘了義正法，讓我們能夠在佛菩提道上快速前進。

這次能夠明心，除了感謝義工菩薩們以及監香老師的辛苦護持外，更感謝佛菩薩慈悲攝受以及 導師的慈悲攝受，適時的拉了我一把；同時又巧設各種方便善巧，讓我能親證如來藏，從此可以進入內門修六度萬行，繼續在佛菩提道上前進。弟子今後當努力的方向：一、加緊用功閱讀 導師的著作，期能增長智慧補知見慧力的不足。二、每天繼續禮佛看話頭，期能增長定力補定力的不足。三、增加作義工的時間次數，努力護持正法護持正覺同修會，在 導師的率領下，正覺同修會將更快速茁壯，就像大海中的燈塔放出很強

烈的光芒，引導芸芸的眾生都能回歸 佛陀的本懷。最後敬祝
導師色身康泰，早證佛果。

弟子 楊長成 敬呈

二〇〇九、十、二十三

敬呈　平實導師

佛弟子林雅鴦**見道報告**　二〇〇九、十一、三

破參後返鄉探望母親，注視著她矍鑠的眼神，很想告訴她這個好消息，最後還是沒告訴她老人家。但問母親一個問題：「為什麼從小到現在，好吃的東西，都要拜過才能吃呢？」她說：「我有這個誠心，而且外婆也教過，但不知道原因。」我讚歎她有智慧，就說菩薩戒中也說不以殘食布施，母親說：「對呀！妳們有讀書，以前好多人都不信這些傳統……。」聽完感慨萬千，自己的確是個傲慢的讀書人（雖然沒讀多少書）。十六歲上了師專，莫名的自以為了不起，很尊貴，老師們也不停的增強我這種念頭；隨著慢心逐漸加重，人也漸漸變得不快樂，因為我好像什麼都學不上手，彈琴、畫畫、游泳、跳舞、社交、創作……每一項都學好多年，都學不好。我不是很厲害嗎？同寢室的雅玲不明原因的住進精神病院，而我也去找了校外的輔導人員諮

商，但依然解決不了心中的苦；我沮喪極了，到處趕場聽名人演講、看各種文學著作、參加各式各樣的活動、一到寒暑假玩遍台灣各地、也認眞讀書，但就是不快樂。

畢業後分發到故鄉一個號稱全校五千人的小學教書，親友疼愛我，見到我便讚美我，莫名的志得意滿；但又好想躲起來，因爲五十七個學生，搞得身心俱疲，也沒什麼好光采的。雖說如此，內心深處依然渴望別人的讚美，在意同事的眼光，經常偷看別人在作什麼；不想輸人，又要裝出一副不在意的樣子，我的「心」彎曲複雜。那時校園裡瀰漫著強烈的較勁氣氛，我無時不刻不在注意自己是不是 top1，所以天天上班皆拼命。又急急忙忙考插大，白天工作、晚上上課，一圓自己沒上大學的夢。爲了這個夢，過得好辛苦；上完四年的中文系，還是不知道讀大學是作什麼。我不擅社交，害怕擦脂抹粉、蹬高跟鞋，抗拒幫學生補習賺錢；更慘的是大家都有男朋友，我竟然沒有。我無法適應整個社會的價值體系，經常在想：人活著到底是爲了什麼？

二十七歲那年遇到了夢魘般的感情事件，整個人痛苦到極點，但卻因那位無緣男友的關係，拜讀了李元松老師的《二十一世紀的禪》；李老師的想法深深吸引我，於是抱著尋找失聯男友的心情到現代禪道場共修，從此便在現代禪安住下來。在此十年期間，李老師教我們傳統的人情義理、及現代的科學理性民主，完全迥異於資本主義的功利無情；教大家依教奉行，不要像世俗人到處鑽縫耍小聰明；心要謙卑柔軟，「**但自懷中解垢衣，莫向他人誇精進**」。更重要的是李老師的菩薩行履深深撼動我，老師把一群象山社區現代禪同修照顧得無微不至，由是解開自己多年來的心理困擾，扭曲變形的人格得以重建，人變得快樂，但仍不知什麼是修行。

後來李老師驟然往生，教團轉爲念佛型態的淨土宗，有一次慧淨師父開示：「**我們人生的目的就是念佛求生極樂世界……**」我莫名的淚流滿面，當時覺得自己彷彿找到人生的目標了，因此經常到書院念佛。二〇〇三年父親因胰臟癌的摧殘，三個月不到便離開人間，讓我深刻體會到生老病死的人生眞相；不久公公也接著往生，看著李老師、父親、公公的遺體，心裡非常清楚：「**他們眞的不在裡面了，只剩一個軀殼。**」這三位善知識讓我積極唸佛，強烈希望百分之百往生極樂世界。可是我唸佛時經常是口唸心不念，心一直在五塵中打轉，像這樣眞的能往生淨土嗎？萬一我失念了，怎麼辦？讀法然、淨宗法師、慧淨法師的書，老是無法完全信受，總是有疑惑。

後來志成師兄帶大家讀《往生論註》，講到人有八識，覺得好有趣；又講到九品往生，可是慧淨師父卻講沒有九品往生；師父講的和經典——《無量壽經、觀無量壽佛經》——的內容竟然不一樣，這可怎麼辦才好？雷京師姊和志成師兄一家人都勸我和同修去聽 導師講經，二〇〇六年十月十日我鼓起勇氣到正覺講堂聽經，一進講堂坐到蒲團上，淚水不明原因一直掉、一直掉；一看到 導師便覺得好親切，整堂課幾乎聽不懂 導師在講什麼，但蠻喜歡聽的。同月月底我們一群現代禪同修十二個人正式參加陳正源老師的禪淨班，開始修學正法。

由於之前沒有什麼佛學基礎，連菩薩六度都不清楚，所以在禪淨班上課很用力、很努力的想聽懂老師上課的內容；修學無相念佛一直不得力，一直找老師小參，老師也一個方法又一個方法的教雅鴦嘗試；一直鼓勵我要安住，我也聽話。陳老師要我們從每天拜佛半小時到一小時，三個月後則改成早晚各拜一個小時，雖苦也照著作。當時助教老師盧老師告訴我：「**直心是道場，想諍勝較勁，憶佛念上有貪念，是自己障自己。**」而且這其中有「**我**

怎麼可能學不會」的慢心在，要我別得失心太重，只要單純憶佛。那時我被震住了，竟然有人可以把我長久以來遮遮掩掩的性障掀開來講，眞的是既難過又高興呀！

每次禪三結束後，陳老師一定會請破參的菩薩到班上分享；第一次到班上分享的師姊說她工作忙碌又要照顧家人，常拜佛拜到睡著；睡醒又繼續拜，常到半夜一點鐘了還在拜。我好崇拜她，她還告訴大家每天拜佛前要懺悔、發願、祈求，拜完後要迴向；老師也要我們這麼作，我很歡喜的照作。於是整個外緣都漸漸好轉，工作順利、家庭和樂、與人互動輕鬆自然，愈來愈少看人不順眼；但對學生仍會不自主大發雷霆，這一直是我心中的痛；意識無法控制意根習氣，覺得自己很無能。由於每天至少要拜佛二小時，又要作義工，原本的事也沒減少；所以頭髮剪得短短的，省得梳理；穿著愈簡單愈好，省去逛街的麻煩；吃的方便就好，遊山玩水的事也只剩一年一次陪母親到溪頭散散步；至此可以不再作生活的奴隸，好舒服呀！

當課程進行到般若度時，有如鴨子聽雷，有聽沒有懂；陳老師叫我們看《阿含正義》第三章陰界入、《識蘊眞義》十四章、《眞實如來藏》。喔！文字內容深廣難解，幾乎是生吞活剝的把書看完。而且要依之觀行，其間還要看話頭，心理壓力很大，很傷心爲什麼自己離佛菩提道那麼遠，往世一定是瞎混度日。即便如此，仍是盡力完成親教師吩咐的功課。常常跟 佛懺悔自己業深障重，祈求世尊加被護祐弟子克服定力、慧力不足的障礙；弟子發願今生捍衛正覺講堂，生生世世修學正法、護持正法，直至月光菩薩再來。

二○○九年四月，幸運的錄取參加禪三，請假兩天在家讀書，一直想著陳老師上課講的兩個問題：一、「六識□□□□，□□□□。」是什麼意思？二、「意識覺知心是劫自家法財的賊，爲什麼放著眞正的你，不去顯發祂的功德？」又是什麼意思？有一天到圖書館的途中，突然一念：「爲什麼我可以□□□□？」想也想不通，就這樣上山去了。

第一次參加禪三，不知道要向 導師報告什麼，而且對整個狀況陌生，所以非常緊張。一進小參室，第一次和 導師面對面談話，竟不緊張，導師問我：「有沒有□□？」我答非所問：「我□□，心中亂七八糟的東西很多。」導師說：「今早陸老師讓大家走路，不就白走了？」我愧咎地說：「我不知道爲什麼要走路，更不明白爲什麼要注意腳下。」碰到這種弟子，眞是難爲導師了。導師慈悲的開示：「**如來藏□□□，六、七識□□□□，你要去找一個□□□的心，叫作□□□。**」並要弟子回到座位上□□□、□□□去體會。走出小參室，到 世尊面前至心祈求－願生生世世修學正法，護持正法，請求 世尊加被護祐，讓雅鴦參究順利，找到那一個□□□的心；更到祖師爺前跪拜請求，猶記得第一次跪在 祖師爺聖像前，淚水也是止不住的掉個不停，現在則覺得好親切！

回到座位後，開始□□，累了□□□；又累了，□□□；如此循環不停，一直沒消息，卻也跟著登記小參。當然看著監香蔡老師，依舊講不出內容，蔡老師問我有沒有疑情？我回答：「我爲什麼□□□？」蔡老師要我繼續參。回座後繼續□□、□□……□□□□，莫名一念：「**身根只是□□□，不會□□□，眼耳鼻舌身識□□□□□，是第六識□□□？是第七識□□□？**」「**可是六、七識□□□□□，祂並不會□□□□□，那就□□□如來藏囉！**」才如此想，當洗碗的心念一動，□□□馬上同時出現。心想起來□□，□就自己□□，眞的是「**了眾生心行**」，與意根意識同時同處運作。可是祂也太平凡無奇了吧！眞如 導師所言：「**平凡又實在！**」可是，這是眞的嗎？不敢承擔。

第四天下午和 導師小參，很沒信心的報告前一天的心得，經過 導師引導後，才確定□□□正是如來藏，□□□也是如來藏。導師□□□□□□□講出「綠瓦」、「六六三十六」……等祖師常用來回答學人的語詞，讓我很清楚的看到□□□□□□。至此和盤托出，導師□□□□讓我一邊笑、一邊流淚；如來藏就在眼前時時刻刻分明顯現，我竟然完全不知不覺。雅鴦何德何能堪受此無上大法，我日日夜夜朝思暮想的人生困惑，竟就在這五尺之軀；若不是佛菩薩加持，弟子何來疑情？何來這一念相應？若不是善知識的指引，遲鈍如我，淪墮三途有分，驢年都不可能和如來藏相會。

由於來不及整理、體驗，下山後，到何老師的進階班繼續上課；何老師特重觀行，很有次第的指導同修們從頭部色蘊的觀行作起，一步一步的作到六、七、八識的運作及交互之間的關係，要大家把眞心、妄心分清楚。上種子六義時，老師要我們一義一義的觀行；我在觀行「恒隨轉」之義時，才發現一個□□□□，如來藏都要□□□□，而且眞心妄心相伴。

半年很快就過去，又要報名禪三了；我還是像上一次一樣緊張，總覺得自己很不具足，怕自己的程度辜負 導師先前的教導，一直認爲自己機會渺茫。十月二日下午下班回家，同修指指佛案上的信；我打開信，竟然錄取！我有些呆住了，九歲的小女兒叫我趕快跪下，快謝佛恩。是啊！佛恩難謝呀！要自慚形穢的弟子如何報答呀！

第二次參加禪三，對整個狀況比較瞭解，心情比較穩定；不像上次緊張到把眼鏡架摔斷，一連三天都是朦朦朧朧的。而且這回監香老師竟是陳正源老師，心情更安定了。拜願拜懺時，陳老師講好多感人的話，整個禪堂哭聲不斷；糾查老師余老師、戴老師不停的傳衛生紙、收衛生紙；啊！讓老師們收自己的穢物，心裡眞是受當不起呀！起三前，導師才剛把《楞嚴經講記》的潤飾工作趕完並作發行前的招標，就趕到祖師堂；午齋尚未用完，便主持起三大法會。法主心心念念都爲眾生想，能與大菩薩共住選佛道場，眞是太幸福了！

起三時照例 導師要殺掉大家的我見，導師用很有趣的例子比喻六識生起的情形，讓自己更瞭解六識的虛幻。導師最後說：「吃飯的人沒吃到飯，沒吃飯的人卻吃飽了飯⋯⋯。」以前都覺得這是繞口令，但現在卻忍不住的思考其中深意；用藥石時邊吃邊想：對呀！就是這樣。隔天和 導師小參時，向導師報告：「□□□是如來藏，但祂離見聞覺知，根本沒有所謂□□□□這件事；七轉識□□□，但卻覺色、聲、香、味、觸、法，好吃、好看、好香……都是祂在領受。也就是□□□沒感覺，□□□卻一直在感覺。」導師說：「對！別人吃麵，你喊燙；別人作事，你喊累。那，□□□□□—如來藏在哪裡？要□□□□。」□□我會，但□□□：「阿彌陀佛！」導師說：「這是禪宗的方法，一般人不懂；你要□□□□□□□□□□□□□□。可以用□□□□爲例子來想，再下去參。」

回座心想，這不是很簡單嗎：「如來藏就在行住坐臥中，在唱歌跳舞、吃喝拉撒睡中，在□□□□□□□中呀！」於是一直期待著隔天的小參。中午過堂時，導師拿著水果問大家：「是什麼？」有同修很勇敢說：「水果！」也有人說：「是水果，也不是水果。」導師說：「答是水果的打一棒，不是水果的打二棒……。會的人，說水果也對，說不是水果也對。」然後轉到我們這桌，問：「雅鸞！是什麼？」我撇著嘴，繼續吃水果。導師說：「我問她是什麼，她竟然來個相應不理！」「不過這已是不答而答。」被 導師當眾認可，心中感動莫名，導師又說：「此法萬金難得……。」我偷偷的掉下眼淚，是呀！現世無量財寶如何與此實相心相比擬呢！佛菩薩何其疼愛弟子呀！

第三天小參時，向監香老師蔡老師報告整理結果，蔡老師說：「泥水不分！□□運作過程中，□□□、□□□、□□□，眞心是哪一個？要能將泥和水分開，眞心妄心分得清清楚楚才行。」我像洩了氣的皮球，不知如何是好。走出小參室，導師慈悲的□□□□□□□—□□□□□□□，……。其他的我也沒記住，只緊緊抓住這句話，生怕進小參室就忘了。輪我小參，蔡老師問我：「□□□□□？□□□□□？□□□□□？」我以□□爲例說明：「□□□□、□□□□□□□□，□□□□□。」蔡老師追問：「□□就是□□嗎？」我不太肯定，又說了一遍：「□□□□□，一連串的□□□□□。」蔡老師慈悲的直示：□□就是□□。接著考下一道題：「爲什麼如來藏□□□□？」還告訴我可以從教證上去思惟。心想：「對呀！如來藏爲什麼□□□□？我怎麼沒想過這問題？可是答案是什麼呢？」

於是直接到佛前，至心懇求 世尊、觀世音菩薩、彌勒菩薩、韋陀菩薩、克勤菩薩幫忙，讓弟子思惟出眞心□□□□的原因；回座一直坐著想，突然一念慢心竄起：對法起慢、對法主起慢。嚇得我趕緊到佛前懺悔，請佛原諒。輪到我準備進入小參室時，突然好緊張，看著釋尊聖像的笑容，似乎在跟弟子說：「有我在，你放心。」忍不住的掉下眼淚。糾察老師，遞來衛生紙並要我放鬆，才有辦法小參。擦乾眼淚進小參室，陳老師說：「把你找到的拿給我看，我是你的親教師，當然要看看你找到的是什麼。」口說手呈後，再從種子熏習的方向回答如來藏□□□□□□□的問題。陳老師說：「繞太遠了，《眞實如來藏》裡有說呀！」此時腦筋像漿糊，什麼也想不起來，便退下來繼續參。

糾察戴老師慈悲的提醒我要拜佛，對呀！這一天似乎甚少拜佛，回到座位後便開始拜佛，一邊拜一邊想：是不是□□□□□？可是要如何串聯起來？苦思不得其解，心裡又苦又急；只剩一天了，怎麼辦？一定是慢心障礙自己，我這個人實在太遜了，得法容易就得意忘形；於是最後一晚徹夜拜佛懺悔，至心懇求佛菩薩原諒，讓弟子能突破這個障礙。天亮了，全身骨頭痠痛，仍然理不出答案；咳！經行過後又繼續拜佛，就在我打算放棄時，糾察老師安排我和 導師小參；一看到 導師，立刻跪下向法主懺悔，彼時雙腿落下、雙手合十，邊說邊流淚的光景是那麼熟悉，彷彿時光倒流至一個自己也不清楚的年代，打從心底發露心中的醜陋。

導師說：「接受！懺悔過就好了。」馬上指導我□□□□□，導師說：「□□□的□□□□□，就好像□要能□□□才能□□，誰能□□呢？如來藏七種性自性裡的□□□□□□□□□□□，因爲是□□□，所以□□□。就如親生父母親會□□□□□□□□□，別人的□□□□□□□□。一個□□□□□一個□□□，□□□□後，如來藏□□；若沒有精子和如來藏這個緣，就會流產。」連讀書都讀不通，什麼都是 導師教的。自己眞的慚愧極了，竟還起慢？

之後通過蔡老師那一關後，開始整理（1）□□□□□□□。（2）□□□□□□□□□。整理完，導師要我和另一位師兄把寫好的答案逐一唸出，檢查無誤便宣布我們過關了。接著開始喝水，觀察：（1）□□□□。（2）□□□□□。（3）□□□□□□□□□。導師用竹如意像點穴道般的點了□□□、□□、□、腳，我一直注意□□□□□，注意五識對五塵的了別。後來 導師叫破參同修到小參室報告，並幫大家整理，才更明白自己的觀行是多麼粗糙，藉此也更瞭解到□□□□□□□□□，……（編案：觀行內容，從略）；也知道妄心是多麼伶俐，一觸的當下就了知好多好多細項，我們一樣是日用而不知；識陰妄心只有一世，在此世出生以後什麼都必須重新學習，……（編案：觀行內容，從略）。禪三所見所聞，皆是見所未見、聞所未聞；來此一遭，往昔所受一切苦，都不算什麼了！

禪三那幾天，有一回，導師走過我身旁說：「**現在知道人生的意義了！很開心吧？對嘛！人生就是要這麼快樂。**」啊！從小到大，不明原因的苦；追了大半輩子的人生謎團終於解開，迷路四十多年了，終於被 導師帶回家。回家的感覺眞好！這是我的家，我的家就在這裡。才走進 如來家裡，我還有好多好多要學的；我會努力學，和 導師、眾親教師們、正覺海會眾菩薩共同爲 如來正法奮鬥；今生如此、來生如此，生生世世如此，救拔有緣苦眾生，住持 世尊正法，讓正法綿延永續至少三千年，甚至更久、更久；不管再怎麼苦，都會勇敢挑起如來家業。

至心頂禮 世尊，承蒙 世尊不棄，讓迷途的弟子找到回家的路。

至心頂禮諸佛菩薩，讓苦悶的弟子心靈有依靠，有心力繼續在茫茫人海中堅定地找尋回家的路。

至心頂禮出生我法身慧命的 平實導師，帶我回家，讓我明白出生為人的目的就是荷擔如來家業，生生世世行菩薩道。

至心頂禮親教師 陳正源老師、何承化老師，讓對佛法懵懂無知的我建立起正確的佛法知見。

至心頂禮監香老師用心良苦，想盡辦法卻又不洩密意的指引我回家的路。

至誠禮謝諸龍天護法一路的保護，讓我無諸怨親遮障，順利回家。

至誠禮謝護三菩薩辛苦護持，圓滿整個禪三活動。

至誠禮謝李元松老師，把我調教得堪受正法。

弟子 林雅鴦 敬呈

編者的話：這是一篇歷盡艱辛遍訪諸大道場後，才終於來到正覺證悟的事實，請諸位佛弟子看他經歷了什麼樣的辛苦歷程：

從聲聞心態 到 願作菩薩

給恩師的報告

吳正一

感恩佛菩薩、導師和親教師，還有香港的菩薩們，還有提供和護持講堂的菩薩們和班上所有的菩薩！

我們是覺得 導師太高超了，成爲我們心中的神話，所以沒有感覺。按照世間的眼光來看，一個七十多歲的老人家，每天一直忙一直操勞，支撐著一大家子人吃飯，子女有些也不孝順，是不工作的啃老一族，只顧著自己增長財富，只想從老人家那裡多挖一點。有些年長的兒子，想要趕快把老頭子趕走，自己來當家。有些孩子跟外人勾結，想要把這個家搞散。有的從老爸這裡得到一些寶貝，就不聽勸阻離家單幹。有些子女孫子就只是每天傻傻的吃飯，沒想過爲這個家作點什麼？還有個多年的世仇一直想要破壞我們的家庭，偷借著我們家長久清淨的好名聲，聚集勢力欺騙了很多人來顛覆我們家；老人家指出他們的錯誤，還有很多兒女恐懼怕死，阻礙老人家說：「他們現在還沒有侵犯到我們，大家相安無事就好啊！」……

幾年前聽老師菩薩們說：「導師已經七十歲了，要趕快加油啊！」我都沒有太大的感覺，算算還有二、三十年，自己努力一點，不會耽誤自己開悟，對遍地的邪法沒有切膚之痛；有沒有人替　導師想想，他已經是年邁古稀的老人家了！弟子我眞是太不孝順了！

親教師楊老師奔波爲我們上課已經快六年了，幾個班從未缺課，他才是眞正的全勤；老師也已六十花甲了，我們也覺得老師和藹是我們心中的高人，作多一點是應該的。按照平常人的標準來看，一個六十多歲的老人，每個月飛過來給我們上課，餵我們吃飯（求法。不是我們跑過去求法），每月四次出遠門。我們出門一次就累得要死，各種的不習慣、不適應，他可是每週都要乘飛機！比剛畢業的大學生工作出差都要拼，還沒有差旅費、加班費，連鐘點費都無。

香港的老師菩薩們，如果不是他們早期每週去臺北求法，勇猛迅速的建立香港講堂，我們怎麼有機會在香港上課？我們是香港班，又是大陸第一班，也算是大陸這邊的長子長女，要不要接替老爸的一點工作、分擔一點重擔呢？我們千萬不要作不孝順的啃老族了，要多努力幫忙承擔一些恩師的重任，這樣恩師才可以輕鬆一點。也要感謝提供講堂場地的菩薩們，還有所有同學們的護持，不然我們這個班也開不起來……

愚鈍弟子一九七三年出生在普通的教師家庭，爸爸媽媽都是中學老師，爺爺奶奶在鄉下務農；爸爸排行第六，是家裡面最小的兒子，他還有一個妹妹；所以我出生時，奶奶很高興，說每個兒子都有孫子了，就給我起小名叫「全子」。（聯想到正法代代相傳，血脈永不斷，導師的每個弟子都會成佛。）

小時候半夜經常發燒，害得爸媽連夜帶我去打針。因爲那幾年流行早入學，爸媽讓我五歲半就上學了；有一次冬天上課憋不住就尿褲，地上濕了一大片；爸爸就在隔壁的中學，下課了跑回去，爸爸幫我烤乾棉褲。小學五年級前後，經常流鼻血，一起床就流，或者洗臉一碰到就流，還不容易止住血，用了各種偏方也沒用。後來可能是業報受完了，忽然有一次流完之後，就基本好了。小時候性格比較安靜，有次鄰居說我一下午看其他的小朋友玩，天黑了還站在那裡；剛轉到新的小學四年級，坐得很端正，一直沒有變換姿勢，下課了胳膊和腿上都有桌椅的印記。小時候看電視劇西遊記，知道如來佛最厲害；從小就有慢心，和小朋友比看誰說的人物最厲害，最後大家都承認 如來佛是最厲害的。

比較喜歡看課外書，那時最喜歡的二本雜誌是《奧秘》、《科學畫報》，每週二和寒暑假前都要去媽媽學校的圖書館借很多書。也夢想去太空探索，當時的科幻小說都有看，阿西莫夫的等等。高一語文老師讓我們準備話題演講，我就根據《眾神之車》等資料論證：人類是外星人的後代，傻傻的講了半節課。

高二開始有一點叛逆了，因爲當時學校也是以升學率爲第一，宣傳封閉軍訓式準備高考的模式，壓縮非高考的興趣教學，就非常反感。跟我無話不談的好友牟岩問：「如果有一部攝影機，你打算拍什麼？」我說：「要飛到宇宙的中心拍下來給大家看。」他說要拍自己的日常生活給自己看，後來我覺得也有道理，漸漸從喜歡自然科學，轉向關注人文科學，因爲無論什麼科學都離不開人，離不開自己。

流行《大氣功師》等柯雲路的書，蔡志忠的漫畫《老子》、《禪說》；語文老師提到人民文學的禁書，馬建：《亮出你的舌苔或空空蕩蕩》，也趕快借出來看。當晚看了好不舒適、恍恍惚惚的難受。二十年後才知道原來是在描寫西藏喇嘛教的男女雙修邪法。

看到電視臺張蕙蘭的瑜伽節目，也很喜歡，就自己買書來自學各種動作：犁功、獅子功、洗鼻腔等等。考試前都作一下放鬆功，印象較深的一次是，書裡面有介紹自己反觀自己在作什麼，然後騎自行車去上學，然後反觀自己的心念。覺得很有意思，不知道爲什麼當時就很興奮高興。

高三被提前保送到華南理工大學，也是爲了讓爸媽放心，先穩定的有個兒子上大學（我還有個弟弟）。如果讓我挑選，很可能會選海邊的廈門大學；現在想想還好沒有去廈大，因爲廈大的隔壁就是南普陀佛學院，有濟群法師在裡面弘傳《菩提道次第廣論》的邪說；跟邪師惡友這麼近，難保我不會修學喇嘛教邪法。雖然保送了，也去參加高考考了五九〇分，是我們全市鐵路學校的第一名。因爲心態放鬆，沒有什麼錄取的壓力了，學校還要我去拍照錄影。我向來比較反感這些，就沒有去。但是採訪我們班主任的，爸媽說要感謝老師，好像就去拍了一下。

想起來初中同學中，因車禍死了一個女同學，當時聽了「覺得不可能吧，是不是騙人的？」後來高中也死了一個女同學，她是身體太差了，生病死的；大學畢業以後也有個女同學跳樓自殺了，記得叫詩鳴，還是隔壁省的老鄉；還有牟岩剛剛研究生畢業就得白血病死了，不久姥爺（編案：外祖父母）也去世。我發現上了十幾年的學，都不能對他們有任何實際的幫助，爲什麼學校裡面從來都不教相關的知識呢？原來所有的教授專家也都不知道啊！

回想我幾次可能也會死，初中剛剛學會騎單車，跟著媽媽騎車回姥姥家，平衡還掌握得不穩，當時的馬路也很窄，很緊張的堅持著不要偏到左邊汽車道去；然後就有汽車呼嘯而過，我也堅持不住了，偏了過去；還好大卡車剛剛開過去，就在它的車尾後面偏過去，差二秒鐘就會被卡車刮上。還有一次是下雨天氣昏暗，情形比較類似。

另一次是高三左右，去水庫游泳，那時我也剛學會不久，以前都是在游泳池游泳，我們幾個同學租了腳踏船划到湖中心，我們就在船附近游泳，也不游很遠，覺得很安全的；後來我游了幾分鐘往回游時，忽然看不到自己的船了，可能同學划到一邊了，我就往最近的一條船游；游過去看看不是，就再往附近的船游，游了幾次都不是自己的船，氣力開始不濟了，小腿的肌肉也很痠痛，隱隱約約想要抽筋的感覺，也喝了好幾口水；關鍵是心裡面很著急，不知道同學們都去哪裡了，我該怎麼辦？他們會不會先回家了……在水庫游泳跟游泳池是不同的，游泳池很淺，下面就是池底地板，所以蹬腿打水的回力比較大；而水庫很深，蹬腿打水會感覺下面很深，沒有太大的回力……這個時候心裡面的感覺就更虛了……後來想想這樣不是辦法，遠遠的看似乎是我們的船，游過去都不是，這樣下去耗不起，乾脆下定決心往岸邊游，堅持又堅持，終於游回了岸邊，躺在堤岸曬太陽好舒服啊！後來才看到我們的船划到岸邊。

這些事情都沒有跟爸媽說過，怕他們擔驚受怕。

進大學，終於從幾年的升學壓力下面解放了，沒事就看球、踢球、打橋牌、聚餐；把古龍的小說都看一遍，看到有些俠客忍辱負重被人冤屈而不辯解；尤其是被親人朋友冤枉時，甘心承受，也會暗自落淚。大學臨近畢業了，看到有個同學看一本書講美國高薪的博士吃素，放棄好工作推廣素食，覺得一點觸動，現在回想似乎是印度教一類的。一九九三年畢業了才二十歲，覺得這一輩子如果都作技術人員工程師，結婚生子買房子車子，這一輩子就轉眼結束了，好沒意思，就申請作銷售業務，可以全國出差遊歷一番，多見見世面。

生活有很多問題，隨便一個問題一直追問下去都找不到答案！最後都要走上佛道才有意義，因爲眾生無盡就要一直度下去，而且可以發現宇宙生命的眞相。

一九九四到九五年在北京的書攤看到《金剛經說什麼》、《論語別裁》等南懷瑾的系列書籍，都買回來看；原來生命裡面有眞正的奧祕，而且是可以實證的，不是玄玄妙妙不可捉摸的，就開始按照書裡面的方法打坐用功。但是南懷瑾沒有開悟，喜歡外道練氣方法，因而他還不是眞正的佛弟子。也買一些哲學心理學三聯書店的書看，到澳門酒店也有免費結緣的《新約》聖經，相關的書都拿來思考。

出差到長春般若寺、哈爾濱極樂寺、吉林市北山寺院的流通處，請了很多佛教的書，印象比較深的有廣欽老和尚的開示、宣化上人的書、弘一法師的傳記、李元松現代禪等等，記得有一天在旅店看《肉食之過》、《人爲什麼要素食》，覺得很有道理，就立刻下決心開始素食；因爲我學過食品營養，知道素食可以完全具足蛋白質等所有的營養。

回到老家遇到媽媽的同學，她原來是學密的；後來改聽淨空法師的錄音帶，也推薦我學淨土。我聽了錄音帶覺得也有道理，也開始念佛，唸阿彌陀佛。當時道理自己還不是很清楚，什麼方法都亂試，比如唸「嗡嘛尼叭咪吽」（這是喇嘛邪淫教混入佛教的僞咒），我會從任何一個字開始迴圈唸，唸南無阿彌陀佛也是，慢慢才知道要歸依歸命 阿彌陀佛的道理。

看書上講弘一法師的斷食，斷食療法可以清理身體的宿便，也在長春自己試了幾天。看書上有講瑜伽師、中觀論師，也搞不清楚是如何；但是自己的目的很明確，就是要實修實證，不要搞學術研究。

在廣州小書店買到李元松的《現代禪》，看得很歡喜，書的印刷裝幀紙張都很美觀，也欣賞他的實證跟現代的結合，自在灑脫的禪意（現在知道那還是落在意識境界）。同時也有看《密勒日巴傳記》，看得稀裡糊塗，後來才瞭解喇嘛教都是修雙身邪淫法（後面會陸續寫到一些大師的落處，如果剛好是您的上師和師父，請您多多冷靜理智的思考其中的道理，因爲不是在講他自己身口意的過失，僅僅是針對法義作比較探討，眞理愈辨愈明，希望您可以早日回歸正法！）

因爲初學時知見欠缺，所以什麼都看；我是不太會排斥新的觀點，先像黃牛吃草都吃進來，再慢慢反芻消化體會。

漸漸感覺自己的工作就作不下去了，因爲要給醫生送錢，名義是藥品調查費；但是一般醫生都會爲了多得到錢而多開處方，讓病人買多一些藥，所以想要辭職換工作。剛好媽媽的老同學說可以幫忙去美國三藩市，我也看到有本宣化上人的書背後有三藩市道場的位址電話；想著去那邊看看也不錯，就稀裡糊塗的辦手續去了。臨出發才知道我這個簽證是臨時的簽注，有點被騙的感覺，看來作什麼事情都要以智慧爲前導啊！

一九九七去了三藩市不久就去了那個道場看了看，結緣了很多宣化上人的書來看，被他的孝道和想要護持佛法的願力所吸引。萬佛城的宗旨「不爭、不貪、不求、不自私、不自利、不打妄語」，「凍死不攀緣、餓死不化緣、窮死不求緣」。聖馬刁（San Mateo）也有萬佛城的法界譯經院，有一天就騎著單車去看，遇到清瘦的恒斌師（恒濱）刻苦精進，他就坐在櫃檯後面的地板上，日中一食，衣不離體（袈裟），夜不倒單（夜晚打坐不睡，或坐著睡）；又請了很多宣化上人的書回去看，那時候我在一個中餐館洗碗，邊洗碗邊背會了〈楞嚴咒〉和永嘉大師〈證道歌〉，洗碗忙起來時就高聲吟唱〈證道歌〉，不亦樂乎！每天晚上就坐在床上看宣化上人的開示。後來知道萬佛城也有法界佛教大學，可以辦學生簽證，就申請到萬佛城學習，一來解決了簽證身分的問題，二來可以專心的學佛，希望可以學佛有所成。

本想開車去周遊黃石公園大峽谷等景點，後來想到法國人預言的一九九九年大災難，萬一會發生什麼災禍呢？人生無常時間緊迫，還是要抓重點先求道，就放棄了開車旅遊。

一九九八來到了三藩市以北七十英里的萬佛城，每天參加四點鐘的早課，每天的功課有：誦一卷《華嚴經》、午供、〈大悲懺〉、晚課、聽《華嚴經》的講解，每天午齋聽宣化上人的開示。功課外其他時間還跟著恒閣師等作義工，一整天安排滿滿的。住到萬佛城開始是很幸福的，每天不用操心世務，只管用功作功課，各種法門都學不完。萬佛城還有佛教圖書館，搜集了各種佛教的圖書經典，可以隨意借閱學習。本來是參加佛教大學，還有一些比較宗教學一類的課程，後來因為我的目標是實修，裡面有個僧伽居士培訓班，早晚課都是算學分的，以實踐佛法為主，就轉到這個班來學習，也就是出家成了沙彌。跟我一起的還有果豪、親慶等幾位師兄。

萬佛城除了每天固定的功課，還有每年盂蘭盆法會、浴佛節、地藏七、彌陀七、三次觀音七、二十一天的萬佛懺、二十一天誦《華嚴經》、冬季二十一天的禪七（3:00—24:00）、夏季的禪七等等，所以能夠堅持完這些功課已經很不簡單了。

期間的空檔可以作很多義工，比如砍樹、鋸木頭、刷油漆、清理草皮等等。慢慢習慣了有規律的生活，還是有一些時間可以自由掌握的，就聽很多錄音帶，看很多佛書。

剛到萬佛城最開始接觸的是地藏七，看《地藏經》很感動，要孝順父母，救護所有的父母眾生。萬佛城有人專修《地藏經》，會背《地藏經》；我也發願誦一〇八部，越誦越快，約四十分鐘一遍。也學著拜經，拜《楞嚴經》等等。

看很多因果報應的實例，很受感觸，原來真的是因果不虛哦！又加深了對六道輪迴和因果絲毫不虛的認識。

不久就被安排去附近的核桃園，一個人住了近一個月，那時候還不會怎麼用功，就是聽宣化上人的錄音帶、看書；開始覺得很好，後面就越來越混亂了。（如果沒有正知見和憶佛功夫，閉關也是盲修瞎練）。

看印順法師的《妙雲集》看了一兩本，感覺跟以前學的唯物論差不多呀！一切都是因緣和合的、緣起性空的。印順說 釋迦牟尼佛就是個普通人，佛就是發現了這個道理而已。看不下去就扔掉了。

因為日常的固定功課多，開始會想放鬆，多看一些有趣的傳記故事，其中就包括一些西藏密宗喇嘛教的《西藏生死書》、《達賴喇嘛傳記》等，沒有正知見的建立，是很難看出裡面的問題邪說。

宣化上人非常推崇《楞嚴經》，說：「《楞嚴經》就是末法時期的照妖鏡，《楞嚴》在，正法就在，要用生命護持《楞嚴經》。」除了宣化上人的講解，也看很多有關《楞嚴經》的注解，比如圓瑛法師的講解。還背誦《楞嚴經》。萬佛城有菩薩作好的背誦版本的《楞嚴經》，折疊起來很小的，隨時可以帶在身上背誦。背會了幾卷，但是要經常復習，沒有復習就會忘記了。經常一起作事的果豪就會背誦《法華經》。恒閣師專拜《華嚴經》，一字一拜，拜《華嚴經》已經幾遍了；除了拜經就是作義工，萬佛城各種的維修、種樹等等都是他在作。我們經常開心的跟著他到處幹活。

要開始禪七了，找來宣化上人的禪七開示聽，翻來覆去就說要沒有妄想的參究，然後忽然有一天磕著碰著就開悟了。還有虛雲老和尚的禪七開示。又從圖書館借來《禪－悟前與悟後》一大厚本，還作了筆記。看了前言〈自序〉，由於宣化上人很強調不要走火入魔，我就專注看五十陰魔的部分，但是沒有能力分辨這是眞正開悟的善知識；現在還很懊悔，發願下輩子一見就不能放過。有的法師一坐五小時，傍晚那支香是二小時的，開始都是在練腿……靠努力背誦〈楞嚴咒〉轉移腿痛的注意力；夏天腳踝的皮都磨破了，每次到最後幾分鐘都是在熬時間。

萬佛城雖然功課繁重，但還是偏於自修的，每天聽宣化上人的錄音開示，但是沒有針對性系統的上課學習。自己想修什麼、怎麼修都可以。有師兄說數息觀很好，就跟他二點多起床打坐練習；太睏了常常打瞌睡，練了幾次就堅持不下去了。有師兄說不淨觀、白骨觀很好，就跟果豪找一些骨架模型來觀察練習。

每天吃一餐，身體是沒有問題的；一般是每天上供後用齋，但是十一點五十前要回大殿三歸依迴向，所以有時候會吃不好；關鍵是心理，有時候心情低落，或者遇到美食甜食沒有吃夠時，貪心一生起來就麻煩了。貪吃的念頭此起彼伏，如果沒有一開始就控制住，後面就很難控制了。控制不住時偷吃過萬佛城的水果，其實都還沒有長好成熟的梨果，就是爲了滿足貪心；後來就用燒戒疤懺悔發願來對治，效果也一般，關鍵還是要用智慧來對治。那時候對各種甜食是非常喜愛的，而現在都沒有怎麼愛吃甜食，內心對它們沒有太大的感覺，也知道這些都是垃圾食品，添加了大量的各種添加劑毒素。三步一拜的恒實專講《華嚴經》。恒朝還俗了，在伯克利作教授，教沙彌世間的課程，比如荷馬史詩等。期末作業要寫論文，我找了「若人欲了知，三世一切佛，應觀法界性，一切唯心造」這個題目；東拼西湊找了宣化上人的講解和一些資料，偷懶把這些拼在一起就算完成了；不過也在心中種下了一些「三界唯心、萬法唯識」的種子。

因爲學習戒律，看〈南山律在家備覽〉的講解。同時也翻到了《菩提道次第廣論》日常法師的講解，當時聽了很歡喜，有法師說宣化上人也推薦大家聽的。現在再看他的文字記錄，迷惑性眞的很大，還穿插一些參禪般舟念佛刻苦實修的例子，用各種方法道理慢慢引導去信受宗喀巴等藏密上師，初學佛一般都會迷進去的。《廣論》具體錯謬的詳盡分析，請參考《廣論之平議》、《廣論三部曲》、《蒼天有眼》。

二〇〇一年前後比爾波特也住在萬佛城，也有跟大家一邊看幻燈片同時講他的遊記；《空谷幽蘭》寫他尋訪終南山的隱士，也令人嚮往，也許眞的有一些高人大德隱居在大陸。有次也跟著大家走馬看花參訪附近南傳的精舍。

有個高旻寺的禪和子來參訪，說我們萬佛城缺少老和尚，意思是暗示沒有眞正的善知識指點，評論萬佛城吃一餐也是吃很多（還是很多人吃的很少的），一頓的量等於他們三餐的。想想也是，我先吃水果，再吃菜和主食，還有甜點；貪心不除，吃一餐是表面不貪，但是內心還是貪食的。廣欽老和尚也說不倒單是要眞正的用功，一般人「不搗蛋」就很好了。他也建議我們去內陸的禪堂參訪看看。

果度喜歡禪宗，推薦我看元音老人的書，看了也覺得不錯。禪宗就是要直指人心，不用繞很多彎曲的葛藤。「**不識本心，學法無益**」，試著去體會他說的開悟，常常發呆看著牆壁沒有妄想時，不就是如如不動了了常明嗎？方丈恒律師跟沙彌上課時，我就問這樣是不是；似乎這也是無所住的心啊！如果祂有所住，就會固定在牆壁上面，無法看到其他的東西了；聽聞也是無所住，才可不斷聽到新的聲音，但是又沒有妄想。

後來還請教方丈恒律師，六祖開悟說的自性跟龍樹菩薩的偈子，《中論》偈云：「**因緣所生法，我說即是空，亦為是假名，亦是中道義。**」誰講的比較正確？他回答：六祖說的更好一些。

萬佛城吸引我的，有一點是宣化上人接續了潙仰宗的法脈，是虛雲老和尚傳給他的，有法卷等照片爲證，我一直想知道宣化上人把法脈傳給誰了。問了他這些老弟子們，沒有人知道，他們說類似五祖傳六祖，眞正的傳人現在隱居起來了，將來因緣適合弘法時，他才會出現（結果至今二十多年了還是沒有人出來接續宣化上人的潙仰宗法脈，也許他臨終前也發覺離念靈知心不是禪宗所悟的眞如自性，徒有祖師虛名，不敢再傳了吧）。

有一次在佛殿聽宣化上人開示的錄音，批判達賴喇嘛，說所有的喇嘛都有愛滋病。當時印象很深刻，我心裡面說：「不會是所有的喇嘛吧？」現在明白原來喇嘛教教義的根本都是錯的，學密宗喇嘛教邪法，或遲或早都要男女雙修，說他們都有愛滋病還是輕的，學邪法誹謗正法將來還要無止盡的輪迴於三惡道呢！

宣化上人經常批判盧勝彥和修密宗的人，之後我一聽到盧勝彥就知道他有問題；所以指名道姓的法義辨正才有效果，初機學人都很難分辨的，因爲知見不具足（想分辨，但是沒有能力，稀裡糊塗的，只能靠佛菩薩加持護念，最基礎的知見都搞不清楚，比如三界的欲界、色界、無色界等等，也是看了恩師的書籍才知道的）。我就很小心對待盧勝彥，也看過幾份他們的月刊週刊，那時表面其實也不容易看出來什麼。跟我一起住的北京小胖哥去過三藩市附近的雷藏寺紫蓮堂，現在網路資訊透明，盧勝彥前一段還跟五歲的女童結婚，跟喇嘛教密宗邪得不分上下。

宣化上人的「三十二手眼」平時是不傳的，很久才傳一次；傳的時候還慎重的把大殿四周的門都關嚴，據說是天上的紫虛菩薩傳給宣化上人的。每個手印配合一個咒語和相應的法器，比如拂塵、金輪等等。我最喜歡的是，可以令人不退轉的那個手印，但是練起來很繁瑣，還要自己製作法器，還要隨身帶著法器，難道要用時還要臨時取出法器嗎？感覺像是道家的法門，跟參禪念佛讓人一心不亂的定力不同；似乎是兩條道，除非專門練一個手印，我就沒有堅持下去。

宣化上人雖然一生刻苦，持戒精嚴，但是錯說佛法而墮落到鬼道。比如他說：「譬如有一個人，他因爲業障深重，所以轉爲畜生。雖然是畜生，可是不一定爲一個畜生，甚至爲十個或者二十個（轉高等畜生爲一身，轉低等畜生爲多身）。這樣便把智慧分開爲許多分，所以智慧越分越低。」

「一隻馬，又可以變成七隻鴨、七隻雞等等。」

「若彼此離了婚，又再去結婚，根據因果律，臨命終時，身體會被截割成兩份。」「因爲生時曾有兩邊的關係，故死後業報呈現，有一把大鋸，把人從頭頂鋸到腳尖。生前曾邪淫多少次，死後就割開多少份；生前曾結婚一百次，死後便分開一百份。乃至每人分得一點點。」

「那麼，分開有什麼不好呢？分得零零碎碎，再想把靈性聚一起，就不容易了，千百億劫恐怕也不能復得人身。這時性化靈殘，與草木同朽，變成無情的植物。本性分散了，便不容易做爲眾生。縱使能做眾生，譬如一個人身，能化爲八萬四千蚊蟲，但若要把那八萬四千蚊蟲重聚在一塊，則不容易。」

後來聽說宣化上人懂得懺悔，發願護持正法，變成了護法的菩薩，可喜可賀，是勇猛的菩薩！也希望萬佛城的法師和居士們（恒實師、恒律師、恒順師、恒朝、恒來師、近岩師、果度、果實、恒奘師、恒選師、朱居士、恒音師、越南法師、小沙彌們、親慶師、果豪師、培德中學校長、劉萬壽等等），能夠沒有面子摒棄情執，多聞思惟什麼是眞正的了義正法，眞正發起大願，一同修學正法，護持正法！才不枉費宣化老和尚的大願和恩情啊！既然早晚都要回歸佛陀正法，何不早一點放下面子呢！祝願萬佛城能成爲首先回歸正法的道場。

馬來西亞的親傑本來身體很瘦弱，剛剛在萬佛城出家作沙彌，也是跟著大家一起日中一食；每天除了固定功課，也出坡作義工；後來因爲感冒，變成肺炎，住院 ICU 加護病房，就一直沒有好起來，這樣昏迷好像要一直拖下去；據說是長老們討論後，最後決定拔管子，我們所有的沙彌都去助唸，說這樣大家一起助唸後馬上拔管子，他就可以往生極樂世界，是很好的結局。記得是浴佛節前一天晚上，拔完管子助唸了一會兒，還幫他擦洗換衣服。當時覺得怪怪的，也說不清楚哪裡不對。現在知道了，這也是殺人，犯了不殺生的戒律；堂堂的萬佛城居然沒有人知道這是最基本的五戒啊！（現在猜想可能是，也知道犯殺戒不對，但是爲了不承擔高昂的住院費，而採取的行動。）

九一一時看到飛機撞世貿大廈，想美國這麼強大，連自己的國土都保護不了，後來才知道是……（網路搜索 911 眞相，證據確鑿難以抵賴），眞是五濁惡世無奇不有啊！

證件到期了，必須回國換新證件，當時也覺得沒有什麼進步了，開始努力每天唸一萬遍佛號，看《淨土聖賢錄》，發願求生極樂世界。也想：如果是這樣，回家孝養父母也可以唸啊！沒必要留在萬佛城唸佛。知見也欠缺，認為是臨終預知時至，才會確認證實可以往生，之前都沒有辦法實證的，跟我一直以來真修實證的想法不太一樣。到機場還被留住盤問，可能是懷疑法輪功吧。那時候也是光頭，雖然帶著帽子和衣不離體的袈裟縵衣，自己沒什麼感覺，有警惕心的人一看就是怪怪的。

在上海待了幾天，馬上就跑去蘇州的靈岩山寺，據說是印光法師住過的道場。他們說不收外來沙彌的，而且沒有什麼證據證明是萬佛城來的，可能大陸假出家比較多吧。

然後就回家，爸爸媽媽都很心疼，經常念叨說每天「吃一頓飯，那怎麼行」。我也嘗試著適應在家的生活，但實在是難以適應，身分證也馬上到期了，需要去珠海換新的身分證。在珠海見到原來公司的彭紅師兄，他也慢慢在學佛，不過是學密宗。他還帶我去一個師父的精舍，一看是在家人，其他的弟子都是女眾，當時就覺得有點不對。現在回想原來也是搞男女雙修的喇嘛教邪法。

如果寺院不收外來的沙彌，我也可以在這邊出家呀！從珠海坐火車到廈門，南普陀寺不收，就坐大巴到莆田廣化寺（比較出名，很多佛經佛書都是這裡印刷的），他們要未婚證明、無犯罪記錄。再到福州西禪寺，到鼓山湧泉寺上山時像霧一樣的小雨，裡面出汗，外面下雨，衣服都濕透，渾身都起了很癢的紅疙瘩。坐車到南昌佑民寺，轉汽車到永修縣的雲居山，虛雲老和尚住過的眞如寺，應該是國內清貧精進刻苦的寺院；已經是初冬了，山上開始下雪結冰，在外面的禪堂隨緣打七，第一次感受大陸禪堂的規矩；打了兩個七一直咳嗽，就回家過年了。

二〇〇二年聯繫上了萬佛城的劉萬壽，他說可以幫忙找到西安精進用功的寺院；剛好去珠海領到了新的身分證，還跟他去南華寺、光孝寺等寺院參拜了一下。西安臥龍寺方丈是如誠法師、首座是覺修，第二天方丈就帶我到市郊終南山的至相寺；寺院正在建設中，但是大家都堅持坐香。記得有淨恩師、範尊師等，淨恩師經常跟我講《六祖壇經》的殊勝，說他一看就明白了；

但我總是提到《楞嚴經》「內守悠閒」的句子，不肯認同他的看法，說「虛雲和六祖來否定您，您還會這麼堅持嗎？」應該他認定的也是行住坐臥中的離念靈知心，不過看很多禪書也都跟他認定的靈知心很類似啊！

至相寺建好了禪堂，當年夏天也禮請慧通老和尚來打禪七，聊天中也知道他不喜歡徒弟們去西藏學密宗喇嘛教，我在看完黃檗臨濟等禪師的開示，自己體會過後，還私下請教慧通老和尚，問他是不是這個？他謙虛謹慎地說：「**要對照佛經和祖師大德的開示。**」要我反復驗證的意思，都要老實作功夫的，也不跟我肯定。

夏天打完禪七還去終南山轉了一圈，參訪了幾個閉關的茅棚。第二次遇到恩師的《禪—悟前與悟後》，當時含法師兄小心翼翼的一個人在房間裡看；我翻了一下，原來我看過。他很驚訝的問我感覺如何，我說沒太仔細看，萬佛城圖書館裡面書太多了。

臨出發去神農架住茅棚前，他還跟我們說明心和見性是兩關。我知見太差，都是看的一般禪書，不太願意接受，還是認為明心見性就是一次。禪堂也很難遇到善知識，連親近過虛雲老和尚的慧通法師似乎也沒有開悟啊！乾脆按照虛雲老和尚的開示，抱著一本《楞嚴經》參究吧；就跟著淨恩師、道田師，找到十堰道田師的道家師兄；剛好他們搬家，從山洞搬到高山菜地旁邊的簡易房，木頭和水泥瓦蓋的兩小間，每天還要爲了做飯辛苦，遠不如禪堂的舒適，可以專心參禪用功。（所以現在住山和閉關的修道人很多也徒有虛名，中國人太多了，再深的高山密林也難免被人打擾，還要爲每天吃飯操心；或者衣食不缺，也多是缺乏正知見的盲修瞎練。走了這麼多地方，連什麼是開悟都沒有人跟我說清楚！前幾天還去了每天精進般舟念佛的地方，帶頭的人公開誹謗正法；這樣就算精進念佛到死也無法往生極樂世界啊！因爲阿彌陀佛不收誹謗正法的人。）

接近冬天了，老道師兄要去採購被子，我和他出山一起，順便回家看看，看到了我媽媽買來的《金剛經到底說什麼》，南先生說：「**要涅槃，先得轉化自己身體上的卵生、濕生、胎生、化生十二類。整個變化了才行。**」南先生說的是要「涅槃」必得把自己的肌肉、血管、骨骼……等細胞乃至蛔蟲、蟯蟲、細菌、病毒之類全都轉化了才行……。舉世聞名的南懷瑾先生，對「涅槃」最通俗也是最具體的解釋是：涅槃=空掉、忘掉。但董子竹說：「**南老說：**

『平安無事，清清淨淨，就是究竟福報。』『平安無事，清清淨淨』是庸俗了的道家的福報，與佛家完全不一樣。」

「請看南先生說『無為福屬於清福之類。無為福勝，就是說清淨的福氣高過世間一切功名富貴的福氣。』我們眞不知經文的原文在哪裡對福德作過區別，任何一個稍有文化的人，也辨別得出釋迦所說的『此福德，勝前福德。』根本沒有區別清福、洪福。南懷瑾先生說的『清福』，那種小地主式的『清福』根本不是一回事，這是無量大福。說實在話，南懷瑾先生始終沒有破了自己的『身見』。」

「『宇宙—生命』系統，這不就是『不生不滅、不垢不淨、不增不減』的金剛身嗎？這才是釋迦佛說的『而此福德，勝前福德。』」

「『清淨』在佛學中的含義，根本不是世間人的輕鬆、坦然之類的玩意，是指金剛、法身本體而言的，『宇宙—生命』系統本體無善無惡，這才是眞正的清淨。滅度一切眾生就是令眾生回歸本體。」

這對我很多的修道觀念有極大的衝擊，不過還是似懂非懂的；因為作者董子竹也是根據自己思惟所得，並未開悟親證實相，但是已經比南懷瑾高明一些了。

所以就決定不繼續在神農架住山了，不過還是無從下手，更不能保持；有時候看看書，感覺很好，但平時還是煩惱多多，不容易改變舊習氣。

過完年，常首打電話來，要我回去受戒；臨行前跟當地的幾位居士吃飯，才知道他們都是修密宗的。常首後來還讓人寄到寺院一套《曲肱齋全集》，他得到書以後歡喜得不得了。要不是常首有點驕橫跋扈，真說不定被密宗拐走了。我們幾個師兄弟都跟著他作過大禮拜，唸過《金剛薩埵咒》；看他冬天都不冷的，問他什麼方法，他說要觀想並歸依宗咯巴，觀想丹田紅點發熱等等。這不就是氣功嘛？還好我沒有練下去。

終於二〇〇三年草堂寺含法師兄在戒場空地跟我聊天解說：開悟就是找到阿賴耶識。才恍然明白，原來我在萬佛城寫過期末論文，「三界唯心、萬法唯識」就是在講祂，這樣一下子就通了很多。不過還沒有完全清楚，出了戒場還結緣了幾本索達吉堪布搜集的知識分子學佛的故事給師兄弟們。

跟著他到郊區的亮碑寺背一包書回來看。禪堂是不准看書的，只能參究作功夫。只能偷偷地躲到旁邊的小房間看，或者晚上大家都安板熄燈了看，拜佛也是等一天坐禪結束了。先看《念佛三昧修學次第》、《禪淨圓融》、《眞實如來藏》、《狂密與眞密》、《正法眼藏》等等，看了幾本之後終於把困惑我很久的問題一掃而光；原來佛法的內涵是佛菩提道，開悟到底是悟個什麼？參禪要怎麼參？禪宗祖師的公案是怎麼回事？成佛之道的五十二個次第階位，釋迦牟尼佛入涅槃現在祂在哪裡？阿羅漢入無餘涅槃又是怎麼回事？唯識和中觀的異同，斷我見證初果要怎麼修？禪宗和淨土如何圓融？密宗隱藏了千年的眞面目原來是那麼污穢。——遇到眞正開悟的善知識就是不一般啊！以前走南闖北求教所有大法師都稀裡糊塗的疑問迷霧，在善知識面前，幾句話就雲開日現！

後來二〇〇三年同修會裡有退轉的事件，因此出了《眞假開悟》、《心經密意》、《燈影》，道法師也在看 導師的書，也有微詞，大概意思說：您看這不是也出問題了嗎？

然後就是住禪堂，這是如誠老和尚的習慣，要新戒子們穩定穩定，不要心猿意馬地亂跑攀緣；解夏後我還是跟含法師兄去普陀山，寧波天童寺；阿育王寺禮拜佛舍利，看到是暗綠色的，回去跟老和尚一說，他也表現出很遺憾的。據說看到佛舍利越明亮，業障越輕；越暗，自己業障越重。火車上面還遇到一位五十歲左右的師兄，他說家裡的小朋友小孫女要作菩薩，不作阿羅漢。很慚愧當時對阿羅漢和菩薩都搞不清楚。以前萬佛城方丈問大家，願不願意證阿羅漢，我還踴躍地舉手。

還跟含法去南懷瑾的道場，主修準提法；據說臺灣的首愚法師也來此地打七，很多人以此調養身體，不停地吐痰排毒。看南懷瑾教九節佛風（編案：這是一貫道早期所弘傳的外道法）的錄影，我和含法輕視的偷笑，跟隨南懷瑾的師姊很不滿意。南懷瑾很看重這位年輕的師姊，我擔心她不會是修雙身法吧？我很想介紹　導師的書籍給他們——《眞實如來藏》，含法說不要太著急，先吊吊他們的胃口，消消他們的慢心，不然作用不大。我後來還是忍不住把書給他們看了。

看恩師的書才算眞正建立了正知見，知道佛法就是解脫道和佛菩提道，以及阿羅漢和菩薩的區別、無餘涅槃和禪宗開悟的關係了。有跟老和尚試著推薦正法，但他是不容易接受的；老和尚比較喜歡踏踏實實的作功夫，有殊勝的境界出來才算數的。不過他也會感覺，我講的跟他以前認爲的有一點不同，似乎還不錯。但是感覺很難轉變他的觀念，決定要另尋寺院，可以自主自在的學正法。

禪七是很辛苦的，維那旁邊那個悅眾也是每支香不能缺的；但是會有單獨的小房間，不用住通鋪長連床。師兄弟都覺得辛苦不作，害怕敲錯木魚，我就接了這個工作，就經常可以看書了。基本上粗略看過當時出版的 導師書籍。有時憶佛，有時也在參究；畢竟待在禪堂，每天大家都在參念佛是誰，但是只有含法和我有正知見；有時候也似乎摸到了邊緣，知道確定有個祂，……經常跟含法師兄切磋（當時還不知道不可以討論此事），最後都還是沒有找到，或者找到的答案不堪檢驗。

也承蒙孫老師回信，解答一些疑問。老師有指導跟有緣人一起學習《心經密意》，可是像臥龍寺管得這麼嚴，很難有時間方便推廣學習正法。很想找到可以修學正法的道場，那時還沒有發心想辦法推廣正法（很慚愧）。

很快就冬季禪七了，農曆十月十五起七，一共十個禪七，打完禪七就是除夕，就離開寺院了。（祝願臥龍寺的師兄弟們，道凡、道源、道因、道根、道法、道田、淨恩、范尊、常首、大智等等，都能夠儘快信受正法，一起護持正法！）

回到家用網路聯繫到一位元正法師姊，說浙江有學正法的寺院，就很想去看看。聽說河北省南宮市普彤寺弘川法師弘揚戒律精嚴，也順路去住了幾天，法師已經不講戒了。

本來要等含法師兄一起去，我就先跑去杭州東天目山淨空法師的念佛道場，那裡是一天到晚都在念佛的，傻乎乎的也跟著聽淨空法師的開示，還不能很清晰的分辨他哪裡講錯了。看正法的書籍還是太少了，沒有消化運用起來。

道場也在建設，要從山下五里的地方用人力背石子沙子等材料上山，看到有的法師有時候也背，我也嘗試背普通工人三分之一或一半的重量，很是辛苦，一邊背上山一邊念佛。有東北的一位法師，看到我隨身帶的《如何契入念佛法門》，很歡喜受用，就送給他結緣，但是其他的書他就不看了，還是想先學好念佛的功夫。

二○○四終於等到含法師兄，一起去浙江蒼南龍港的小寺院，在橋墩正在建正法的寺院，也請張老師寫「正覺禪寺」的匾額，掛起來了。也請來了整套的 導師法寶，每天都憶佛、看書、思惟。後來道凡師也來了。

很想儘快修成淨念相繼，有時候一天拜佛五至六小時；後來福州菩薩邀請我們去結緣座談，盛情難卻；一直以來認爲開悟才可以講法，「身未證法而處高座，必墮地獄」；說錯一字，五百世野狐身。問〈正覺電子報〉，也說摧邪顯正的文章最好是十迴向位的菩薩所作，才比較如理如法，不會出錯，所以二〇〇五就更加常常思惟參究。

有天又看到《心經密意》的四種遍，理解認識又深入了一點；晚上半夜跟佛菩薩發願，願早日開悟可以利益眾生，功德都迴向冤親債主；然後半趴在床上參究，就找到了答案（有寫信跟孫老師報告，說自己可以安忍，但還是犯了錯誤）。很興奮的連夜看書印證，看公案大部分似乎都懂，禮拜 世尊、韋陀菩薩、恩師，還趕緊記錄下來，生怕自己以後忘記了。對比如來藏和五陰器世間，眞是一個恒常永恆，一個無常生滅。因爲不會轉依，就沒有很大的功德受用，分析可能是斷我見不徹底，定力不足等等。含法師兄後來似乎自己也弄明白了，但是按照書裡面 恩師的交代，都不可以討論這一塊內容；如果有人想說，我都不聽、不聽。

後來那位聯繫我們來正法寺院的師姊也來了，心存感激，經常和她探討法義，因爲還不確定自己找到的這個到底是不是；後來就用方便引導幫她也找到類似的答案，是沒有明講的，不過後來看到 恩師書裡面的開示：

「第七節 防惡修善、眞修佛道：防惡修善是修習佛法之人所應注意之基本行誼，防惡與修善二法必須兼顧，若二法不能兼顧時，首須注意防惡；能防惡已，行有餘力，然後兼顧修善，方是有智之人也；何以故？謂若不能防惡者，則所修諸善悉皆不能增上其道業故，反致因此而增上惡業故。

防惡固有多端，然其首要，在於保持覆護阿賴耶、異熟、無垢識心體所在之密意，此是佛世尊最深密記故；若向人明言密意，即是虧損如來之無間地獄重罪故；若公開宣布密意者，即是更嚴重之虧損如來故，唯有捨壽後入住無間地獄中無量數劫也。」

才知道此事非同小可，反反復復叮嚀她，即使不知道這個是不是，也不可以對任何人講。

後來寺院也有一些事情發生，意見不統一，沒有 恩師和親教師的指導，很多事情不知道如何作才是正確如法。很痛苦的抉擇，也是自己貪欲使然，又以生命相逼。也想：保護密意是重中之重，一定要安忍等到親教師來授課。

二〇〇五年就躲到雲南大理，據說是世界上最宜居的二個城市之一，藍天白雲風花雪月，在山邊租五十元每月的兩室一廳，自來水都是岩洞出來的山泉水；各種山珍野味，野生菌子。但是心裡面還是陰影揮之不去，每天看書禮佛，拜懺懺悔惡業。常去跟大理佛教協會會長，彌陀寺的方丈聊天，他是跟清定上師學的。人是很簡樸謙和的，但是也不容易轉變見解。

他經常邀請很多法師居士講法，有次遇到一位臺灣的居士講《維摩詰經》，講完後被我們不客氣地批判了一下，回想自己慢心還是嚴重。

開始是少量的結緣一些正法書籍，後來醒覺破密的重要性，初一十五就複印A3紙，摘錄恩師《狂密與眞密》文句，到寺院門口去發；到崇聖寺去發，有位老菩薩還親眼看到有喇嘛在寺院門口把手伸進婦女的前胸衣服。

在昆明圓通寺對面的素麵館遇到一位比丘尼法師，帶著一位小女孩，問她修什麼法門，她說跟上師學禪宗；我們說：「不是修雙身法吧？」她吃了一驚，帶我們到旁邊酒店大廳講述她被喇嘛上師欺騙的經歷。她上師會上網招來很多女大學生到雲南宜良某寺院，每個人一個單獨房間修密法，互相不可以交流密法；很快原來寺院的住持比丘尼莫名其妙的死了，女大學生死的死、瘋的瘋、懷孕的懷孕，還會用邪咒迷惑控制人；她女兒偷聽到上師要帶她去其他地方，就裝瘋，後來才逃離了寺院。但是上師喇嘛還跟隨他們到昆明的家裡面，還給她們吃果凍，她們就昏迷不醒；喇嘛就把煤氣管道膠皮管割開，打算毒害她們。她說是拼命地唸 觀音菩薩才清醒得救了。

她跟隨這個喇嘛上師快二十年了，開始都沒說什麼密法，最後喇嘛才跟她說，要跟她男女雙修可以即身成佛，她沒有同意。我們勸她千萬要遠離這些喇嘛上師，她開始還有些情執，替上師辯解，後來總算慢慢認識到一些喇嘛教的邪惡。

二〇〇七年聽說從臺灣求法的正明師回來溫州了，當初是精進偷渡去求法，差一點在船中因爲空氣不夠被悶死；就搬家去溫州跟著聽法學習，一聽就很高興，原來跟自己看書是不一樣啊！有什麼問題都可以請教，就利用茶店接引學佛人來聽法師講解，也發書到附近的寺院。（後來搬家離開後，聽說他貪取名利，不願讓跟隨的弟子們回歸正覺，不讓弟子知道所學的是平實導師的書籍法寶，很替他惋惜！）

二〇〇八也遇到了正音師，講有關斷我見方面的內容，更加吸引人，就跟著搬家到平陽鄉鎮；也在素花老菩薩待過的寺院住過一陣子，想如果正音師安住於此，能夠成爲正法的寺院就好了。發心按照中國寺院的地址名冊寄書到各個寺院，主要以浙江、福建、雲南爲主。

二〇〇九因爲要照顧小菩薩上學，就搬家到廈門，開始經常開著電動車到各個寺院、素食館、香店發書，印刷正法語句和破密的書籤；刻印章，內容是簡要的破密語句：「**喇嘛教男女雙修邪淫非佛教**」等等，到處蓋章，蓋到一般的結緣書上面破密。臨時知道廈門有佛事展，也是趕忙印刷幾千張複印破密的單子在門口發。後來印一萬冊《無相念佛》書結緣，有愚癡人舉報我發邪教的書，還被帶到局裡面一次；不過一看是佛教正法的書，就都沒事。

二〇一〇去上海福州見過孫老師、廖師姊，才知道要大力的推廣。正藏菩薩初期到處寄書發書，房間裡面到處都是書，才知道自己好遲鈍愚癡啊！以爲自己作了不少了，跟菩薩比起來還遠遠不夠，發心和實行都差太遠了！

作過二個網站，佛法網和佛藏網；建起來很簡單，都是黏貼 導師的開示；對後期的維護不熟悉，後來就放棄了。改爲在新浪搜狐網易ｑｑ破密發帖。建十幾個博客，然後在ｑｑ群到處轉發；即使被關閉了一兩個，還有很多個備份的博客。網路上面作起護法的工作，事情多的根本作不完。

二〇一〇的四二五，還沒有迫切的想去，書裡面瞭解 恩師也沒有喜歡大型的演講，因爲是直鉤釣鯉，願者上鉤；後來聽說有傳菩薩戒，才動心想去。但是辦手續通不過，也可能同團的師兄師姊沒有懇切的發願懺悔，自己的意願都沒有很強，也怨不得別人。

二〇一一很想去了，也拜佛懺悔求佛加持，終於可以成行，受菩薩戒。自己受戒波折辛苦，就發願功德都迴向將來受戒的菩薩們都順順利利。年初姥姥去世，也沒有回去老家，因爲感覺幫不上忙，都是舅舅說了算，只在廈門家裡面幫她唸佛迴向，她也是一直認爲人死如燈滅的。期望下輩子相遇時可以幫助她信佛學正法。

上海要開班了，都有想搬家到上海去，後來因爲不夠低調，沒有開成。受戒時就聽說快要開香港班，八月果然開始了；第一堂課沒有去，從第二堂課開始就沒有缺課。聽尤老師的見道報告，很感動流淚：我不會作了什麼對不起 恩師菩薩的事情吧。

每次從廈門坐火車或大巴來，香港、深圳奔波勞頓也覺得快樂。開始上課是很認眞的，每次都複習筆記，如同又上了一次課。年底去香港破達賴，太過癮了，二十一天跟菩薩和師兄弟們歡聚，打地鋪也是甘之如飴。乾脆搬家到深圳上課，派單破達賴；又是去局裡面一次，這次沒什麼事，連國保大隊的隊長也知道達賴喇嘛是邪教頭子。鳳凰山接引，組織座談學習，各處店鋪作定點，都可以有老師指導，比以前自己摸索護法幸福多了。廣州書展二〇一二，期間也來幫忙；羅穗菩薩很勇猛，我們計畫帶三百破密單子，她又偷偷帶三百單，都派完才回家。二〇一三羅穗往生前，多次說廣州如何缺少人手護法，力邀我們來廣州，我們就答應了。

二〇一三年十一月搬來廣州，不久隔壁大樓火災警示無常。我家就住在廣州最大的三個寺院中間，沒事散步就可以去結緣接引，午齋也可以在寺院打飯。

二〇一四年四月，感恩 恩師錄取參加禪三，但是證件一直出不來，臨出發了都還沒有確定的證件，心裡很不自在，從沒有遇到過的情況。當天晚上證件才辦好，虛驚一場，業障深重啊！輕易上山就不知珍惜，明白答案又如何，沒有眞正的發起菩薩大願，都是不行的；開悟只有菩薩可以的，不是菩薩，即使是三明六通的大阿羅漢，世尊也不幫忙他們證悟實相！

二〇一六年八月份差一點不想來上課了，以前我是全勤的；覺得老師教我五年多了，從二〇一一到二〇一六，憶佛都這麼差，還會生氣起瞋，對自己很失望，很洩氣。本來想老師都教我們五年了，想要送給老師什麼禮物，想來想去老師都不收的；想到買一個賀卡，請大家每人都寫幾句話，感謝老師，這個不是金錢財物，應該老師會收。後來遇到境界生氣都不想來了，也把這事情忘記了。這次是要領報名表的，也不是像以前那麼積極，因爲連續三至四次都沒有錄取了。也不著急了，去一次消耗一次福德，自己福德這麼差，慢慢長期磨吧；也預計自己應該四至五次才過吧，三年去一次，大概還有九至十二年。就是按部就班堅持下去就可以，今生能夠悟，也很好很好了。自己也很懈怠，沒怎麼拜佛；每次週末義工忙完了，就輕鬆一下；經常看看唱歌比賽、喜劇比賽、看電影，來放鬆一下；看他們唱歌作喜劇都蠻拼的，如果拿出一半的勁頭來學佛該有多好啊……。

也知道菩薩性很重要，但是怎麼發起和鞏固，具足菩薩種性呢？想了很久，思惟就是這個小我死不掉；老師也講了，菩薩依他起性是不需要修除的，是遍計所執性才是要轉變的；我感覺自己之所以無法眞正很好的發起菩薩性，就是擔心這個小我嘛！不把五陰當作我才可以。我其實就是一個機器人，機器人忽然生起了自我意識，就慢慢有種種的所求和煩惱，開始爲自己設想，就不能無我無私的爲人類服務了，現在就是回歸一個機器人的本質！可以一直生生世世的爲人類服務，這就是我這個機器人製造出來的目的、使命和願力。

雖然很懈怠，不太有什麼期望了，但是內心深處還是抱有一絲希望的。因爲有報名就有希望，所以我就是每次都報名。因爲我們跟 恩師的距離遙遠，無論從年紀的距離、空間的距離和證量的距離等等，我們唯一有機會跟恩師交流彙報的機會，就是認眞填寫報名表。我厚臉皮就是沒有希望錄取也跟 恩師親近親近，讓他老人家多瞭解我一點、多關心我一點，這點自私的感情還是難以割捨的。

不過裡面有發願這一欄，是法供養，對 恩師和老師的法供養。恩師、老師從不收金錢的供養，但是對法供養可是很歡喜的，我們就盡情的至誠發願來供養 恩師吧！

這次拖到最後上課才接到通知，開始很高興激動，不露聲色的暗喜終於可以上山了；但是最後結束時，似乎大家都是收到沒有錄取的通知。趕快跑出去看，才知道是第一梯次，這下沒有時間用功了，本來設想的是收到通知再用功，應該還有二十至三十天的時間，也差不多了。但是這次二十六號接到通知到七號，時間太緊了，還要買票定旅館等等，還有已經安排好的固定義工活動。家裡面又來了客人，也就剩下四天左右用功了。然後也凝聚不起來心念了，就好像打仗，自己心裡面就已經敗了。根本都沒有想到會上山的，居然可以上了，感覺浪費了這次機會。反正去見見　恩師也是很好了，加深一下跟大菩薩的緣分，死馬當作活馬醫。

偶然遇到一位師兄，提到他學佛之前，學正法以前就發願，生生世世留在娑婆世界，直至成佛！令我很震撼，深覺自己太差了。他的親教師菩薩講到如何修除瞋心時，講自己往世在西藏有一次跟著　導師散步，同時也有很要好的一位師兄弟一起，走著走著，他忽然有個念頭，想回頭轉身看看有什麼情況發生，剛轉身時，那位師兄弟就一把刀插在菩薩的胸口，正捅在心臟正中，那位行兇的師兄弟大驚失色，手足無措（可能本想刺殺導師，卻刺殺到了好友），菩薩還連連安慰他，沒事沒事，沒關係的。漸漸失去氣力，撲倒在地上，那位朋友慌忙逃走了。剛好看到手邊有一本《甘願做菩薩》，看起來就放不下去了。以前也看過二、三遍，也感覺很好很棒，很受益；自己最近也想如何增強菩薩性，這次看的感覺又不一樣：

「每個人都在佛前發願，但是願力，願心和結果都不一樣，表面類似，心念不同，虧欠眾生很多，要彌補彙報，欠債還錢天經地義。不要世間法，才會有出世間法的利益，二者不可同時得到的！

如來藏沒有三世的隔閡，我們每一個心念每一個行爲，都會成就將來的佛果！而且佛菩薩一直都在關心著我，護念著我直到成佛！

修除貪心是個長期的警戒，初期不犯不貪，將來也要自己常常防範。這世界沒這麼便宜的事情啦！絕對沒這麼便宜！那個是要你拿出你世間的性命來換得的，如果沒有精進到這樣的地步，如何可以顯示你可以獲得這殊勝果位的殊榮，那是不可能的！因此如果你要還債的話呢，那你就要認命，你從這點開始就要很清楚地知道，當你開始討價還價的話，你是在你菩薩道的路上布滿荊棘，布滿大大小小的石塊，將它建立成爲一條坎坷的道路，建立坎坷艱困難行的障礙，可是這難行的道路卻是你要親自一步一步地走上去，因此你何苦將你的菩薩道變成這麼的不堪呢？……」

第二天就要上山了，還是放不下《甘願做菩薩》；一直看，直到近兩點左右才看完。跟隨菩薩下定決心發起大願：生生世世留在娑婆世界跟隨 恩師護法直至成佛！

因爲無量劫虧欠了每一位眾生，眞的對不起，包括今世的父母師長等等，所以一開始拜懺就痛哭流涕，暗自堅定的懺悔、認錯，永不復作。

恩師開示：「在娑婆世界花天酒地，都沒有學佛信佛，也比聲聞阿羅漢入無餘涅槃好很多。這似乎是異類的想法，因爲雖然他花天酒地，混著混著就有可能接觸到佛法，就開始信佛學佛了，進進退退也總會成就；但是無餘涅槃的時劫太久或是無盡期的，不知道何時才能夠出來。等他最後（喜愛佛菩提的種子流注）出了無餘涅槃，連這位花天酒地的弟子們都成佛了，他還在三賢位。所以瞎了眼，才會度到聲聞！決不可收供養！」等等。

所以這次對參禪找如來藏沒什麼心得，本來進小參室想跟 恩師彙報，我如何發起菩薩種性的，但是 恩師不管這些，直奔主題，我就如實根據以前的體會回答，感覺自己笨口拙舌，很多地方都是 恩師一直在幫忙補充，居然也可以過關。應該是 恩師感應到弟子能夠發起願心，就開恩先讓我過了，可以多爲正法作一點事，大陸太急需用人了，以後再慢慢補課如何轉依增加福慧利益眾生。

恩師也擔心我退轉，就慈悲出了題目，防止我退回離念靈知心。我也抓緊時間思惟整理，用口訣想記住所有的理由證據。臨時要反復復習擔心忘記；但是一到小參室時間很短，緊張就思惟打結，也只能說幾點要點。

……（以上是思惟整理內容，略）

對喝水的深刻意義還不是很清楚，靠身識體會出來的還不夠多，不夠細緻；可以穿上非常緊身的衣服褲子會更加容易觀察體會，或者用手去□□□□□□，或者通過攝影機透視儀器觀察全身的細微變化，□□□□□□□□□。

體會心得決定眞的太重要了，沒有 恩師的印證，再過幾十年還是會停留在原地，還會有最後一絲的疑不能斷除，就無法產生殊勝的功德。心得決定後，就會放心的進入佛法的殿堂學習，不會一直徘徊在門口猶疑不前了。以前自己就會暗示自己，根基不穩，學深入的唯識都是書面知識，對自己幫助不大的，要先把基礎作好了才好繼續前進。所以以前輾轉聽說某觀先生教大家修眞如三昧。但是最基本的眞心都還不能完全確認無疑，如何去修呢？

簡化來看，所有的學佛過程就是一次一次的心得決定，對一個法心得決定，然後是下一個法。比如對輪迴苦的心得決定，才會眞正想要解脫，認眞努力的修學；對如來藏眞實存在和眞如法性道理的認定，才會想要參禪找尋；對 佛陀和 恩師信受的心得決定，才會發願生生世世緊緊跟隨。對家人永不起瞋，永不貪求利養，也可以想辦法心得決定。

多聞思惟　值遇正法

檢視我學佛的過程，深深感覺，遇到正法前，正知見是多麼的重要。聞思修證，一定要多聽聞、多比較、多思惟，認清正法之後才不會產生偏差的修證，否則都是盲修瞎練。多走一點彎路還算好的，最後還可以回歸正法；如果誤入邪法、大妄語、男女雙修邪淫、誹謗正法，才無比悲慘。

如果一下子遇不到正法，也要多讀佛經；以前我就是太懶惰，看一下佛經看不懂，就不願意努力看下去了，想偷懶看大師的解說比較輕鬆（邪師說法如恒河沙），反而多走了很多辛苦的彎路；佛經是眞正的善知識，是不會講錯的（除了僞經）；堅持多看佛經，一定會在心中建立一些正確的知見，才有能力分辨正法和邪法。

一般人心理都是要找個安全的港灣，我學佛前覺得什麼都沒有意思，如果有個信仰讓我完全相信，徹底的依靠該有多好啊！從表面來看，信基督教、伊斯蘭教、……主義的人，心裡面都有依靠啊！也比沒有信仰的人要踏實；所以我們一旦信受某種說法見解，先入爲主，就很難扭轉。常常見到還沒有學佛的人，是很聰明理智的；比如大學生、博士、教授、企業家，初信佛會比對各種宗教哲學、心理學等來思惟判斷；等到自己以爲入門了、歸依了，就開始盲目崇拜某位大師或上師喇嘛，變得越來越迷信，完全失去了開始時的理智心態，改成依人不依法了。爲什麼？

其中一個原因就是不願意再比對思惟判斷了，說「反正八萬四千法門，最後都可以開悟成佛」。一直分辨思惟的確是很辛苦的事情，因爲只要有不同的見解，就要思惟整理一番，看看哪個是正確的，哪個是符合佛經正理的；佛經三藏十二部那麼多，又是文言文，好難懂，心中常常不能安定地依止某種見解而舒舒服服的，所以就乾脆放棄理智思惟，依止某位世界大師了。反正歸依他的信眾這麼多，一般是不會錯的；要錯也有很多有「智慧」的人陪著，他們會提醒我的。但學佛可不能有此類從眾心理，末法時期越是邪說，相信的人就越多。

慢心的消除也非常重要，慢心障道最嚴重，因爲會在心裡面建立一道屏障堡壘，排斥阻擋我們聽取善知識的開示講解，就無法消除自己的邪見。要認清楚：自己沒有開悟前都是凡夫一個，爲什麼不虛心聽一聽善知識的話呢？經常遇到很多佛友，口口聲聲自稱是凡夫，但就是不肯改變自己的見解，不願吸取正知正見。

我自己一直是習慣性的慢心，又在萬佛城這樣表面上很精進清淨的道場住過以後，更加自認爲是正法，不容易吸收眞正的正法了。這說明表相崇拜的危害，一般人都是看表相的，可以打坐一坐五小時，入定數天，夜不倒單；山中閉關，有神異的各種神通；日中一食，辟穀不食，穿百衲衣，冬雪穿單衣，三步一拜，燃指供佛，不拿金錢，出家戒臘幾十年，著作等身；電視講經說法，慈眉善目，溫言軟語，徒眾眾多，道場廣大，世界聞名，政要交好，乃至常說自己是正法……等。

但是表相都是容易被模仿偽裝的，只要表面作好就行了，裡子是不是有實證正見呢？乃至自己都不清楚自己是偏邪的。

「有人雖於無量世中以無量財施無量人，亦不能得解脫分法；有人於一時中以一把麵施一乞兒，能得如見解脫分法。有人乃於無量佛所受持禁戒，亦不能得解脫分法；有人一日一夜受持八戒，而能獲得解脫分法。有人於無量世無量佛所，受持讀誦十二部經，亦不能得解脫分法；有人唯讀一四句偈，而能獲得解脫分法。何以故？一切眾生心不同故。善男子！若人不能一心觀察生死過咎、涅槃安樂，如是之人雖復惠施、持戒、多聞，終不能得解脫分法；若能厭患生死過咎，深見涅槃功德安樂，如是之人雖復少施、少戒、少聞，即能獲得解脫分法。」(《優婆塞戒經》)

我們無始劫來都是在三界六道裡面打滾，從來沒有出離過輪迴，所以對於眞正的解脫無從體會。如同佛經所說，雖於無量世中以無量財、施無量人，亦不能得解脫分法；有人乃於無量佛所受持禁戒，亦不能得解脫分法；有人於無量世無量佛所，受持讀誦十二部經，亦不能得解脫分法。

都是無量劫都不願意消除我見，學佛修行了還是一直在我見之中，習慣爲了我在修行，我要福德、我要定力、我要智慧等等。就像舍利弗用神通觀察一隻鴿子一百世前是鴿子，一萬世前還是鴿子，一百劫前、一直到八萬大劫前乃至更久前都是鴿子；鴿子的所見所聞都自認爲自己是鴿子，所以這麼久以來都沒辦法脫離鴿子的畜生身。

我們人也一樣，無始劫以來執著於我，執著五蘊十八界爲眞實的我，所以學佛修行也是落在我見、我執，貪求我所的境界，得到的越多越好；雖知道生死過咎涅槃安樂，但沒有深入觀察生死過患的根本原因就是我，總是以爲這個我可以進入涅槃中享受無窮的安樂。

所以就會被各種各樣的表相大師、上師所騙，因爲他們的表相清淨莊嚴，說法生動，跟我們無始劫的我見習氣相應啊！他們剛好講到我們心裡面了，我們聽了就是認定正確無誤，聽了就是舒服：跟我內心深處想的是一樣的。不知大家都是落在我見之中：我要布施幫助眾生，將來我可以得到大福德；我要精進持戒，將來我可以升天或往生極樂而享樂；我要每天打坐誦經參禪，將來我可以開啓智慧。

只要有一絲一毫的我見，就會被外道天魔找到縫隙，引誘而繼續輪轉生死。「發菩提心之後，親近善友爲第一，但是善友的腦門上面又不會寫著善知識這幾個字，善知識又很低調、不貪名聞利養，乃至菩薩善知識還會摧邪顯正，表面看起來很霸道的批評諸方慈眉善目的大師，所以都還是要靠自己努力多聞思惟增長智慧來分辨，不是說一句不分別就可以的了，經過反反復復的對照佛經驗證之後，可要緊緊跟隨不要再掉隊了，眞的體會到百千萬劫難值遇的珍惜尊貴！」（《學佛之心態》）

長養珍稀的菩薩種性

信受正法前，多聞思惟正知見是最關鍵的；當然福德也是很重要的，福德累積足夠，就會想：我這樣一直布施累積福德就是眞學佛嗎？就會自己尋找正法，遇到善知識的書籍，或善友幫忙接引，自己的心性也比較調柔，不會誹謗正法，也會多少聽取不同的見解，在佛菩薩的護念加持下，才會進入正法。

修學正法要行六度，作義工護持正法救護眾生累積福德。老師常說開悟有四個條件，正知見慧力、福德、定力、除性障。

其中福德最難修，到底什麼是福德？有外在的努力作義工累積福德，有內在調柔心性也增加福德，前五度都是福德。《優婆塞戒經》卷一〈集會品第一〉中也說：「善男子！外道斷欲（證初禪）所得福德，勝於欲界一切眾生所有福德。須陀洹人勝於一切外道異見，斯陀含人勝於一切須陀洹果，阿那含人勝於一切斯陀含果，阿羅漢人勝於一切阿那含果，辟支佛人勝於一切阿羅漢果；在家之人發菩提心，勝於一切辟支佛果。」

福德要廣大，最好可以具足：施主勝+福田殊勝+施物殊勝+至心發願迴向成佛。每天供佛福德很大。那位老婆婆以至誠之心以她所有的錢財買了這個香油之燈，那個至誠心，才是目犍連所不能滅得掉的，所以大福從心生。關鍵還在於心，發心至誠，心量廣大，或者有般若的實證，可以法布施功德福德無量。

思惟到最後，還是有個我要累積福德，還有一點點的私心，雖然說都是要護持正法，救護眾生，是我要護持、我要救護，如果沒有了我，是不是更好呢？

如果還有我，遇到大阻礙時，就很難堅定的一直走下去；有時候不一定是外在的困難而是內心的煩惱；受到冤屈時，自己很好的意見不被採納理解時，乃至傷害到自己的利益顏面，威脅到我的生命時，不退轉就算好了，還要什麼福德？

恩師《法華經講義》第九輯六十六頁，說一念隨喜《法華經》，就發起了菩薩性，但是還會有聲聞心態；只要有我就會為我考慮，就還有一些聲聞心態；我要很多很多的福德，我要開悟我要修道成佛；乾脆不要我了，也不為自己累積福德了，才是無量無邊的福德，是菩薩捨己為人的心性。

菩薩種性之高貴，只要是眞正的菩薩，佛陀都會一直拉拔，不斷的給我們機會，沒有私心和具備直心、不彎曲，否則即使法義通達聰明善言等等都不行。

戒經講記也講，悲心和菩薩性是六度的基礎，沒有悲心菩薩性，如果忘失菩提心修諸善法，是為魔業。有了悲心和菩薩性，其他的正知見慧力、福德、定力、除性障等等都會具足的，因爲是菩薩啊！菩薩爲了眾生什麼艱難困苦的事都可以作的！

「如果別人來爲他說了以後，他再來發大悲心的話，那個悲心不會很大，因爲是以『了因』才發起的嘛！所以那種悲心不會大，往往被人家一恐嚇就退失了，或者被人家一籠罩、被人家一打擊就退失了，這就不是大悲了，因爲都是屬於『了因』而發心的。」

「依大悲心而發心的人，他是寧可喪身捨命也要把悲心貫徹到底的，這才是由『生因』而自己發起的」

「是被人家勸了以後，覺得說：『哎呀！明知道眾生被誤導了還不肯出來救護眾生，眞是沒良心。』怕良心的譴責才出來的，就不是大悲心了！如果是『了因』而出來救護學佛人的話，當別人來打擊你的時候就會退縮了，沒辦法把悲心貫徹到底的。」

「如果是以『生因』來修學佛菩提道，你修學佛菩提道的三大無量數劫會縮短，以一小劫作一大劫來超越，或者乃至以一年爲一大劫，以一個月爲一大劫，乃至以一分一秒爲一大劫，這樣來超越三大無量數劫；這個條件正是『生因』，『了因』就無法超劫精進了，『了因』很容易退失、容易懈怠，所以『了因』無法作得到。善生童子知道這個道理，當然他就希望修悲心而以『生因』來發菩提心；他本來是『了因』而發心的，是聽人家說佛在說法，所以他來聞法發心的嘛！現在他想要轉變成『生因』，所以他要修悲心啊！」

「修悲就是六波羅蜜的『生因』，所以修習六波羅蜜而不修悲，六波羅蜜的功德是生不起來的。」

所以要努力的勇猛發願，發不起來就更要發願；開始可能覺得，發不敢發的願總覺得像是說空話、說大話。其實能夠說出口就不一樣。有些人連想一下都不敢想，何況出口成願。俗話說，謊言重複一千遍就變成眞理了，反復每天發願，發的是如理如法的菩薩大願，就一定可以成就的！

要發很多願，有大願、小願，有遠願、近願……不斷增加完善。按照書裡面老師說的，儘量發大願！發以前不敢發的願，又不一樣的感受，會感覺自己的心量變大了，突破了小我的束縛。還要心得決定，很堅定的發願！

有了願力，隨時隨地想辦法推廣正法，只要願意想辦法，都會有辦法找到適合自己的方法。如果僅僅是自己看書聽法增長知見，不作事，都還是聲聞心態，菩薩性還不具足，未來世不能保證還會值遇正法。

老師這麼辛苦地教導大家，我覺得自己很慚愧，聽課也可以說消耗自己的福；經常看到有些師兄僅僅聽課而不作義工植福，不久就因爲各種障礙而無法上課了。所以楊老師的身教都在一直教我要怎麼作。老師都沒有週末休息的，那麼我要向老師學習這樣的精神，來利益眾生。現在我們是在享受前世五陰努力的果實，如果我們現在不夠精進的在正法裡面累積福德，將來就不容易跟正法相應，就沒有很可愛的異熟果報。

那麼多的義工菩薩，都在默默地來服務我們。禪三是很多開悟的菩薩來服務、做飯、清理保衛等等，所以說，去一次就會消耗自己的一大部分福德。那每次上課其實也是有很多開悟的菩薩、助教老師爲我們服務，我也覺得很受不起。這邊雖然有聽課又收穫增長了智慧，但也有消耗福德的部分。只有更多的累積福德，只有福德夠了，佛菩薩才會加持一念相應開悟。

沒有完全信受正法之前，正知見是非常關鍵的；如果已經信受正法，修學的關鍵就不是知見了。法義知見，老師們都會教給我們；自己的福德累積則是要靠自己一點一滴的不斷積累；而眞正要發起菩薩性才是最、最關鍵的，不然自己要那麼多福德作什麼用？學那麼多法義知見要作什麼？難道只是要下輩子及生生世世都過得快樂嗎？要去到極樂世界享福嗎？

那麼多世父母兄弟還在無止盡的生死輪迴，佛菩薩陪著我一世一世的五濁惡世受苦，不趕緊知恩圖報緊隨而上，還要等待何時？

我這久久多劫的聲聞心態，聲聞習氣的小鼻子小眼睛，跟菩薩們比起來羞愧難當！

如果我還很貪著世間法，那麼佛法既是背俗的，我就不可能得到佛法。因此就是要把世間法的要求儘量減少，需求要放得很低，這樣子才能夠得到無上的妙法。否則的話，不可能世間法也都要了，還想要佛法的實證。大菩薩再來雖然示現豪貴大福，但是心中無所貪愛。菩薩願意捨棄一切來救護眾生，連最難捨的我都要完全徹底捨棄，還要貪著這無常的外物嗎？

「佛法在世，小乘人也可因爲往世的因緣而得知密意而開悟，這實在是沒有辦法，所以今日平實導師才不願意『恢復袈裟』，否則往世這些數不清的『小乘出家弟子』又要相逢，這眞是佛法的一大『災難』喔！小乘聲聞種性的人，就是沒有辦法發起大心，所以導師這次於禪三的第二梯次，以吾道一以貫之：要發起菩薩性，不斷地於早、中、晚的開示中，苦口婆心地耳提面命，如是之舉為二十多次禪三以來之所僅見！以末法時期，佛法值此存亡危急之秋，亟需諸多菩薩鼎力護持；然諸破參菩薩又非必定發起菩薩種性具足，所以如此大聲疾呼：沒有發起菩薩性，這樣的人要開悟作什麼！您一定會退回去聲聞自了！一定畏懼菩薩道難行，一定畏懼佛道難成，一定厭倦眾生的愚癡無明，一定無法忍受諸法逼迫而急於『自在』，所以雖說認眞於『修行』，不過都是『自了』的假名！」（〈一二三文集〉）

勇發大願不退轉，永續護持正法

看導師書裡面說，有十分力氣，只用七分，就不會一下子壓垮，可以輕鬆走得長遠一點；我就自己按照偷懶的想法理解，護法作義工經常要休息，給自己放放假，輕鬆一下。感覺要是太努力了，承擔了很多義工工作，都沒有休息時間，很快就會厭煩，在遇到一些不如己意的阻礙就會不幹了。思惟七成如何變十成的努力？我擔心什麼？我要快樂護法不厭倦，有張有弛。這說明我還貪很多欲界法。要多增加法樂，慢慢減少欲界的各種貪愛。

如何斷欲漏？想到一個辦法是增加自己的力氣。原來有一百的力氣，要變成二百，這樣二百的七成也有一百四了，比原來十成一百還多了四十。具體還是要勤修定力慧力、除性障、修福德，還要勇敢的廣發大願！發大願就在急速擴充心量，增加護法的力氣！

凡夫眾生是無膽無識，學佛沒有正知見但是敢於發大願是有膽無識，學佛有一些正知見但是不敢發願就是無膽有識；菩薩要有膽有識，有智慧爲先導，更要勇於發起清淨願力，按照《甘願做菩薩》書裡面講，要發一些以前不敢發，發不起來的大願，突破自己固有的小心小量。

爲什麼一定要先發大願？跟隨 地藏菩薩發大願，才有 觀音菩薩的大悲，普賢菩薩的大行，最後才證 文殊菩薩的大智，得到 釋迦世尊的大雄。有了願，才會有正確的方向，心量才會變大一點，才會一步一步的捨棄自我，慢慢變成眞正的菩薩，佛菩薩也願意加持幫助這樣的弟子。有小我在障礙，慈悲不會深廣，就沒有力量，要靠願力打開心量！清除私心的障礙，懺悔清除以前的惡業障礙，發願來打破前進中的各種阻礙。

（《法華經講記》第八輯五十八頁）

要更加勇猛才不會退轉！越想保護自己反而容易退轉！越想保留世間五欲之樂，認爲是快樂學佛護法，反而不易堅定的持久，因爲漏洞太多，很容易被天魔外道攻擊。要讓自己刀槍不入，就要完全沒有世間的欲望，世間人和天魔外道就想不出辦法引誘我上當，只能把我刺死。要金剛不壞，就要無我無私無求，對世間的一切無所期望，只剩下救護眾生護持正法的清淨願力。

老師們已經固化願力在骨髓裡面，所以不會張揚高調；但是我們這些新學菩薩就是要反反復復地加強加深菩薩的悲心和願力！

看世間都是苦，看報紙每一版都是苦，種種都是苦，現在微信網路更是，每一條資訊都是煩惱苦痛。

想要學佛得到解脫，卻處處遭遇種種陷阱邪見，走到哪裡都一樣，所以在這正法危難的時刻，正法弟子一定要挺身而出，揮舞正法大旗處處飄揚，讓學佛人都看到這才是 世尊的正教，

不是要等 恩師吩咐我們具體作什麼，大方向，恩師反反復復說得夠多了，我們要趕緊主動承擔，在沒有私心的觀照下！要生因發心！雖然還會覺

得護法辛苦，有可能被誤解冤枉，只要 恩師理解認可，雖千萬人，吾往矣！即使 恩師因爲不瞭解，不認可而暫時否定我，我也要堅定緊跟 恩師。這是菩薩道必定要作的，義不容辭的，不是可作可不作的義工，是捨我其誰的家事。

何必有我，是指徹底殺滅妄心，不是躲起來自修而不參與護法義工，那是聲聞心態；是要拼命努力作事而不計較我的名聲、我的利益、我被冤屈的，關鍵是我要觀察到自己的私心慢心，不能被潛在的私心欺騙。

爲什麼還不能發起願力？原因是沒有把自己當作這個家裡的人，還以爲自己是外人一個，只是當作 導師是夜空中最亮的星，還很遠很遠，是天上的大菩薩，不容易見面親近。導師講法義比較多，比較少講你們作學生的要荷擔家業，慈悲涵容只要能夠一直來學習，什麼都不作也比去外道學要好很多。

所以我們發願，要自己主動一點，不要等到危難時候才驚覺，到時候早就來不及了；只要有機會聽到了，覺醒了，要分秒必爭的發願承擔，想辦法自己孝順的體會老爸的辛苦，願意放棄自己的小家小我；老爸心中都知道我們是兒子，就是我們自己不知道我們自己是他的兒子！自己把自己當作外人，自己只是一個學生，不知道老師就是老爸！我們是要繼承家業的！所以師父、老師也是父親，多劫陪伴慈悲護念我們的慈父！

我們一定不能作不孝順的孩子。我觀察，能夠開悟的人都是很拼的人，都是要爲老爸分擔作事的人。比如某某某，雖然都有習氣毛病，但都是很努力的想辦法開拓推展正法。末學應該是個例外，我是聲聞習氣很濃的人，總想躲起來安安靜靜的（小時候就喜歡安靜的看書，宅男可以在家待幾天不下樓，躲到雲南泡溫泉），但是我最近發現了這個發願的祕密，就發心了，發願想要幫老爸作事了，想要承擔繼承家業了，但是都還沒有怎麼作，導師就慈悲放水先讓我過關了，如同先跟老爸承諾開好了大大的支票透支在那裡，接下來就要如實踏實的執行願力。

也是佛菩薩加持安排，給我一個念頭要發起大願，才能這樣拋磚引玉，藉此激勵大家，看看我這樣很差的聲聞習氣濃厚的人都可以發起大願就能夠悟，您們一定更可以悟！

我就說說我犯過多少的錯，是如何的聲聞，然後一轉念發起菩薩願，導師就知道了，就讓我過關。

我很不孝順父母，記得有一次爸爸沒有叫我起床，就大喊直呼他的名字說他為什麼不叫我起床。爸爸媽媽都很愛我、照顧我，記得很感動的一次沙塵暴，外面黃沙漫天，爸爸問我想吃什麼，我說想吃學校門口那種雞蛋餅，他就出去找了很久還沒有找到。經常半夜爸爸媽媽帶我去看病。帶我們旅遊，一直為我們操心照顧……而我經常惹爸媽生氣。有一次過年，媽媽說叫我幫忙撤下來窗簾清洗，我一直不願意，說反正洗了還會髒，幹嘛要洗？把媽媽氣哭了。還有一次年三十，我和弟弟跑去看電影，爸爸一個人爬到樓頂，很危險的去搞電視天線，我們都沒有幫忙。

長大工作了，每次出差坐火車路過老家，爸爸媽媽都給我送好吃的和衣服，送到車站裡面；朋友們都覺得：你爸爸媽媽怎麼對你這麼好？而我自己身在福中不知福！我卻執意要捨離他們去學佛，很是絕情的聲聞心態，不打招呼直接買票就走了。擔心他們阻礙，都是走了以後才告訴他們。而且還有偷盜過寺院三寶物，寺院種的梨子水果，還有出家人的食物（泡麵、五穀粉、咖啡等等），您們都沒有過吧？我還有邪淫、大妄語、說四眾過、故慳、故瞋，還有誹謗過佛教（說以後科學發達了，就不會有人迷信了），我還學過《菩提道次第廣論》覺得很歡喜，而看到 導師的書卻不能相應，不如很多師兄只要一接觸 導師的書就非常歡喜，或者一開始就學到了正法，不用走彎路，這說明您們的福德善根比我好很多！

知錯能改，善莫大焉。像我這麼差都可以過關，看到此文的菩薩們，您們也要儘快發起大願護持正法，一定可以破參開悟的！

【時諸比丘尼，重復啓白：「宿有何咎，而獲斯殃？唯願說之。」微妙答曰：「汝等靜聽：乃往過世，有一長者，財富無數，無有子息。更取小婦，雖小家女，端正少雙。夫甚愛念，遂便有娠，十月已滿，生一男兒。夫妻敬重，視之無厭。大婦自念：『我雖貴族，現無子息可以繼嗣。今此小兒，若其長大，當領門戶，田財諸物，盡當攝持。我唐勞苦，積聚財產，不得自在。』妒心即生：『不如早殺！』內計已定，即取鐵針，刺兒顖上，令沒不現。兒漸痟瘦，旬日之間，遂便喪亡。小婦懊惱，氣絕復穌，疑是大婦妒殺我子。即問大婦：『汝之無狀，怨殺我子！』大婦即時，自咒誓曰：『若殺汝子，使我世世夫爲毒蛇所殺；有兒子者，水漂狼食；身見生埋，自噉其子；父母大小，失火而死！何為謗我？何為謗我？』當于爾時，謂無罪福反報之殃，前所咒誓，今悉受之，無相代者！欲知爾時大婦者，則我身是！」】

我如同過去的瘋癲女人，犯戒勇敢，可以勇敢的發毒誓；現今更要勇猛的發願摧邪護法，所有如理如法的發願都可以成就！從來未見有如此微妙無上的妙法，對各種投資百般不確定都敢融資加碼，對這千眞萬確的佛法為何不敢加碼發願呢？

《法華經講義》第九輯八十六頁：「一大劫不斷的謗佛，不如一句毀辱讀誦《法華經》的罪過大。說明《法華經》極為重要！講出了大家都可成佛的信心！」

《法華經》到底講了什麼，就是顯示佛菩提道的實際情況，十方佛世界的情況，每個人最終都可以成佛，來慈悲建立大家的信心。「信為道源功德母」，要相信自己決定可以成佛！讓大家生起殷重信心，發起菩薩性，可以紹隆佛種！

佛法背俗

如果是很想要世間法，特別是錢財名聞利養等等這些的話，就很難親證出世間的智慧。《佛藏經》〈淨法品〉說不能貪圖利養……，只有努力護法，對世間法要不斷的放低要求，希望遵守　恩師和佛菩薩的叮嚀教誨，才能讓正法久住。

恩師平時非常的節約，洗完手都不用擦手的紙巾，都用自己很便宜批發買來的方巾，穿的衣服也是地攤上買的。導師拜佛也很少用到拜墊，常常在冰涼的地板上禮佛。恩師吃的也是很節省，有段時間早上也只是吃簡單的一餐（地瓜紅薯）。後來實在是工作量太大了！都損壞到身體，才被大家勸說多吃一點。

恩師二十多年講經說法沒有停過，現在年紀已經七十多歲了，身體消耗太大了；最近一次是忙到中風，還遇到了庸醫耽誤了病情無法自主行動，終於住院，弘法以來第一次暫停講經！（編案：小中風之後到某診所就診，醫師給予快速大幅降血壓藥物，導致癱瘓；隨即送往大醫院救治，住院三天後已完全康復，因此暫停週二講經一次。）恩師是我們的父親，大家趕快幫忙父親多幹活吧！

自己的聲聞習氣有點像米蟲，只是在吃正法的營養，可是卻沒有爲正法作什麼貢獻；以後要變成辛勤的蜜蜂，別只是吸收正法的營養沒有作貢獻。感覺自己很不知恩德，是很差勁的不孝之子，所以發願懺悔改正。努力付出，從一點一滴的開始廣結善緣，加微信好友啊！在家門口擺台，隨身帶口袋書和破達賴喇嘛的單子，素食館去結緣，加微信群等等，要想作事隨時隨地可以作很多事的。

發願逐漸增強的過程：

剛開始都是要求往生極樂世界的，極樂世界那麼好，幹嘛不去呀！導師以前也有發願去上品上生的啊！上品上生可以馬上登地，超越一大阿僧祇劫，好殊勝！主要也是擔心自己業障罪障很重，下輩子不一定成爲人可以值遇正法，所以去 阿彌陀佛極樂世界可以保證不退轉，不下三惡道。或者去極樂世界一見到 阿彌陀佛就馬上回來，但是時間太長了，即使一去馬上回來，這邊也過去百萬年了。後來看 恩師和正法菩薩們勇猛護法，也跟著發願要留在娑婆世界九千餘年護持正法，然後才去極樂世界；就想夢中去極樂世界玩一圈吧，下輩子還是要繼續留下來娑婆。

受完菩薩戒，確定自己下輩子不會墮落三惡道，就跟著菩薩發願要晚兩天去極樂世界；極樂世界兩天等於我們這裡兩個大劫，有賢劫千佛（還有九百九十六尊）和星宿劫千佛可以親近供養奉事修學，何樂不為呢？

而且九千餘年都努力護持正法，然後五億多年都在彌勒內院修學唯識種智，爭取龍華三會相聚時成為阿羅漢，彌勒佛也會授記成為初地菩薩啊！

這次上山前看到《甘願做菩薩》，受到菩薩大願的感召，也發願要生生世世留在娑婆世界跟隨 釋迦世尊和 恩師，不去極樂世界了！（恩師書裡面說，專屬於他的極樂世界蓮花枯萎凋謝了。本來以為是說他下輩子繼續來人間，現在思惟恩師是不去極樂世界的了，除非世尊指派，所以我也要緊緊跟隨恩師到五濁惡世的任何地方！即使在彌勒內院沒有聽完，或根本沒有去兜率內院，也要立即跟隨奉事恩師。）

不過即使如此，也很慚愧自己發的願也是太小，不敢發類似 地藏菩薩的宏願，內心還是想要趕快成佛，才會更好的利益眾生；恩師應該是知道弟子所思，就開示：妙覺菩薩其實是可以很圓滿的利益眾生的，跟佛陀幾乎是沒有差別的，只是還沒有示現成佛而已。

七十多歲的老爸還在每天勞作，我們作子女的總不會讓老爸八、九十歲還要奔波辛勞吧？那也太過分了。所以要把腰杆挺起來，努力幫忙承擔佛陀的家業，發起本該就發起的本分願力！目前可以作什麼就認眞完成，可以拓展的地方就想辦法盡力開拓，不要等老爸來吩咐。家業是要主動荷擔的，才是悲心的「生因」，等到老師菩薩們來安排催促提醒再去作，勉勉強強不情不願地挑三揀四，就是容易退轉的「了因」，非是菩薩本分。

一定要心得決定，認定自己就是老爸的兒子女兒，多看看《法華經》釋迦世尊給我們的授記，所發的大願也不是久遠才會認眞去完成的，就是要心得決定今世馬上就要認眞去作的！

受戒的一大好處是可以懺悔，不受戒雖然作得很好，但沒有檢查懺悔的功德。發願應該也有類似的作用，我們發了願，其實就一定會成功，只是早成功和晚成功的區別，平時也會有類似懺悔的作用，比如我發願每天都要破達賴喇嘛，雖然忙的時候會忘記，但是經常會提醒自己也就是幾分鐘動動手指，慢慢就會養成很自然的習慣了！

想復興中國佛教，在大陸急需用人！恩師很急，壓力很大，不知道生前是否可以看到混進佛門千年的喇嘛教邪法被徹底清除。也許我們從來沒有站在 恩師的角度去看中國佛教的復興，但是我們既然認定自己是這個家的兒子女兒，就要替老爸想辦法，不能什麼都要靠老爸操勞；老爸最大的心願就是要將喇嘛教外道邪法逐出佛教，我們就要各方面想方設法促成這個心願的完成，也要學著思考摧邪顯正的深意。

弘揚正法，必須要摧邪顯正

玄奘菩薩說：若不摧邪，無以顯正！

像宣化上人雖然一直破斥密宗，但是我都印象不深而分辨不清，還差一點跟常首法師學密，因爲他沒有指出對象；但是宣化上人指名道姓批判盧勝彥，我就記得很清楚，就不會跟隨盧勝彥的紫蓮堂學密。所以對初機學佛人，必須要指名道姓，才會知道善知識到底在說什麼，不然法義辨正了半天，初機弟子不該學什麼，還是不懂，就繼續亂學，因爲不容易聽懂啊！

現在佛教界流行的觀點，就是要表面的和諧：不要批評出家人，八萬四千法門都可以成就，你修你的法，我修我的法，不要分別，分別就是錯。又錯引六祖的話說：「若眞修道人，不見世間過。」都沒看見六祖評論了多少人。又說：若要佛法興，唯有僧讚僧。但是這樣不是在和稀泥？如果說法的僧人所說是與釋迦如來所說相反的，是背棄 世尊正法的，還要讚他嗎？

世間一般人都知道要分辨善惡好壞，怎麼求智慧的學佛人會越來越傻呢？如果一群人走到萬丈深淵旁邊，我們要不要提醒他們？還是讓他們自生自滅？他們走的路最終也可以到達目的地，也是八萬四千條路之一？或者遇到詐騙團夥，害怕他們報復而裝作沒有看見，不去提醒被騙的人？（編案：正覺同修會正是因爲提醒被誤導的學佛人，因此被多數的佛協聯合抵制，甚至有人故意把平實導師列入外道名單中，無根謗爲外道，僞造成中佛協和國家單位發布的信息以取信不知內情的人。）我們從小就教育孩子分辨好壞美醜，反而學佛之後變得連小朋友都不如了。

人們不敢謗僧，所以天魔混入寺院穿僧衣出家

「然出家者略說有二：一者身出家：出世俗家，改住如來家——寺院伽藍——，剃髮著染衣，名爲表相僧寶。二者心出家：或住寺院，或住華寓；或剃鬚髮，或蓄鬚髮；或獨身無偶，或蓄妻女眷屬；而心出三界家，心無所住，恒以第一義諦而度眾生；不論其身出不出家，皆名勝義僧寶，名爲菩薩僧。此理於大乘諸經多有闡釋，茲不贅引。」（《出家菩薩首重—虛心求教 勤求證悟》）

「當知法義愈辨愈明，若無法義辨正之風氣繼續存在，則諸師若以外道常見取代佛門正法時，將成爲魚目混珠之時代，則必發生花錢買眞珠時卻總是買到魚目的情況；佛教走到那個時節，買到魚目之廣大佛子，往往仍然堅持自己花大錢買到的不是魚目，而是眞珠；乃至憤而公然辱責欲將眞珠贈與他的好店家，絲毫知恩、感恩之心亦無。」應使法義辨正風氣存在——法義愈辨愈明。

「末法之世，當有天魔化作出家在家菩薩形像，僞作虔誠學法者，亦受比丘比丘尼戒或菩薩戒，混於清淨眾中。彼或錯誤解釋佛法，或推翻正法而代以外道法，或於正法中加置外道法、有所得法、有境界法，引入歧途，說爲了義。使末法佛子不能證道而誤以爲證道，永不離三界六道輪迴。學者不知，乃以魔所教法轉復傳授他人，其勢熾盛，乃令正法不能顯揚。

世尊所說無所得、無所有了義法，甚深極甚深，學者稍有失察，便入歧途。平實于此至誠呼籲一切佛子，務請愼思明辨，對於一切出家在家之弘法者，皆應以諸了義經而檢驗之。凡違經所說者即是魔所化現，一切佛子咸應摒棄之。」（《正法眼藏—護法集》）

「佛告迦葉：我般涅槃七百歲後，是魔波旬漸當壞亂我之正法。譬如獵師身服法衣，魔王波旬亦復如是，作比丘像比丘尼像優婆塞像優婆夷像，亦復化作須陀洹身，乃至化作阿羅漢身及佛色身。魔王以此有漏之形作無漏身，壞我正法。」（《大般涅槃經》卷七）

佛經處處說不要誹謗僧寶，說僧過惡的罪過極大，但那是指誹謗眞正的出家人。然而邪知邪見誹謗正法而不悔改的出家人不是僧寶，是誤導學佛人法身慧命而毀壞正法的惡人，連光頭俗漢都不如了，是假冒出家僧的魔子魔孫。所以不能害怕擔心誹謗這些僞冒僧寶而不敢摧邪顯正；天魔就是看到了這一點，抓住一般學佛人的心理弱點，所以派遣魔子魔孫混入寺院，穿起袈裟當起大法師，外表示現爲僧寶，都是使用佛教的名詞，本質卻弘揚破滅佛法的外道法！

因此很多人學佛了一輩子，卻連三歸依都不具足；或歸依佛法僧三寶，卻不知道什麼是正法，什麼是眞正的出家僧寶。或者爲人證明三歸依的證明師就是喇嘛教搞男女雙修邪法的魔子魔孫，初學人不懂，還要先歸依誹謗正法的金剛上師，變成了愚癡的四歸依。

念佛去不了極樂世界的最大原因，是誹謗正法。好多念佛人起早摸黑精進念佛，打了無數個佛七，最後卻不能往生極樂世界，原因就是跟著大法師誹謗正法。阿彌陀佛無比慈悲，卻不攝受誹謗正法的人，所以《無量壽經》卷下，佛云：「**諸有眾生，聞其名號，信心歡喜；乃至一念至心迴向，願生彼國，即得往生，住不退轉；唯除五逆，誹謗正法。**」

彌陀世尊無比慈悲，只要十念乃至一念，就可以往生了，可是卻把造作五逆重罪的人以及誹謗正法的人排除掉。

《大寶積經》〈無量壽如來會〉說：「**若我證得無上覺時，餘佛刹中諸有情類，聞我名已，所有善根心心迴向，願生我國，乃至十念，若不生者不取菩提。唯除造無間惡業、誹謗正法及諸聖人。**」

在這裡又加上一個誹謗聖人。十念可以往生極樂，但是造五逆重罪、誹謗正法及誹謗聖人的念佛人不能往生極樂。

證悟的人從來不以聖人自居，但是他從宗出教，他所說的法乃是正法，所以不應當誹謗。誹謗證悟者以及他所說的法，就不能往生極樂世界，更何況是諸佛淨土？彌陀世尊最慈悲，九品攝盡一切眾生；但是謗正法及諸聖人者，極樂世界尚且不能去，還能求生哪一個佛世界呢？

又譬如：《大阿彌陀經》卷上四十八大願之第二十九願云：「我作佛時，十方無央數世界諸天人民，至心信樂欲生我剎，十聲念我名號，必遂來生，唯除五逆，誹謗正法。」

《無量壽經》卷上第十八願亦如是說：「諸佛淨土都不攝受誹謗正法的人，所以不要期望在誹謗正法以後還可以求下品往生。而且臨命終的時候，想要遇到眞善知識是很困難的，在捨報前就不信眞善知識、誹謗眞善知識及他所說的法，捨報時當然也不信眞善知識和他說的法，如何能下品往生？又因爲他生前不信及誹謗的緣故，善知識又怎麼可能在他臨命終時來爲他開示正法？」

「請不要用本願念佛的法門來排斥彌陀世尊其他的四十七個大願，也不要排斥其他的佛法的修行，否則就會變成謗法，不能往生極樂世界。」

「誹謗正法常見的情況有妄說：『阿賴耶識心體是生滅法。』」

「不要誹謗如來藏正法，不要以想像的假如來藏，或以意識心的變相境界認作如來藏，用來取代眞如來藏的阿賴耶識心體，而誹謗眞正如來藏的阿賴耶識心體。」

「千萬不要誹謗方廣正法，否則就不可能往生成功；方廣正法講的就是第三轉法輪諸經所說的如來藏阿賴耶識的一切種智妙法，如果以想像的如來藏來取代眞正如來藏的阿賴耶識心體，或是乾脆加以否定，謗說根本沒有如來藏存在，那都是誹謗方廣經典正法的斷善根人」

誹謗《無相念佛》，誹謗 平實導師為邪魔外道，也是謗法。

此外，誹謗大乘佛經是後人編造的，誹謗 阿彌陀佛淨土是太陽神崇拜，誹謗第三轉法輪唯識經典不如第二轉法輪般若經典究竟，也是謗法。

《法華經講義》第九輯八十六頁，引述經文說：一劫謗佛，不如一句毀辱讀誦《法華經》者的罪過。

「從南懷瑾上師所寫的《現代學佛者修證對話》上下集的出版說明，就可以知道南師是不隱瞞他修學藏密的事實，他是西藏密宗各宗派認可的上師——所以他本來就是歸依外道，他本來就不是三寶弟子，他本來就不是學佛人。」

「乃至淨空法師以爲密宗是佛法上修行最好的，最甚深的，如此誤導廣大學人！」

「南師以爲打坐是在練身體的，還以爲這種事情『眞是可惜』，以爲身體的氣，身體的機動運行，就是佛法中的奧祕，還視如寶貝，這實在是荒唐極了！南師一直無法離開這身體運行氣脈的邪見，把學習佛法當作是練習氣機運行的方法，對於佛法所談的般若，從來不信受，而且自說經義，以爲得法，不知自己是至聖佛門所說的『不淨說法』！佛法在知見上，《阿含經》裏面，常常有人一問佛陀，便當下可以心開意解，斷除了我見，成就聲聞初果，乃至成就阿羅漢果；雖然這些人沒有人開悟這大乘的實相心，但是還是不妨礙證得這小乘果位，這其中的關鍵，是在知見，在知見上的觀行，而不是練身體內的氣功，爲何南師一直有這種邪念，和大乘法相左，實在是不明了！」———（《一二三菩薩文集》）

「淨空法師將『菩薩戒』中絕對不能犯的十無盡最重戒，當作是修學密教時必需要犯，而說自己心地清淨無染；豈不知佛已經說這種修行人『三賢十聖，一切皆失』，來爲犯下這戒律作了最嚴厲的警告，淨空法師依舊視若無睹。眞正密教部的正眞經典《楞嚴經》，也是淨空法師當初學習的經典，已經明載：《大佛頂如來密因修證了義諸菩薩萬行首楞嚴經》卷六：『必使婬機，身心俱斷，斷性亦無，於佛菩提斯可希冀。如我此說，名爲佛說，不如此說，即波旬說。』（《大正藏》冊 19，頁 131，下 29–頁 132，上 2）

「所以身心二方面不論是哪一種淫都不可，還要泯除了『作意去斷除淫念』，都不再生起淫念，也不需要去斷除，根本無需克制；如是者無有作意，哪裡還會像是密教的行者還在男女實地性交呢？淨空法師，您爲何不肯信受佛經呢？您爲何漠視　如來的教誨？您眞的有想要生到　阿彌陀佛的淨土嗎？淨空法師的論調沒有改變：『譬如說修雙身，修雙身他還有淫欲的念頭，他就墮地獄。修雙身沒有淫欲的念頭，淫欲從哪裡斷？從淫欲裏頭沒有念頭，這淫欲眞斷了。這是什麼人？你能不能做得到？你做不到你的淫欲要墮地獄，你做到你超越十法界了。』（〈淨空老法師開示：西藏密宗是眞正的藏傳佛教〉）然而，會讓男子的性器勃起，成爲密教淫技裏的『金剛杵』，請問這樣可以稱之爲『沒有淫欲的念頭』？這樣眞的是太自以爲是，太維護密教，而將基本的生理衛生的常識都刻意迴避了。從柔軟而轉變成爲『金剛杵』，當然是有『淫欲的念頭』，這是常識，淨空法師何必如是多言呢？」

淨空法師在《學佛問答（二）》其中的頁次六十八~六十九，有下列回答信眾的說法：【問：請問淨業學人家裏能不能供「唵、嘛、呢、叭、咪、吽」的條幅？答：「唵、嘛、呢、叭、咪、吽，是觀世音菩薩六字大明咒，教我們起心動念、言語造作，都要眞誠清淨平等，這是咒的意思。從咒的字面上來講，「唵」是身，包括法身、報身、應化身；「嘛呢」是蓮花；「叭咪」是保持；「吽」是意。這句咒的意義非常之好，就是我們起心動念，保持身心像蓮花一樣清淨，出污泥而不染。你要是喜歡，供養也可以，但是要曉得這句咒的意義，常常提醒自己身心清淨，一塵不染。」（社團法人高雄市淨宗學會，2003.5 印贈）這樣亂解釋「唵、嘛、呢、叭、咪、吽」，連譚崔密教的人也會覺得不可思議而暗中竊喜，可見淨空法師對於譚崔密教的本質完全不瞭解。

這六字大明咒的字面是「將寶珠放入蓮花」，而現在臺灣人哪一位聽過了陶晶瑩和仁波切的對話之後，還會不知道仁波切要陶晶瑩慈悲的露出她的

「蓮花」是什麼意思嗎？這根本是在討論偷窺女性下體的談話，請問要求露出女性的「蓮花」，這樣可以叫作是「慈悲」嗎？這樣誰還不懂譚崔密教的「蓮花」的意思？淨空法師居然不懂。相對的男子的「寶珠」是什麼？這還用問嗎？淨空法師在清楚譚崔密教的男女雙修的情況下，還是違背佛陀的教誡而說出這段話：「所以密宗裏頭有修雙身的，在淫欲裏面斷淫欲，你有沒有這個本事？沒有這個本事墮地獄，有這個本事成佛道。」一會兒是站在佛教的立場，一會兒又拋棄了佛教，將媚眼拋向譚崔密教。】——（《蒼天有眼》）

廣泛流通的邪法一定會淹沒正法，但菩薩還是要堅守破邪顯正

「世尊住世的時候，有個外道一天到晚誹謗世尊正法，世尊就去找他論義，講到後來，外道不能自圓其說，只好離開。到了另外一個地方，又譭謗世尊。然後世尊過一段時間，又到外道去的那個市鎮去跟他論義。那個外道又沒辦法住下去啦，大家都知道他錯了。他又換到另一個地方去誹謗世尊的法。

這樣換了幾十個地方，世尊一直跟著他不停的摧邪顯正。因爲那一個外

道很有名氣，所以他誤導眾生很嚴重；如果不嚴重的話，世尊就不會這樣作。當他誤導眾生到很嚴重的地步，不能不處理的時候，以世尊那樣的尊貴——人天導師，尚且爲了眾生，不怕辛苦；這外道走到那裏，世尊就追到那裏。」

「摧邪顯正維護正法，乃眞正的佛子無可推卸之責任，一切菩薩，悉應肩負此責、救護眾生。」

「世尊住世之時，弟子普證大乘了義正法；若有宣說了義法者，普被信受。法末之季，去聖日遙，人根益劣，魔強法弱；眞悟者寡，錯悟者眾；眾口鑠金，凌駕於少數證悟者之上，令證悟者獨木難支，寡口難辯。學人復迷於表相，不具慧根，不信了義正法，少所聞故；唯信末法通俗之說，而不知通俗之說違於聖諦，背聖道門，故此時節欲弘了義甚深微妙正法者，極難！極難！

當知佛法背俗，末法時期通俗之說必非佛法；佛法之難修難證者亦在於此。尤以大乘別教了義正法，甚深微妙，難可思議，唯證乃知，二乘無學尚不能臆測，豈眞諸方道場法師居士於此法末之季悉能證之？審如是者則大乘了義宗門正法即非甚深微妙之法也。是故末法之季，了義正法必定迥異諸方通俗之說，不隨流俗，孤芳自賞。

然菩薩證悟已，憫諸學人廣受誤導、隨於假善知識墮於未悟言悟大妄語業中，心不自安，不忍獨善其身，遂棄孤芳自賞之心，投入邪說洪流之中，自任中流砥柱，欲救諸方學人，乃有種種摧邪顯正之舉。

然諸學人無始以來，隨於無明邪見，熏習已久，根深柢固，難可動搖，見善知識破邪顯正之說異於其所崇拜名師之通俗說法，情執所障故，反於善知識生瞋，拒不信受；令善知識救拔彼等之努力，功敗垂成；乃至辱罵誹謗善知識及正法，為誤導彼之名師百般辯解。

善知識見此事已，不唯無瞋，反生憐憫，誓欲救拔此諸學人；觀諸因緣，知非輕易能救，必須出以金剛作略，作獅子吼，才能震聾發聵，警醒迷人；乃奮力而出，為人所不願為，作人所不敢作，欲令了義正法垂之久遠，以慈憫故。」

邪見是佛教之大危機

「最後，我們要講的是佛弟子、尤其是當今的佛弟子，應有的認識：佛法中的邪見，是當今佛教的大危機，但也是佛教的大轉機，這要看我們怎麼作。佛教現在表面上很興盛，但實際上沒有它的實質，跟佛陀在世時完全不同，現在已經質變爲佛學研究教育，及斷見常見外道法了。所以，佛教的滅亡，已經不會很久了；除非我們能儘快的摧邪顯正，不要再姑息養奸、養癰遺患。如果能這樣作，這些邪見反而提供了教育佛子建立正見的一個機會，那佛教就有了轉機，就能如實的具有眞實本質而興盛起來。」

「菩薩跟無明眾生的強大業力對抗，最難斷的是無始劫的我見。無始劫來眾生都是在三界中頭出頭沒，從來沒有接觸過佛陀，沒有修習過正法，乃至開始修學正法了，還是以我見我執來學，用世間法的一套來作學問，或利用佛法去貪財色名聞利養。

水往下流很容易，往上流卻很難，佛陀一再提醒我們：佛法背俗！所以諸方大師都把眞心自性理解成自己的意識覺知心，或者把原來的五欲混雜在佛法正見裏面，乃至把最低級下賤亂倫的男女雜交的雙身法混入到佛教裏面，這都是很正常的！都是無始劫來凡夫眾生的固有習氣，所以天魔稍作誘引，大眾們趨之若鶩！……所以菩薩摧邪顯正是長期都要堅持的工作，只要稍爲放鬆，各種邪見就會層出不窮。」

在此也大聲呼籲：所有正法弟子都要積極行動起來，每天轉發摧邪顯正的文章，讓自己的好友都知曉佛門外道不是佛教。有師兄一直擔心破密會影響正法的弘揚，擔心初學的佛友聽到 導師摧邪顯正的言論就不學正法了。其實如果初機學佛人不能接受摧邪顯正，他或遲或早都會離開正法的，因爲不可能不摧邪顯正，恩師的每一本書裡面都有破斥外道的法義辨正，每一次講經都有宣示正理摧破邪說，那他進入正法都不看不聽嗎？

我們所作的摧邪顯正還是太少太少了，所以學佛人還不習慣，認爲學佛不要評論凡夫法師們的錯誤言論，只要修好自己就行了。菩薩就是要導正這種偏差的鄉愿心態。只有靠正法弟子一起努力，建立學佛人的正確觀念心態，讓大家瞭解摧邪顯正的必要性和緊迫性（正法弟子自己先要瞭解必須要每天摧邪顯正的重要），這樣才會有正法弘揚的空間，不然到處充斥著和稀泥的煙霧彈，也會逐漸把正法擠壓消失。

（最近又看到正覺菩薩的見道報告，二〇〇六年說還要十四年大陸的正法因緣才會成熟，也就是二〇二〇年，我們要拼命努力啊！如果每位正法弟子都發起至誠心，踏實努力，爭取可以提前因緣成熟。）

要像世間善人，到處公益宣傳防火防盜防騙防人販子的常識，普羅大眾才會小心謹愼保護自己的安全；曾經遇險的人們才知道感恩，明白宣傳防盜防騙的重要。雖然看起來是對盜賊和騙子不夠仁慈，但是目的是在保護每個人每個家庭啊！佛門之中也到處充斥著盜賊和騙子，難道他們僞裝成慈眉善目的大師就可以公然欺騙大眾嗎？投機取巧騙個諾貝爾獎就可以到處騙財騙色嗎？

世間越好越貴重的珍寶都會有仿冒品，比如古董字畫金銀珠寶翡翠藥材等等，如果不是行家就極易上當受騙。有良心的專家如果揭露其中的眞相，往往就會遭到僞冒者群起攻之，乃至（如有人揭露十賭九騙背後的祕密）會有殺身之禍。

佛法是世間出世間最爲珍稀寶貴的東西，所以必定也會有各種各樣的僞冒品，騙子一定也是表面道貌岸然仙風道骨，也可以講出一番外道的道理，內心十分清楚他自己是不是眞正的佛教。幾百年來因爲時局動盪，眞正開悟的善知識沒有出世弘法，這些佛門大盜更是肆無忌憚的廣收徒眾，享受皇帝般的恭敬利養。等到有眞善知識出世弘法，騙子們忽然慌了手腳，大肆誹謗善知識之外，又努力給徒眾洗腦，說什麼學佛就要不分別，自己修好自己，不能評論他人的過失等等。大部分人從未建立過正知見，茫無所宗，抱著多一事不如少一事的心態，像鴕鳥一樣把頭深深的埋起來，自己家被騙財騙色騙光了也由他去吧。

最後只能靠正法菩薩們了，我們是首先覺醒的人，覺醒了明白了，自己得救了，不能對親朋好友不管不問吧？善知識要救護的是自己的親朋好友，我們不能爲了自己的安危而對善知識的慈悲救護阻手阻腳，要知道就是菩薩摧邪顯正把我們救上輪船的啊！不能阻礙說我們的船太小了，容納不下太多人了；也不能擔心說海盜會攻擊正法船，我們要低調安全的隱藏起來。我們就是要跟隨大菩薩努力的救護更多的人上船，船不夠了我們就想辦法打造更多更好更堅固的正法船！

就像整個城市的藥材店都把沙參當作野生人參來賣，所有的人們都吃習慣了，幾百年都是把沙參當作野生人參，還寫在教科書宣傳資料裡面；忽然有家店從東北運來眞正的人參，他的人參與眾不同，這時不但其他藥材店的老闆員工，而且絕大部分人都說這家店賣的是假人參。但是必須需要人參才能治好的病，幾百年來都一直治不好，現在買了眞正人參的少數人吃了眞人參而藥到病除，好心幫人去作宣傳也是阻力重重。賣假藥的成本低啊！利潤豐厚難以罷手；他們人多，有廣大發言權，愚人大多聽他們的，就上當了。

上當受騙購買了假的古董字畫金銀珠寶翡翠，最多是錢變少了，買了假的藥材就可能會耽擱病情；可都還不算嚴重，最多最多是一輩子的事情。可是學到假的佛法，護持佛門外道，誹謗正眞的如來藏佛法，就是生生世世在地獄等三惡道受苦的大事了！

誹謗正法的罪過極重，所以反過來護持正法、摧邪顯正的功德福德也就不可思議。導師在《楞嚴經講記》開示，努力盡力護持正法破斥喇嘛教外道，臨終時 釋迦世尊會摩頂安慰，一世的福德不知要超過多少輩子努力修集的福德。但這些福德有也好、沒有也罷，菩薩不是爲了福德才要拼命護法的。想一想世間義士爲了朋友知己就可以兩肋插刀，民族英雄抵抗外侮拋頭顱灑熱血，有識之士爲了改革、利益國家也可以捨棄生命。而我們菩薩爲了救護自己多世以來的父母姊妹兄弟，也只是多花一點點時間來破斥邪說，遠沒有到捨身取義的程度。

您如果認爲是正法弟子，懇請您從今天開始就積極行動起來，發願每天用幾分鐘轉發摧邪顯正的文章，讓自己的好友（每天要多加好友）都知曉佛門外道不是佛教。動動手指就是幾分鐘的事情，但是還沒有修學喇嘛教男女雙身法的人看到了就會警惕，種下了預防的疫苗，就是救拔了他們免受無量劫的地獄輪迴的大功德。即使沒有學佛的大眾也要瞭解喇嘛教是最低級下賤匪夷所思的鬼神夜叉崇拜，是世間道德都不容的亂倫雜交的畜生惡業！學佛人反而不懂，不是很奇怪嗎？

這種摧邪顯正的工作只有正法弟子才會作，所以正法的聲音還是太小、太小了；其他人都還在無明愚癡盲目崇拜中，不可能施以援手一起作這種吃力不討好的事情。所以我們的責任重大，而且機會稍縱即逝，多世以來都沒有把喇嘛教清除出佛教，幾百年前在西藏差一點成功也最後功敗垂成。恩師如今也七十多歲了，最多還有二十餘年，到底這一世能否成功清掃佛門中的邪法垃圾，要看菩薩們勇猛發心，每天精進去作。臺灣基本上已經快要成功了，喇嘛教在臺灣的勢力越來越萎縮，就是臺灣菩薩們每天不停破密的成果。現在要看大陸的菩薩們了，佛協開會時一半以上的成員都還是學密的法師，我們只能從下至上，想各種辦法宣傳，讓摧邪顯正的聲音遍布全國，只要他是學佛人，就要給他機會瞭解喇嘛教是邪淫的邪法，不是佛教！

恩師提醒我們吃飯時手不放在桌面上，除了不干擾影響大家吃飯，意思可能也是要挺直腰杆，有威儀有志氣，聯想到摧邪顯正是難以依靠其他的勢力，護持正法只能靠我們自己腳踏實地刻苦獨自完成。沒有修學正法是不可能眞正瞭解其中的深意，佛法九千年的命脈繫於一線（《佛教之危機》）。對現今社會大眾每個人每個家庭的利益，可以使國泰民安、風調雨順、災劫消弭、社會祥和、人民安樂、善根增長、干戈永息、世界和平，說起來似乎是神話，但是千眞萬確眞實不虛；乃至可以攝受佛土，將來成就每個正法弟子的佛國淨土。

貪求利養，爲什麼？

貪求名聞利養是 恩師這次禪三和講經反復叮嚀，對某弟子悟後貪圖利養很不滿意，我也要反復提醒自己千萬不可貪圖名聞利養。

《佛藏經》卷第三，〈淨法品〉第六：【佛告舍利弗：「昔迦葉佛豫記我言：『釋迦牟尼佛多受供養故，法當疾滅。』舍利弗！我法實以多供養故，後當疾滅。舍利弗！譬如貧人得大寶藏心則大樂，如是，舍利弗！未來世中多有比丘親近白衣受其供養，漸相狎習而與執事，心便歡喜以爲悅樂，猶如貧人得大寶藏。」】

按說無數佛經世尊處處提醒不要貪著世間的五欲：財色名食睡。爲什麼還會有此類事情發生呢？難道開悟了、斷我見了，還會不明白五欲利養的過患嗎？想想我初期爲了自己應該不會有此念頭，但是跟護持正法的名義結合在一起就難說了！

首先就可能會有急於開山度人的事情出現了：我就會想要救度眾生啊！眾生生死輪迴太苦了，要儘快幫助他們解脫生死大苦惱。《法華經講義》第九輯二十八頁說到有人急於出頭開山度眾，就像德山、臨濟，都被眞悟的禪師拈提過。

然後爲了壯大正法的力量，護持正法也需要錢財啊！沒有錢，沒有道場，沒有官員等各種勢力的支持，如何能夠成功？這些都是方便善巧呀！我個人是不會貪的，慢慢越來越方便，會不會就迷失呢？……

我無量無數劫在五欲中打滾，要讓我一下子完全捨離五欲的喜愛，還眞的不容易啊！而且就在這美好的五欲中護法作事，又不是像聲聞人一樣可以躲在深山老林遠離世事。恩師又說菩薩跟聲聞是不同的，可以同時享用五欲，只要發起初禪確定心中無貪就好，這可眞是難辦啊！

女色是不敢再貪了，我自己就發願要破盡喇嘛教的男女雙修，還自己貪求美色，不是自己打自己嘴巴嗎？而且極易暴露被人發現，貪女色而不被人知是不可能的。

利養倒是神不知鬼不覺，假如我收一點錢別人又不知道，只有你知我知天知地知；我本身就要生活，生活條件改善一點也是人之常情啊！菩薩也要示現富貴之相，可以勸導大家都學菩薩法，不要學聲聞小法，於己於人都說得通。只要我內心無貪，假如發心是爲了引導新人信受菩薩正法的話，是否可以受用多一些世間財富呢？（說的反話，反諷之說。）

菩薩要廣結善緣，有緣人修學正法越多越好呀！不用跟著那些喇嘛教邪師，也不用被未悟的假名大師誤導！這比在外道混要好太多了，很多善巧方便的方法都可以用，黑貓白貓只要抓到老鼠就是好貓，只要利於大家修學正法就可以放開手腳作事。最好有錢有勢的企業家等多來學正法，可以快速壯大正法聲勢，一切都是爲了護法。

如果一點都不爲自己的名聞利養，沒有絲毫私心的用各種方便善巧推廣正法，是菩薩的本分；表面上是很難看出來偏差的，只有自己內心反觀綿密的反省，**「但自懷中解垢衣，誰能向外誇精進？」**我自己是很容易不知不覺在護法的名義下迷失自我，到底是我的主意、我的貪欲，還是眞的利於護法？？都很難內心覺察分辨，因此我更要時刻提醒自己不能有任何的藉口爲自己貪取一絲一毫的利養。思惟漫長三賢位的功課之一，就是要修證菩薩的阿羅漢果，不對三界的一切有執取的心念。所以 恩師早早就一眼看穿，定死正覺的門風規矩：正覺的在家菩薩就是一分錢都不可以收，在正覺上課一直都是免費；出家菩薩收供養也是要有節制，不然喇嘛上師會說：**「你不是和我一樣會收供養嗎！」**

善護密意極爲重要

防惡修善，最大的惡就是洩露密意（《眞假開悟》

網路時代如何守護？不跟外道深入辯論密意。

【「於中當有一分愚癡眾生，性喜刺探密意，其語言之拐彎抹角，就是希望得到一個入處，如是之時，菩薩當忍住不說一切指引方便，以其刺探密意的習氣深重，必然菩薩種性不俱足，不能圓滿發起，此愚人雖然自不認為，可是對於善知識從無信受，獨獨對於密意，心有鍾愛；對於菩薩應發起的大願，無一者可於佛前立誓志成，而樂求探知勝諦；如是之人，要其為眾生『作牛作馬』，豈有半分之可能！要他眾生將來為他『作牛作馬』才有可能！如是之人，不脫我見虛妄，半點煩惱不除，說話與語，自慢為尚，如是之輩，一得法則是末法大傷，此種人之種性極易損人，壞諸他者菩薩種性，以其自慢，自生所知障之異生性，未來三途甚是漫長！

乃至刺探密意之人，自以為聰明，不知道諸菩薩最厭惡此人；若有福德俱足而因刺探得者，當知此生德業盡去，以『惡業』現前故，護法龍天全無遮障之意！此人刺探而知者，其幸或尚不洩漏者，然必不信此阿賴耶識為眞實，終為謗法，下墮阿鼻；即使無有謗法，也莫有信受，如是『開悟』只是人間虛語，全無眞實受用，一樣無知凡夫，更是拖延時日證菩薩果，多受未來多劫辛苦！所有道業之延宕於未來之無窮世，皆今日此時此刻一念盜法之不善所致！一二三相信雖然如此之說，仍有不信之無知眾生，樂於刺探密意以爲聰明，如是蠢人不可與語！隨便他去！

當知人壽百歲根本不可能生起善法欲去追求第一義諦之正法，以此世間本應無有如來示現，眾賢聖菩薩各以因緣示現，然此無佛出世，三寶無有憑證可說可驗，如何推宏！是以眾生本不生此善，何況能夠信樂！所以能有此諸求取第一義諦者，全憑仗如來慈悲願力：本師釋迦牟尼佛於菩薩因地，從是不捨惡業眾生，乃至入諸五濁，奮勇於無菩薩處作諸福田，作諸道場，宣宏方便，治此不可治的惡業纏縛眾生，與其他諸佛於因地大大不同，所以我輩才得披攬勝法，親臨法音，若非如此，我等有何可以生起樂於正法之因緣！若非如來宏願，諸賢聖降臨，大眾共會，此娑婆尚無三寶之名，況諸重業不治者可生起樂求第一義諦之心！絕無此理！是以當感恩戴德，以惡法惡人惡時能夠相逢殊勝如來第一妙義，此者遇之，全仰仗如來不可思議之悲心所致，絕非我等細微劣等菩薩諸行之功！」

「若是今日受到政治壓迫，受到些許想探聽密意的佛門外道壓迫，受到親朋好友壓迫，受到如許上面來者之名利、經濟、好處引誘，乃至性命攸關一處，要您吐露密意，請問人頭將落之時，說還是不說！今日於菩薩種性尚且不堅固之時，軟硬兩者皆無有力受之，是今日諸外道等癡聾，不明了明心見性眞有此密意在，若眞的明瞭，請問汝等於此惡地而自曝『金銀財寶』，所欲何爲？不免『刀槍』上門，一切自稱『證悟』者『經不起』此世界的『折難』，一二三直說：您守不住密意的！不用人家架上刀槍，兩眼兇神惡煞一瞪，您便乖乖地將密意宣洩了；其他事項可供您心生畏懼、心起慈悲、心受痛苦而吐露密意的時節太多了，於此也不用列舉：簡單說，當初您在證悟之前，就要有『捨命』的準備，根本連這樣以死護衛密意的情懷都沒有，到底是法界中的哪一個菩薩？在根本不知道開悟的義務之時，就先享受了開悟的果實，以此沾沾自喜，根本不知利害！」

「在這個魔強法弱的時代，能夠讓魔王眞正高興的最重大事情是：佛法證悟明心的密意洩漏，普天之下之人不用修行，也不用出家，也不必再學佛，因爲開悟的那件事路人皆知，禪宗公案隨時破解，祖師語錄如同廢紙！凡是認眞想要修行的人，不免遭受他人異樣的眼光，般若智慧因爲密意盡洩而不能生起，對於此中事理無法觀照。」

「密意重於自身性命，菩薩當有所知，如來於此開導後世之苦心難思，絕非您我之輩可以想像於萬一；要破壞如是的正法，便是不斷地洩漏密意，乃至有人在網路上猜測密意的時候，自身不曉得輕重，作個多嘴阿師，千般導引，唯恐不悟。此於自身見地根本無有增長，而且一切護法菩薩最是厭惡如是之人；若諸大眾菩薩不信，盡可以不管自己認爲已經眞悟，已經解悟，乃至於此網路上套話，放肆斯言，則必有大殃在。屆時莫說賢位功德盡失，即欲重得人身，如何可得！……然而今日於此網路上，炫耀己能者，即是無法安住於無我之如來藏，現在當來必定退失道果，師兄當懺悔！」（《一二三菩薩文集》）

密意洩露在身邊

原來一直以爲，密意洩露是九千年以後的事情，佛陀預計了還有九千年的時光，但是現在有菩薩提醒，才知道密意洩露在我身邊！即使沒有開悟還很有可能洩露密意。這眞是嚇了一跳。

因爲 恩師爲了復興中國佛教，廣泛大力摧邪顯正；而如來藏正法甚深極甚深，在法義辨正摧伏外道時不得不把法義寫得很顯白，很多菩薩都說「恩師已經寫出來百分之九十九了」，長期熏習的菩薩們又是 恩師過去世的弟子，所以很容易不夠珍惜的、不以爲然的將如來藏法義到處粘貼於網路；比如正覺不少局版書的內容可以輕易在網路上看到，或者跟外道辯論時講得深入淺出，爲了慈悲度他來學正法。但是這外道是否相信三世輪迴都還不一定，如何能夠承受這深妙法義？說不準他就是到處跟正法弟子聊天爲了刺探密意！

密意洩露的後果，就是正覺大家散夥，都不用再作什麼義工了，也不用上課了，全部回家自讀，一切所作都前功盡棄了！

比如日本以前就有人洩露過密意，結果至今那裡都難有正法弘傳，不是說一定九千年後才會洩露的；如果正法弟子都很隨意不注意這方面，密意很快就會公開。所以會裡面有許多的規矩，大家就知道都是有道理的，雖然表面看起來嚴格不近人情，但是一想到要守護密意的重要性，忽然覺得規矩還太放鬆了，再嚴密一些都是應該的。

一些感言

對自己不滿意，一是在外道法裡面繞了這麼久，遇到 恩師書籍時，還不趕緊回家，居然懵懵懂懂又混了很久，說明自己對正法的辨識力欠缺，前世可能只是跟隨 恩師，但是法義上面不夠下功夫，很可能自己鄉愿和稀泥，沒有大力摧邪顯正，喜歡維護表面佛教的和諧。今世一定要加強所不足的這一塊，盡力破斥佛門外道，眼睛不揉沙子，這樣下輩子遇到正法時，就會馬上毫不猶豫的回歸正道。

我為何走這麼多彎路？主要是聲聞心態還很重，一開始就是要修道求道，自己先解脫了才好幫助眾生；常常喜歡躲起來自修，不管他人瓦上霜，美其名曰調柔心性。也跟外道和稀泥，不願撕破情面，溫柔包容，沒有大刀闊斧的破斥！一直希望他們可以回歸。所以這輩子都要努力改正。

我曲折求道的經歷，經歷國內、國外、出家、在家、道場和住山茅棚，南北東西大小寺院，凡是出書的大德著作幾乎都看過學過，最後是一場糊塗，不知所以；連是否繼續堅持學佛下去都無法肯定，心中漂泊一片茫然，其實也是末法時期學佛人的眞實情況。我這還算好的，沒有走入喇嘛教邪法上當受騙，可是也夠辛苦吧！想到《法華經講記》說的，險難五百由旬的險道，如果沒有 導師嚮導，如何可以順利通過啊！——《法華經講記》第八輯一四九頁，化城、險難之道！

沒有了核心，缺少正法的內核，所有的禪堂、萬佛城等等很好的規矩的表相，都成了空架子、空殼子；如同不懂中醫的原理，也學著頭痛醫腳，腳痛醫頭，一定會出亂子。

禪堂有竹篦子每天敲打著地板，應該也是大慧宗杲禪師設立的，但是眞正的含義都失傳了；慧通老和尚復興禪堂，也僅僅是恢復了禪堂的表相和規矩架子，等待正法禪法眞正的復興！

發了菩薩願之後，像我這個心腸堅硬的聲聞也會經常流淚；被印證回家，連續聽歌手撕心裂肺的很有力量衝勁的高歌追夢赤子心，反復聽了一個月，家人說「你還要聽多久？」每天都在聽，那不是唱歌、是吼歌。感到內心有一股潛流，跟 恩師多劫的情義在心底流動，像地殼深處的岩漿熾熱不停地暗暗滾動，一腔熱血好想找到個突破口衝刺爆發出來。無量大劫輪迴說起來就是一個詞語，可是眞正去體會看看，太不可思議無盡的痛苦，而我們每個眾生親人都是這樣一生又一生，一世又一世這樣挨過來的；不知何時終於值遇佛法，跟隨 世尊和 恩師，像小孩子一樣調皮貪玩不聽話自以為是，一跑出去就找不回家了，經常害得菩薩傷心憐憫操心。想起無數世 釋迦世尊的救拔，恩師多劫的陪伴護念，而不爭氣的我距離甚為遙遠，害他老人家一直記掛惦念。展望未來無量劫都要生死相依的緊隨，種種生死苦惱的疲勞都如彈指夢幻，披星戴月、披荊斬棘、披肝瀝膽、披毛戴角、肝腦塗地也在所不惜……。

跟無量無邊無數劫比較，成佛需要三大阿僧祇劫也不是很久，何況有 恩師、善友為伴，過去無數劫都痛苦的輪轉過來了，現在有智慧可以轉依無苦惱的眞心，更不可以怕辛苦疲勞而入無餘涅槃！過去可是眞眞切切的生死苦痛，現在雖然妄心色身操勞一點，不用到地獄裡面受苦，那還怕什麼。

長養聖胎，本來以為是安安靜靜的反復體會如來藏的作用功德，而我是跟隨菩薩的感召，努力發願擴展菩薩種性，這也是在長養菩薩聖胎。如果僅僅是轉依如來藏的無相無願無求無住的空性，會不會偏於寂滅而喜愛入涅槃？未來有無邊無際的疲勞辛苦，如果哪一世遇到很大的冤屈阻礙，可能就一下子放棄而進入涅槃休息去了。所以一定要堅忍不退，把最壞最壞的情況都反復想清楚，最糟糕的是捨命和被誤解冤屈都願意接受，其他的就可以甘之如飴的發願去作了。佛陀和恩師只看我們是不是菩薩，如果是眞正的菩薩，開悟根本不是問題；導師也說，若有菩薩種性的人每天聞法看書三十年，都可以明講，何況是眞正努力護法的菩薩勇士！

多劫的恩情，情義無限，情義無盡，緊緊跟隨佛菩薩的這些弟子，才值得託付重任。那些正確的法義知見，在進入正法之前也非常重要；但是如果進入正覺以後，菩薩性就變成最重要的了，是否願意生生世世的追隨供養奉事護持？而不是說這一世不入無餘涅槃。以前只想到說：開悟了不入涅槃很容易啊！九千年也沒問題啊！這一世或幾百世說我不入涅槃，太輕鬆容易了，但這是生生世世都不入無餘涅槃啊！不容易啊！眞不容易。也不是沒有能力入涅槃，而是每一世每一生都可以入涅槃休息，卻經歷無量百千萬億恒河沙劫受苦。眾生是愚癡不知道離開生死輪迴，不證涅槃；菩薩是能入涅槃之後，卻不入涅槃而要一直陪著無明眾生死死生生一世又一世；眾生會生病，所以菩薩也要跟著病，是什麼力量和信念在支撐？

「我聞先佛稱說此地，於劫初時有四種味，彼時眾生食四味者於今食土，以久習故今猶不捨。曾於過去諸如來所修如來藏者，亦復如是，久修習故今猶信樂，長夜修習報如來恩；又於未來說法者所聞如來藏，聞已信樂如彼食土，非餘眾生。彼信樂者，是如來子，報如來恩。」（《央掘魔羅經》）

《法華經講記》第八輯一〇四頁，世世所生與菩薩俱，跟隨供養奉事恩師。上報四重恩，下濟三途苦。以前念歸念，不容易體會其中的深意；滴水之恩自當湧泉相報，可是佛菩薩直接整個大海奉送給我，我要如何報答？我生生世世無邊無際的生死輪迴被佛菩薩威神力救拔，得以解脫穩登彼岸，如此深恩大恩不言謝，只有效仿菩薩的深願，跟隨菩薩無止盡的久住娑婆略盡微薄幫點小忙。再看 釋迦菩薩因地時所行菩薩事蹟，深深感動流淚慚愧汗顏，多情無欲無悔，大慈悲護念。

【《悲華經》卷七：「世尊！若得大富以施為因，若得生天以戒為因，若得大智以廣學為因，若斷煩惱以思惟為因。如佛言曰：『如是等事，皆是己利，功德之人，則能隨其所求，皆悉得之。』世尊！若我善根成就得已利者，我之所有布施持戒多聞思惟悉當成就，以是果報，皆為地獄一切眾生。若有眾生墮阿鼻地獄，以是善根當拔濟之，令生人中；聞佛説法，即得開解，成阿羅漢，速入涅槃。是諸眾生，若業報未盡，我當捨壽入阿鼻獄，代受苦惱。

　願令我身數，如一佛世界微塵，一一身如須彌山等；是一一身覺諸苦樂，如我今身所覺苦樂，一一身受如一佛世界微塵數等，種種重惡苦惱之報！如今一佛世界微塵等，十方諸佛世界所有眾生，作五逆惡起不善業，乃至當墮阿鼻地獄，若後過如一佛世界微塵等大劫，十方諸佛世界微塵數等所有眾生，作五逆惡起不善業，當墮阿鼻地獄者，我當爲是一切眾生，於阿鼻地獄代受諸苦，令不墮地獄，值遇諸佛，諮受妙法，出於生死，入涅槃城。我今要當代是眾生，久久常處阿鼻地獄。復次如一佛世界微塵數等，十方世界所有眾生惡業成就，當必受果墮火炙地獄，如阿鼻地獄；所説炙地獄、摩訶盧獦地獄、逼迫地獄、黑繩地獄、想地獄、及種種畜生、餓鬼、貧窮、夜叉、拘槃茶、毘舍遮、阿修羅、迦樓羅等，皆亦如是。

　世尊！若有如一佛世界微塵數等，十方世界，所有眾生，成就惡業，必當受報生於人中，聾盲瘖瘂無手無腳，心亂失念食噉不淨。我亦當代如是眾生，受於諸罪如上所説。復次，若有眾生墮阿鼻地獄受諸苦惱，我當久久代是眾生受諸苦惱，如生死眾生所受陰界諸入，畜生餓鬼貧窮，夜叉、拘槃荼、毘舍遮、阿修羅、迦樓羅等，皆亦如是。

世尊！若我所願成就，逮得己利，成阿耨多羅三藐三菩提，如上所願者，十方無量無邊阿僧祇世界，在在處處現在諸佛，爲眾生說法，悉當爲我作證，亦是諸佛之所知見。世尊！惟願今者與我阿耨多羅三藐三菩提記，於賢劫中人壽百二十歲時成佛出世，如來應供正遍知乃至天人師佛世尊。

世尊！若我必能成就如是佛事如我願者，令此大眾及諸天龍阿修羅等，若處地、虛空，唯除如來，其餘一切皆當涕泣，悉於我前、頭面作禮贊言。」

誰能夠聞此大悲菩薩之菩薩誓願而不動容者，必非是菩薩，必定非是眞正學佛之人；如此誓願以身而受諸無量無邊苦，永無窮盡而代受者，以此利益眾生而無盡，所以除了諸佛以外，在場的一切菩薩，乃至大菩薩們統統落淚作禮讚歎！我們回顧自身，自身道業之精進乃是本分事，有何可以驕人之處；如同剛學會走路的小孩，與高采烈地說我會走路了一般，這即使是眞正明心見道，都還只是菩薩的分內之事，有何可以值得驕傲可說？這是菩薩道之行者的必經之路，必經過的一個起點，從這個起點開始，有許多的能力可以探求，有許多的寶藏可以挖掘，有許多的智慧可以追求，有放在我們眼前所需要成就的佛土，必須我們以生生世世不斷地菩薩志行，當初所發過的重誓，來一步一步地爲此五濁惡世的眾生安立修道方便，這讓眾生得到安樂，是我們永無止盡的目標，這樣才是菩薩所應奉行的圭臬。我們眞的遇到了一位非常特殊的菩薩、佛，祂以這樣的出拔一切眾生的大願悲情，令一切賢聖乃至於我等由衷地讚歎，我們應該是如何地感恩戴德呢？】（《一二三菩薩文集》）

吃過很多苦了，再遇到苦，也不會覺得很苦，習慣了；如同恩師被愚癡的眾生誹謗爲邪魔外道，習慣了就絲毫不會動心了。在娑婆世界混，也是習慣了就好了，還猜想其他清淨佛世界的菩薩來五濁惡世，會不會習慣？剛開始應該不容易適應，所以要靠我們娑婆世界的本師世尊弟子們多多加油啊！

大陸的菩薩們要加油，臺灣的菩薩們也要發願一起來護持啊！發願今生和下輩子來大陸一同努力，正法弘揚太不容易了。《法華經講義》第八輯一五五頁：「等臺灣的菩薩回大陸，會覺得很多師兄都好熟啊！都是前世跟著恩師奮鬥過的師兄弟。」

臺灣的菩薩有緣的話應該發願來大陸作親教師。因爲大陸才是　導師下一步的重點。臺灣年輕的菩薩們，都可以發大願來大陸作親教師或護持，也可以來大陸發展，大陸也有很多不錯的工作機會。這樣正法無憂，接力要接好，不能出現斷層。導師往生後的那段時間，就會有很多開悟的菩薩護持正法能夠延續到　導師再度出世弘法！所以也勸請臺灣年輕的菩薩們，尤其是三十歲左右的菩薩，能夠多多親近　導師，不斷發大願，不斷熏習正覺的門風，這不是一朝一夕的事情，要學的宗風規矩和護法的精神等等太多了。

勸請大家發大願，不能讓　恩師太過辛苦了！這不是攀緣，因爲不是爲了自己的私心私利。願　恩師早日可以修回四禪，正知入胎出胎；我們作兒子女兒的要儘快承擔起來，讓老爸輕鬆一點，可以修修定力。

說了這麼多，藉我的親身經歷，希望有緣人都能夠信受正法，回歸正法，不要在外道邪說裡面浪費寶貴的光陰了，導師說：即使當作被騙，也要安住學三個月看看，看看正覺到底在講什麼，錯在哪裡？您也要發慈悲心救護這些人呀！如果學了三個月，反復對照佛經佛戒無法找出錯誤，反而會發現原來所認定沒錯的大師處處講的不符合佛經和戒律，那我們就要拋棄情執，理智的回歸正道，爲自己無量劫的法身慧命著想，也爲自己生生世世的父母親人考量，正法只有這一條菩薩之道！

您本來就是「佛」啊！理即佛。理上來看您就是佛，本體與佛無二無別；只要您願意心甘情願走上這條唯一的光明大道，佛世尊就會護念加持您，直至成佛！而且每天我們每個人都跟自己的眞心如來藏在一起啊！沒有一秒鐘、一剎那離開過，時時處處祂都在顯現，只是我們福德智慧不夠而見不到祂。祂是如此的平實、如此的現成，就是我們眞正的自己。夜夜抱佛眠，找到祂是非常容易的，只要我們發起菩薩種性，踏踏實實累積福德，跟著善知識修學，這個智慧隨時可以送給您！因爲本來就是我們自家的東西啊！自己的寶藏丟掉不要，反而迷己逐物時時外求，不知道坐在金山寶山上面！

但絕不是像釋印廣說的：「你今天帶兩個耳朵來，就成佛了。佛當年肉身在世就是這樣成就眾生的：不用離開講經堂，當下成就。」也不跟聽眾說明理即佛和究竟佛的區別，這樣引導眾生犯下大妄語業，甚爲可憐！

如今像這樣的愚昧邪師多如牛毛，都要靠我們正法弟子加油再加油，救護他們和隨學的信徒。

《法華經講記》第八輯二三三頁：救人一命勝造七級浮屠，破斥達賴領頭的密宗可以救護多少人！

愚癡的我也是這樣跟隨各個名師隨學各種方法，到處尋覓，什麼本事也無，還慢心高漲；如果不是佛菩薩護念救拔，今世又會造作極多的惡業不知懺悔而下墮三塗。如今明瞭什麼是正眞的菩薩道，就要學習世親菩薩的榜樣，不用割舌謝罪，反而要燃指、燃臂、燃身來揚護正法，無量劫這個色身都白白浪費的燒掉，現在卻可以燃身作燈（努力作義工）好歡喜、好值得啊！也不忍心再讓「末法孤子」獨自支撐，未來定會有我們這些癡癡的弟子兒子相隨相伴。

附：第一次禪三前發願

一、弟子發願盡未來際如過去現在未來諸佛所發大願，我亦如是發願！弟子發願盡未來際效仿本師 釋迦牟尼佛所發大願，效仿 威音王佛的大願，效仿 觀音菩薩、普賢菩薩和諸大菩薩的大願，效仿 勝鬘夫人菩薩的大願，

效仿 平實導師菩薩的大願，我亦如是發願！發《華嚴經》中的十無盡願，學習 地藏菩薩的大願救度一切地獄眾生，發願迅速成佛、究竟圓滿的利益眾生！（日常生活怎麼作？——每天都要護法。）

二、弟子發願盡未來際於一切時、一切處、一切事、一切境界中，對一切眾生慈、悲、喜、捨！（慈悲憫眾生，喜捨濟含識。）（日常生活怎麼作？——面帶微笑，不生氣。）

三、弟子發願盡未來際持守菩薩心地戒，三聚淨戒，十無盡戒！（日常生活怎麼作？——菩薩的作意：我是菩薩，菩薩是怎麼作的？）

四、弟子發願盡未來際捨己爲人：將此深心奉塵剎，是則名爲報佛恩；不爲自己求安樂，但爲眾生得離苦！凡事都先爲眾生著想，凡事都以利益眾生爲先！學習《華嚴經》〈淨行品〉念念都爲眾生！身口意都首先爲利益眾生，爲正法久住，爲正法菩薩僧團和合！（日常生活怎麼作？——觀察自我虛幻。）

五、弟子發願盡未來際攝受眾生，隨喜讚歎一切眾生身口意的善行功德，把所有功德都迴向給眾生！（日常生活怎麼作？——常常看眾生的好處長處優點。）

六、弟子發願盡未來際堅固菩薩種性，永不退轉行菩薩道！學會無量的善巧方便來勸請眾生發起菩薩種性，快樂作菩薩！（日常生活怎麼作？——攝樂作意，多研究方法。）

七、弟子發願盡未來際喪身捨命、粉骨碎身也要摧邪顯正，努力用各種善巧方便護持如來藏第一義諦種智妙法！弟子今生發願努力用各種方法護持正法，護持協助□□和各省市的正法講堂早日成立！（日常生活怎麼作？——每天摧邪顯正。）

八、弟子發願盡未來際修學大乘如來藏理，不學聲聞緣覺師，每一世都早遇菩薩僧，隨順師意，明心見性，捨身命財護持如來藏種智正法！（資財基本上都用來護持正法。）（日常生活怎麼作？——福德功德迴向阿耨多羅三藐三菩提。）

九、弟子發願盡未來際都接受一切眾生，安忍一切，不生起不滿意的心念，不起一念瞋心，作有情有義的多情菩薩，攝受有情一起快速成佛！（日常生活怎麼作？——一切都有因有緣。）

十、弟子發願盡未來際都沒有自己的主張創見，不堅持己見，乖乖聽話，依照世尊和 導師的安排去護持正法！（日常生活怎麼作？——除慢心，差太遠太遠。）

十一、弟子發願盡未來際留在多數人不願住的五濁惡世人間護持正法，救度冤家債主和一切眾生！（都聽從世尊和導師的安排！）。（日常生活怎麼作？——深信世尊和恩師。）

十二、弟子發願盡未來際都作快樂的菩薩，學會無量的善巧方便幫助眾生都快快樂樂學佛成佛，都以法樂自娛，直至成佛！（日常生活怎麼作？——智慧、無我、快樂。）

十三、弟子發願盡未來際廣結善緣，只要能夠利益眾生，什麼「善緣」都可以結！（日常生活怎麼作？——多布施利益眾生。）

十四、弟子發願盡未來際努力斷除性障五蓋和煩惱習氣種子！盡力斷除慢心，學習常不輕菩薩不輕視一切眾生！（日常生活怎麼作？——恭敬身邊人。）

十五、弟子發願盡未來際 都歡喜接受冤枉、埋怨，遇到任何障礙，都反求諸己，不看別人的過失！（日常生活怎麼作？——都是自己的內相分。）

十六、弟子發願盡未來際 都斷除私心，不攀緣結黨營私，心量大、能函容、甘願受委屈，口氣委婉，能夠顧大局，尊重領導，當面溝通，默默修福德，願意被正法所用，尊師重道，孝順供養父母；尊重上級的職權，不道聽塗說，當面把事實推究清楚，消除誤會的種子，不覆藏，有過能懺悔，沒有面子，善覆眾生過！（復興正法只能靠正覺。）（送書把機會給眾生，不必用心太多勉強作無謂的接引。）（日常生活怎麼作？——吃虧是福。）

十七、弟子發願盡未來際把所有功德都迴向 導師和諸親教師、諸位菩薩身心康泰，健康長壽，弘法利生，摧邪顯正，速滿十地，早成佛道！（日常生活怎麼作？——常思師恩難報。）

十八、弟子發願盡未來際 利益幫助冤家債主，對一切眾生布施愛語利行同事攝受，幫助冤家債主和一切眾生離苦得樂，早成佛道！懇請冤家債主都不要干擾 導師、親教師和護三菩薩，我絕不離開您們身邊，願我們解冤釋結、生生世世作菩薩道友，一起成佛道，我一定把明心見性的功德、護持正法等等所有功德都迴向給您們，幫助您們早日見性解脫，永出六道輪迴苦海！（日常生活怎麼作？——都是自己的錯。）

十九、弟子盡未來際都發以上諸願，實行以上諸願，落實於生活中；身語意一切行中，每一世都儘快回憶起如上的願力，祈求本師 釋迦如來、十方一切諸佛如來、觀世音菩薩、十方一切菩薩和 平實導師冥佑弟子圓滿成就願行！（日常生活怎麼作？——功不唐捐。）

二十、威慈戒眾贊，菩情命早乖，蓋己濁樂緣，屈康攝佑還！——每個願找一個字代表，方便記憶。

新增加的願：

一、學習舍利弗菩薩甘願去濁惡世界幫助頑劣的眾生，發願紹隆佛種承佛祖業，荷擔如來家業。

二、把我二十年壽命供養 恩師，願他色身康泰，弘法順利，長久住世。其實二十年太短了，弟子今生全部的壽命都是 恩師的，願意作 恩師家的機器人，無我無私的全部奉獻生命，乖乖聽話，恩師讓作什麼就作什麼，弟子生生世世的命都是 恩師的。

三、生生世世留在娑婆世界跟隨本師 釋迦牟尼佛和 恩師，直至成佛。

四、生生世世追隨 平實菩薩捨身捨命復興佛教，發願作親教師摧邪顯正，初期中期後期到死（蓋棺定論）都絕不收取一分錢的供養，學習 恩師生活簡樸節儉，不貪女色，願跟隨 恩師到娑婆世界的任何角落（如果在彌勒內院聽法時，恩師被派去某個濁惡的地球，也甘之如飴的跟隨。）

五、生生世世跟隨護法 韋陀菩薩在娑婆世界，流血流汗少流淚，實幹拼命護法，一定把喇嘛教趕出佛教，把所有外道趕出佛教，破盡所有外道邪說。

六、發願不睡懶覺，不看娛樂節目，每天都要破密。

七、發願護持同班同學都成佛後，我再成佛；發願護持禪三同學都成佛後，我再成佛；發願護持菩薩戒子都成佛後，我再成佛；發願護持修學正法的同學們都成佛後，我再成佛；發願護持信佛念佛的佛弟子都成佛後，我再成佛；發願護持地球人都成佛後，我再成佛；發願護持地球的眾生都成佛後，我再成佛；發願護持我的父母師長冤親債主都成佛後，我再成佛；發願護持娑婆世界的人都成佛後，我再成佛；——發願護持娑婆世界所有眾生都成佛後，我再成佛……。

八、我所造的種種身、口、意善行，全部都迴向利益眾生，迴向成就無上正等正覺，不求絲毫今生來世有爲福業的世間享受。

九、佛前立誓無二心，摧邪護法願得成，將此深心奉塵剎，是則名爲報佛恩，不爲自己求安樂，但願眾生得離苦——捨壽娑師，韋睡成福。

謹以此文供養我無量世的父親母親，願您不要在外流浪，早日回家，回歸正法的懷抱！

一心歸命頂禮　本師釋迦牟尼佛

一心歸命頂禮　大願地藏王菩薩

一心歸命頂禮　大悲觀世音菩薩

一心歸命頂禮　恩師平實菩薩摩訶薩

一心歸命頂禮　諸位親教師菩薩

一心歸命頂禮　正覺海會眾菩薩

文筆拙劣，還有很多話說不完，抱歉讓恩師費神了。

觀行轉依眞心部分，還未仔細作，反正到處都是祂，五蘊十八界每一界如果細細觀行有很多很多，心想跟著慈父無量劫，以後有的是時間，先發起並鞏固願力堅忍不退轉，努力讓有緣人回歸正法，救護走錯路的師兄弟早日不再信喇嘛教，回歸眞正藏傳佛教覺囊巴的他空見，這事更爲緊迫。

愚弟子 吳正一 叩首敬上

2016.11.11

眼見佛性報告

王美伶

一心頂禮　本師釋迦牟尼佛
一心頂禮　西方極樂世界阿彌陀佛
一心頂禮　十方一切諸佛
一心頂禮　正法明如來　觀世音菩薩
一心頂禮　韋陀菩薩摩訶薩
一心頂禮　聖克勤圓悟菩薩摩訶薩
一心頂禮　恩師平實導師菩薩摩訶薩
一心頂禮　十方一切菩薩摩訶薩

一、修道之旅　滿心歡喜　唯在正覺

禪三歸回，清晨微醒，嘴角仍然泛著笑意，在美妙佛性境界中，眞的無可言喻。回想這十年來艱苦埋首奮鬥的過程，驀然覺得爲之語塞，不知從何說起。記得 平實導師曾說：「單單明心破初參這一關，就已經很困難了；若是想要眼見佛性而透過重關，更是加上十倍的難……」，可能弟子先前初關破參的費力不夠刻骨銘心，所以對於「十倍難」似乎無有警覺；直到親自走上這條坎坷路，自始至終幾乎全盤挫敗，才深刻明瞭若非佛菩薩的神力加持護佑，以及 恩師不時地點撥引導，對弟子而言，無論此生或未來無量世，眼見佛性可謂是遙遙無期、全然沒有希望的事！

而今，竟然能體會到 導師所說：「眼見佛性了，覺得在一切事物上都可以看得見佛性，從來沒有體驗過這麼奇妙的智慧境界（因爲這不但是智慧，也是有境界的法相，卻不是三界中的境界相），佛性在山河大地上面恆時都在，太奇妙、太新奇、太殊勝了！覺得很歡喜、很興奮，住在眼見佛性的境界中，眞的是太享受了！當一天結束時，意識也認爲身體很累了，應該睡了，可是末那識意根卻不肯睡熟，所以你只好住在奇妙的佛性境界中躺個通宵。」（出自《楞嚴經講記》第四輯頁八十）確實眼見佛性回來至今，縱使意識不刻意要領受佛性，然而似乎整日中，末那識自然讓意識不停去領受佛性境界，已經不由自主了！不禁五體誠服於諸佛之法不可思議，巍巍無量深不可逮，願此深心奉塵剎，但望能得報佛恩、報師恩。

二、明心之後 十年用功 歷經艱辛

自二〇〇六年四月甫入正覺講堂，在親教師章正鈞老師座下參學，章老師高風亮節、內斂含蓄，並能善觀察因緣，而讓弟子從無相憶佛拜佛中，快速地進入拜多尊佛、看話頭的階段；所以弟子幸能蒙 世尊與 觀音大士加持後，很早觸證眞如而於心底定（編案：請見《我的菩提路》第二輯第十七篇）。然而，弟子同時莫名地對於眼見佛性重關十分嚮往，明心後曾經三、五次夢見自己眼見佛性；猶記得夢中見性後，弟子歡愉地迎向早已見性的彩梅菩薩，她坐在椅上讚喜地揮手致意……。但當從這樣的好夢醒覺，雖然歡喜猶在，卻是一頭霧水、滿臉茫然，竟然不知道見性到底是見個甚麼？……無奈！那就繼續每日兩小時拜佛，並外出看話頭。此外也幾次讓貼心的大兒子善思陪同，驅車遠去翡翠灣海邊看話頭；那時正值冬日寒風刺骨，面對大海凝視著白浪滔滔，這樣持續了幾個小時，感覺內心純然一片寧靜。

由於功夫沒有大的進展，除了每日拜佛之外，那就每天繼續看話頭，依著《平實書箋》書末的一篇附錄所示，有閒暇時，坐下來眼睛找一個定點，話頭就停在那裡；且隨時讓自己的心，隨著眼睛移動到任何的定點時都是話頭，行住坐臥儘量功夫不失。即使須要與人交談時，也警覺觀照話頭在否？動中的練習，則每日必定到台北大學校園或街坊熱鬧區經行，風雨無阻，無論車聲吵雜，人影紛亂，儘量使內心的話頭依然明歷。坐在公車上時，就望著窗外不斷奔馳遠去的外景，心中仍舊安住於話頭。

這樣行之幾年，不覺得看話頭有明顯的進益，自我調整後改爲每日清晨至校園湖邊用功。因爲看話頭時遠景爲群山與湖水，眼前有地磚及飄動的樹叢，雖然心很專注並注視著前方的湖水，其實目光焦點似乎並未放在任何境相上。但不知是否眼花所致，總是景象晃動，宛如呈現在布幕上的影像，而布幕因爲風吹而令影像扭曲變形；這時不確定自己方向有否偏差，所以鼓足了勇氣請示 導師，導師明示：「**這些不過是光影晃動產生的幻境，不是看話**

頭所需的變化過程。」弟子才恍然於自己在看話頭上的偏失。這時又重新嘗試回到原本時常於眼見色、耳聞聲時，心不黏著於境上的觀察；稍熟嫺時，對於外境漸漸無動於衷。然而因爲總是大清早五、六點出門，寒氣較重，一年中幾次胃痙攣發作，只好重新調整作息。

看話頭的日子很沉悶，但是內心就是非見性不可，這個堅持無論如何不肯放捨，讓自己活得很艱辛，眞是何苦來哉！心中暗想，全天下人都沒見性，卻快活似神仙的，自己爲何不見性會死不瞑目呢？無奈雖然氣憤自我這種不肯妥協的個性，但是依然沒有絲毫鬆動內心的堅持。平實導師在《楞嚴經講記》第三輯頁一〇二中說：【那些眼見佛性的報告中，最痛快的就是他只顧去看話頭、修福德，別的都不參、都不管；等到我觀察他的見性因緣成熟了，我只不過是二、三句話就幫他解決了。那麼，這樣被引導的人，也只不過是二、三句話之間，他就看見了佛性，那不是很輕鬆愉快嗎？爲什麼要參到那麼痛苦、如喪考妣呢？】想來弟子是作了一個負面的示範，在見性的看話頭上，老是愁眉苦臉、自尋煩惱，表面上則是儘量強顏歡笑！也因爲長期爲了拼見性，生命顯得有點灰色，往往長吁短嘆。有時不想用功了，只好開放心靈，那就彈琴、吹笛、畫畫去，轉換境界也能豁然開朗一下；心中自忖，與其內心煩悶只想呆坐著發愣，不如去學學各種世間技藝，也算不荒廢光陰呢。

三、金魚情緣　菩薩心性　種子互異

拜讀黃正倖老師所著《見性與看話頭》一書中，談到 導師的指示：「要先經歷看話頭深入作功夫的過程，把看話頭的經歷一一報告導師，直到見性應有的狀況出現了，才會加以引導。看話頭的層次有許多不同，……不是過來人，無法知道其中的演變狀況」，以及「看話頭的功夫必須長期鍛鍊，歷經一些過程而到達某一個層次，配合其他兩種莊嚴，才能看見佛性。這段作功夫期間，就只是單純看話頭，都不想別的，話頭的境界會自動演變轉進（過程須請教善知識），快要二、三年，慢要五、六年，是要長期累積下來，不能夠短時間從早到晚鍛鍊，而平常都不作功夫。」

很敬佩正倖老師的內斂用心，導師也曾說，求見性的人，要單純看話頭並往外看，無論是飄動的樹葉花草、飛蟲禽鳥，或者市場中人來人往、花貓野狗，都是看話頭的好對象；也可以養兩條小金魚。原本，爲了省卻清理魚缸及餵食的麻煩，所以就投機取巧買了小魚缸，放入幾條彩色假魚；在水中放入馬達並插電後，水流波動也讓彩色假魚很快速地游動亂竄，以此來看話頭。

二〇一六年十月份的禪三錄取了上山護三故，永來菩薩的見性讓大家喜出望外，眞是太厲害了！反觀自己爲了見性已經苦悶九年了，卻是瀕臨氣餒絕望，在看話頭上至今仍無該有的變化。雖然今生終究不會於此見性一事棄捨希望的，但似乎有走投無路之感，唯能日日殷勤祈求佛力加持，並於佛前誓發大願吧！這事經請示 導師，導師說：「**與其看假魚則不如養兩條活生生的小金魚！**」又經由 恩師小參開示後，瞭解原本的看話頭太用心緊繃了，也錯會了話頭的變化……，驚喜覺得用功方向稍微有一線曙光，雖然離見性還有遙遠的路程。

養小金魚也是費事的工程，包括每天要餵食、紫外燈照射三小時，每週要換水、過濾器及魚缸的清理等。然而兩條小金魚鮮明光亮的鱗片，在燈光下閃爍，優雅地舞動魚尾，活潑可人、快樂無憂的神韻，眞是美極了。不料一個月後，其中一條魚竟然死了，因爲牠的魚鰓旁原本就有小傷口，可能因而感染病發而亡。當時，自己並沒留意到牠氣絕不動了（因爲小魚兒每天也有睡眠不游動的狀態），而是另一條「小善魚」舔著牠依依不捨，在死魚身邊徘徊良久，不停碰觸這條死去的魚長達兩個小時，這才發覺牠已經回天乏術、無可挽救了。接著爲死魚助念、迴向、三歸依、安葬之後，隔日又立即再買了一條小金魚；但新來的金魚不習於小魚缸的新環境，很安靜恐懼地躲在魚缸底，不敢動彈；這時「小善魚」處處呵護著牠，從牠的下方頂住牠，催促著牠往上方游動，才能引領這一條新魚去吃魚食。有情的世界讓人感動，連魚兒都自然流露著無畏施的慈悲情懷！

兩隻小魚兒可愛至極，是充滿活力的過動兒，讓看話頭增添了許多生機與樂趣。隨著牠們的成長，「小善魚」動作顯得比較遲緩，所有的魚食都會被新來的小魚兒搶光，即使每一顆魚食都特意餵給小善魚，另一隻還是捷足先登了，瞬間就奪取成功；牠似乎無感於當初小善魚對牠曾經多麼呵護備至！同樣是金魚，而其與生俱來的差異性，是何等之大啊！最後小善魚也往生了，同樣爲牠助念歸依祈願安葬後，深信牠應當得以往生善處。

四、時間交迫　心急如焚　加功用行

從此於用功方面又作了很多調整，因覺得時間有限，往往一小時當兩小時用，一切時地儘量相續憶佛或看話頭。但總認爲自己用功沒有特別進展，可能定力稍微增強而已。平日憶佛時深切的思念　世尊，攝心於內心世界，生活平淡無味；但外出看話頭專注於一境時，覺得境相拉前，盡在眼底，活靈活現、生機盎然，算是作苦功夫中的一種喜悅。雖然功夫仍是念茲在茲，但不認爲自己有任何進境。這時深深自覺到，誠然唯有蒙　佛神力加被，除此之外，弟子想要更臻上乘其實是難有寸進的。唯一可告慰的是，心境上有一種開朗；是想開了呢？或者是對於世間的苦難種種，想想也沒什麼，而能無畏於留在娑婆。或許有此心得決定的緣故，所以心情特別好。

導師諄諄教誨：「看話頭的進展不會很快，而是慢慢成功的，可以繼續輕鬆地看下去。」平實導師書中曾開示：【未能修成無相念佛功夫，何況能看話頭？不具備看話頭功夫者，雖知佛性義，亦無可能眼見佛性；無相念佛及看話頭功夫，須實際體會，並每日禮佛鍛鍊，長時方成。】（《平實書箋》

頁五十六），也說：【想要眼見佛性的人，必須從看話頭的功夫繼續深入，直到看話頭的某些很深入的層次出現後，那時參出佛性的眞實意涵時，才能夠看得見佛性。】

報名禪三前曾經擲筊杯請示 世尊，是否能順利過關？三杯分別爲「聖杯、笑杯、聖杯」，但也指示「要報名禪三」，而且「要更用心看話頭」。到底要不要報禪三呢？這時心中很左右爲難的，因爲仍舊茫然無頭緒故。而見性這一關是「一翻兩瞪眼」的事，不見就不見，今生無望，不像明心能有補救的機會。心中雖很期待能提前觸證，但看來毫無希望。想到禪三，四天三夜的苦日子也眞難熬！無奈見性似乎是今生最大的心願，所以心中有種壓力，如鯁在喉不太安穩，畢竟至今完全還無消息。暗想：或許今生是無法順心如願見性呢，是否應該徹底放下這個罣礙，繼續等待未來生的因緣就好？爲此心中黯然。

五、憂喜交集　忐忑上山　依教參究

接獲禪三通知時正好身在外地，當家人傳來訊息時，眞的百感交集，又喜又驚；感謝 恩師慈憫攝受，但也猶如等候判決前的憂懼，覺得前途未卜，心中茫茫然七上八下。因爲明心可以經歷無數次，等待無數的因緣；而見性一事 師尊引導後如同是作了宣判，或者就能見著了，卻也恐怕從此終生無望呢。《楞嚴經講記》第三輯頁五八-五九中說：【在福德莊嚴、智慧莊嚴、定力莊嚴（看話頭的動中功夫）還沒有圓滿之前，你若是提前參出佛性的義理與內涵了，那你就死定了——這一世確定是無法眼見佛性的了！因爲眼見佛性這一關很奇特，在見性時必須具備的三種莊嚴尚未具足之前就先參出來的人，這一世就沒有眼見的因緣了，是無法事後再補修三種莊嚴來補救的。】但即使自己無意要去參究，然而心中疑情濃重，若不幸冒出佛性答案了，那眞無可奈何，呼天不靈呼地不應啊！相較於八年前第一次禪三時的好整以暇、從容不迫，這次上山心情是非常沉重的……。

整修後的大溪祖師堂更爲莊嚴肅穆，護三菩薩們的用心溫暖著每一位打三學員。報到後於大寮房中迅速安頓了行李，就到三樓佛殿禮佛；沐浴在 世尊與大菩薩的慈顏光暉中，心中感覺安祥踏實了許多。想到平日每天必定於佛前所發的誓願：「末法時代留住娑婆，棄身捨命在所不惜，盡未來際學法護法，救度眾生永不退轉，早日見性長劫化短，入如來家望報師恩。」弟子雖然唯有棉薄之力而已，但正法有難時為報佛恩、師恩，則隨時可以喪身捨命、沒有遲疑。尤其因恩師心念著未來能有一〇八位明心又眼見佛性的弟子，為此弟子更應奮力一搏，祈求得蒙 世尊威神力加被，而能順心如願。原本氣象預報禪三的第三天應是陰偶雨的，弟子祈求佛菩薩加持，若弟子有幸能見性過關，祈求 韋陀菩薩加佑四天都能明朗天晴，有助於眼見佛性。

報名見性的學員，循例安排的座位在最後一號；每天的課題是早齋之後，戶外一小時經行看話頭，接著是一小時的拜佛，如此依次「經行、拜佛」交替；晚齋後的普說時段，則單獨入主三和尚小參室拜佛，所以每天拜佛看話頭分別各為五、六小時。導師特別叮嚀囑咐：「拜佛時將心向內收攝於意識中，經行時前三天皆一心看話頭就好、切勿參究，第四天才作引導。」

第二天早上經行時，導師解說：「看葉子時，可以看小的葉子；若是大葉，則只看它的葉脈以及葉緣部分。」並問：「看話頭最近如何呢？是否依然很□□、□□、□□」弟子回答：「非常□□，也同於往常，而且更為□

□□□。」導師說：「繼續放輕鬆看話頭就好，應該是沒問題的。」午齋時，導師於行堂開示中，又特別走過來交代：「妳在一切境上要同樣觀照。」晚上拜佛完，弟子請問 導師：「在一切境上觀照時，弟子覺得對於白色的牆壁、咖啡色的拜墊依然沒有感覺。」導師說：「可能妳誤會我的意思了，這是指在用齋時，除了□□之外，也同時對於□□□的其他□同樣要觀察。」弟子恍然想起，長期以來著重於□□對□□的觀察，已經很久忽略了□□、□□等□□□□時的情境了。

第三天早齋時，往外望去以爲烏雲密布，用齋完才明白是太陽還未露臉而已，早上經行時，仍是晴空萬里，弟子又請示 導師：「是否應該選擇明亮的葉子，而非黯淡的葉子看話頭？是否選擇陽光普照的地方看葉子？」導師說：「是的，因爲佛性是在境界上顯現，光線不足難以從眼根看到。若沒有五蘊身，也無法見佛性。」弟子又問：「那麼需要靠近樹葉，貼在眼前看嗎？或者也能仰頭看看半空中的樹葉？那樣看得到佛性嗎？看看那棵樹的枝葉多麼美！」弟子指著頭上樹叢間一棵聳立的大樹，豔陽下翠綠的長葉顯得色彩繽紛，在空中輕飄搖曳，絢麗極了！導師說：「當然可以，每一處都可以看；看到佛性時，每一個景色都是很美的！」

弟子再問：「弟子對於花草樹木或貓狗小魚，確實越看越是□□□，簡直□□□，甚至地上的任何一景落葉枯枝，也都□□。但是對於牆壁、木製的家具等，則全然沒有感覺。」導師說：「那是因爲那部分沒有習慣去看的緣故。繼續放輕鬆看話頭！」弟子再確認一次：「眞的一翻兩瞪眼，知道佛性名義而不見，就今生無法見了嗎？」導師回答：「確實這樣，不過妳應該沒問題，有再次擲筊杯請示世尊嗎？」弟子說：「不敢請示世尊，不過請示了觀世音菩薩，若能見性過關，請給一個聖杯，結果是聖杯。」導師說：「菩薩若這麼說，那就沒問題了。」經由 導師的開導，接下來的看話頭，就往遠山近景四面到處張望，中午豔陽下時則躲在樹蔭中，遠景的群山翠茂□□□□，眼前的矮叢黃綠明暗間雜，風吹中猶如一片綠海浪波，已讓人目不暇給了。除了還得留意樹上垂落的毛蟲不要掉在身上之外，萬物的欣欣向榮，眞令人歡欣鼓舞！晚上普說之後，導師叮嚀：「因爲明早要作引導，要睡得足、精神好，才能看到佛性。」當晚雖然有些緊張，幸而順利入眠。

第四天早上大眾經行時，導師來到身旁說：「讓妳自己先參參看，佛性是什麼？提示一下，佛性和『□□』有關，那是什麼？或許妳很快就會參到了。若參出來，就會看到佛性了；若參出來而沒看到，或是沒有參出來，我們則近午時才引導看看。」導師離開了，弟子滿臉疑惑，自問：「和『□□』有關，那是□□嗎？……不是！那就落入六識中了。唉！」又不禁短嘆長吁的，心中煩惱極了，很難參究呢！過了十五分鐘，忽然閃起一念：「是□□！」應該是，只有這種可能！……但是心中更憂慮了，因爲什麼也沒見到，又再次從大小樹葉仔細觀看，直到一個鐘頭結束，該回大殿拜佛了，仍是什麼也沒見著。心中著實太難過了，簡直吞聲忍淚、悲不自勝，或者今生眞的見性無望，想著想著，內心泣涕如雨，心情沉到谷底深淵！

面目死灰的回到大殿，只能繼續拜佛，雖然仍能憶念 世尊，但內心宛如傷入骨髓之痛。自己不斷地自我安慰說，還有幾個鐘頭，還有一點機會的，或許結局不是那麼悲慘的！……拜了兩拜大約五十分鐘，緩緩地坐下來，仰起頭來雙眼凝視著佛龕，瞻仰 世尊及 觀世音菩薩聖像。不料，就在那一瞬間，突然聖像放光，那麼個刹那，頓時領悟而看到了佛性……。啊！原來如此！原來如此！……愚昧的弟子一直作了錯誤的追求，尋覓色法去。這時淚水奪眶而出，身心很是激動。接著，弟子準備又要外出經行了，感覺眼淚崩堤無法自已，一半是喜極而泣，另一半則是抒發十年參禪之鬱悶吧！……又再一次，弟子見證了 世尊與 觀音大士親臨加披，心中無限地感動與懺悔，懺悔往往自信己意，不能柔順依止於 世尊的教誨。緩步走在祖師堂前的明堂上，風和日暄，春風拂面，感受到全身毛孔張開，觸覺非常靈敏特別；望著遠山近景，迴身四面交替張望，到處看佛性，神妙的無可言喻。

經行一小時後回到大殿，很快有機會進入 主三和尚小參室。導師問：「參到了？是什麼？」弟子回答：「是□□□。」導師說：「這有個特別名詞，兩個字。」弟子猜想：「那麼是□□。」弟子描述整個佛力加持的過程，並說：「因為自己一直在尋找色法，總認為至少有個影像或什麼吧！真的太特別了，這個無形無相的佛性卻能夠眼見，要怎麼說呢！」導師又問：「在這盆花上面，看得到自己的佛性嗎？在牆壁上，能看到自己的佛性嗎？……」弟子答：「都看得到。」又問：「那麼在為師身上，看得到為師的佛性嗎？」弟子答：「就如同明心破參時，可以從別人的□□□□上看到如來藏；見性同樣的道理，也看到別人身上同樣有著佛性。」師說：「每個人可以看到自己的佛性，在自己身上；是否就像看話頭一樣，佛性在境相之前？」弟子答：「是的。」又問：「妳是不是可以從花與狗屎上面看見自己的佛性，而自己的佛性其實並不在花或狗屎上面。」答曰：「是的。」

師問：「那麼在眼見佛性的當下，是否感覺世間如幻，不是透過思惟的，然而佛性卻是這麼眞實？」弟子答：「確實如此，或許因爲長年來經常安住於眞心境界故，對外境覺得非常虛幻，方才甚至一直懷疑這到底是不是夢境，所以不停用手捏捏自己的手臂，但就連這樣的觸覺也很虛幻。而且由於佛性的緣故，讓所有感官變得非常靈敏銳利。」這時想起《楞嚴經講記》第三輯頁四中說：【因爲眼見佛性的智慧與所見境界，比起領略、體會佛性，是截然不同的；在眼見佛性的當下，世界如幻觀在一剎那間便成就了，不需要在事後再作種種的修行和觀行。如果還沒有眼見佛性，或是見性這一關只是解悟——已經參出佛性的名義卻無法在山河大地上眼見佛性，那麼在世界如幻觀的成就上面，一定會修得很辛苦，而且品質也是很差的。】

主三和尚印可弟子之後，帶領弟子走出小參室，在佛殿大眾學員面前禮佛三拜，並頂禮恩師。此外，也交代弟子要去沖個澡體驗看看。當拿起蓮蓬頭，打開熱水遍灑身體時，原本全身已經微張著的毛細孔，這時的肌膚更爲敏銳異常，就如同導師說的：「全身佛性湧現」；佛性的覺受特殊，五蘊身的感官變得如此奇妙。沖完澡後，又到外面經行，坐在大樹蔭下觀賞著眼前的旖旎風光，溫和的春風撫摸著雙頰，在它的吹拂之下花草搖曳，飛鳥細語，彩蝶穿梭、輕飛曼舞；遠方的綠樹鬱鬱蔥蔥、枝繁葉茂，春風吹動後景色分明、深淺有緻，如此的萬象崢嶸、生氣勃勃！全身的感官經由佛性的湧現，如此美妙、神妙，奧妙無窮，放眼所見卻又如此虛幻！眞的神奇莫測，難以言宣！

六、佛力加持　恩師開示　印證所見

【意識覺知心藉著前五識的五種自性，卻可以在眼見佛性時，藉這五性來看見如來藏藉五色根所顯現的佛性。這個佛性卻是菩薩從「菩提瞪發勞相」所出生的知覺性，從來不對六塵了別，卻又能直接與六塵相應，這是由如來

藏的本覺直接出生的。】（《楞嚴經講記》第四輯頁一五六－一五七）

【從眼見佛性的十住菩薩所見來看，識陰六識的自性是與七、八識同時並行運作的，也是可以直接眼見的，不是純依思惟、理解、領受、感覺而說爲見性的，因爲是直接聯結到如來藏而產生作用的，不是純屬覺知心的能見之性，也不是純屬如來藏運作時的現象，而是有作用的。】（《楞嚴經講記》第三輯頁五五）

【十住菩薩可以在山河大地上眼見自己的佛性，也可以在別人身上眼見自己的佛性，也可以在他人身上眼見他人的佛性——當見性所必須的動中定力仍然保持著的時候。但卻無法在山河大地上看見別人的佛性，這也是唯證乃知的事，卻是法界之中法爾如是而無理可說的現量境界，唯證乃知。】（《楞嚴經講記》第三輯頁七一）

【離了六識的見聞知覺性，佛性就無法看見了，因爲你自己五陰消失了，要如何看見如來藏的佛性？要是入了等至位中，那你也看不見佛性，因爲專緣定境而不緣佛性了！你若是入了滅盡定、無想定，就更不可能眼見佛性了；想要看見佛性，就是要在蹦蹦跳跳中到處去見，也就是在走路、幹活兒中到處去見。不是大法師們所謂的打坐一念不生時就叫作見性，那是我見境界。見性是到處去見的，動處都可以看見佛性時，靜處當然一樣可以看見佛性。】（《楞嚴經講記》第三輯頁二〇五）

【當你親眼看見佛性的時候，你一定不會說花上面、狗屎上面有佛性，但是你卻都可以從花與狗屎上面看見自己的佛性，而自己的佛性其實並不在花或狗屎上面。並且，你也無法從花及狗屎上面看見別人的佛性，只能看到自己的。而這是無法以理說明的……。但是諸地菩薩如是見性以後，卻能夠與眾生如來藏中的種子感應，而了知眾生往世是否曾與自己結下善法緣或惡法緣——當菩薩所面對的眾生當時正好處在一心不亂的情況下。】（《楞嚴經講記》第三輯頁一二〇）

【在佛道上，明心其實是比眼見佛性重要得多；因爲見性之後並沒有什麼好整理的，見就是見，不見就是不見，刀切豆腐一刀兩斷。又像是玩牌九一般，一翻兩瞪眼，沒得補救的。

參出佛性名義時若是看不見，這一世就是永遠都看不見的了！以後若是有因緣出現時，也有可能就突然看見了，那時也是沒什麼需要整理的。可是明心這一關可就大不相同了，是有很多見地需要整理的；那就意味著說：眼見佛性之後，想要再快速地進步，沒什麼地方可以進，還是要回到明心這一關上來；所以有的菩薩就如同《大般涅槃經》中所說，直到第九地滿心時才眼見佛性，然後才能進入第十地中。當然，如果在十住位中先見性了，以後修學無生法忍是會比較快速的。】（《楞嚴經講記》第三輯頁一〇〇－一〇一）

【見是眼識的功能，聞是耳識的功能，嗅、嚐、觸、知等六種知覺的功能，正當現行運作之時，其實是與意根的了別性及如來藏明月的本覺性共同在一起運作的；當你眼見佛性的因緣成熟時，一剎那間看見了，以後只要定力不退失，就一直都可以繼續看得見。……見聞知覺等六種功能並不等於六識，而見聞知覺等六種功能其實也不離佛性，卻又不等於佛性。那時才會知道佛性是不離見聞覺知的，但佛性卻又不是識陰六識的見聞覺知。這道理，眞的無法爲尚未眼見佛性的人來說明；不論你怎麼說明，即使是明心很久的人也會誤會，無法眞的聽懂你在解說什麼道理。】（《楞嚴經講記》第三輯頁一五一）

【正在運作而有「見」的時候，絕對是另有如來藏的精覺妙明同時運作，才能存在；如來藏的這個精覺妙明之性，即是十住菩薩所眼見的佛性。因爲佛性是一個很精明的體性，這個精明體性另有自己的知覺性，和我們的見聞覺知六識自性和合在一起運作；六識見聞覺知的自性是與佛性的知覺性和合在一起而很難分辨的，只有眼見佛性的菩薩能稍微聽懂而作極粗略的分辨，卻還是要在上地菩薩的指導下才能做得到的。六識心的見聞覺知等功能，若是離開了如來藏的妙眞如性運作出來的佛性，就無法存在了，何況能繼續運作。】（《楞嚴經講記》第三輯頁一九九）

【而第十住菩薩眼見佛性時所見的佛性，卻是函蓋八識心王的所有自性，分明看見如來藏的佛性與六識的見聞知覺性同時同處，是不離見聞覺知而不是見聞覺知，這是極難實證也極難說明的，只能說是唯證乃知而無法言詮、不可臆測的境界。正當眼見佛性時，親眼看見自己的佛性遍十方界、遍虛空界，卻又不在虛空、十方；佛性是如此地眞實不虛而顯現著，與佛性對比之下山河大地身心世界卻顯得如此地虛妄不實，於是十住滿心位的世界身心如幻的現觀便立即成就，不必經由觀行過程等加行來成就，而是在眼見佛性後的一剎那間便成就了。

佛性的內涵與眼見的境界，是無法說明清楚的，純屬唯證乃知的智慧境界，是十住菩薩親證佛性後的現觀境界。】（《楞嚴經講記》第三輯頁二〇〇）

【從整體的佛性而言，函蓋了七識心的見聞知覺性，不單單是第八識的本覺性而已，八識心王的知覺性是不可分割的；只有在眠熟位及悶絕位中，覺知心的了知性、知覺性已經滅失的時候，佛性仍然存在而異於識陰的知覺性，眼見佛性的十住菩薩在這時才能看出佛性是異於見（編案：眼識之見）與見性（編案：眼識能見之性）的。】（《楞嚴經講記》第三輯頁二一七）

導師也曾說過，從二件事可以證實明心不等於見性：一、見性者可以從狗屎、牆上見自己佛性；明心無能爲也。二、明心證悟如來藏的見地，不會因爲退轉而不知阿賴耶識的存在；而見性者則會因定力退失，就看不見佛性了。見性後讀到以上 導師在書中的開示，非常喜歡，也一一印證無誤，便恭錄在這裡與大眾分享。

七、佛恩浩瀚、曠劫難報、永護正法

《楞嚴經講記》第三輯頁六十二中 平實導師說：【眼見佛性這一關眞的很難通過，已經有親證的善知識指導，都還不一定能眼見佛性。過牢關，還**要比眼見佛性再加三倍的難**，……過牢關確實很難，**想要具足道種智而入初地，又要再加十倍的難**。這幾乎是等比級數的加上幾個倍數的困難……。】

《大乘方廣總持經》卷一：【佛滅度後，若有法師善隨樂欲，爲人說法，能令菩薩學大乘者，及**諸大眾有發一毛歡喜之心乃至暫下一滴淚者，當知皆是佛之神力**。……文殊師利！若聲聞說法、若菩薩說法，當知皆是如來威神護念力故，令諸菩薩等作如是說。】

《大般若波羅蜜多經》卷三三七〈巧便學品第五十五〉：【佛告阿難陀言：「如是！如是！**今，天帝釋讚深般若波羅蜜多希有功德，當知皆是如來神力，非自辯才。**何以故？甚深般若波羅蜜多希有功德，非人、天等所能知故。」】

《思益梵天所問經》卷一〈序品第一〉：【佛告網明：「如是！如是！**如汝所言，若佛不加威神，眾生無有能見佛身，亦無能問。**」

這些經文尤其讓弟子心動落淚，唱誦爐香讚時毛髮聳然，感受到確實「大眾有發**一毛歡喜之心乃至暫下一滴淚者，當知皆是佛之神力。**」而在佛道上修學凡有寸進，莫非佛菩薩威神力加持之功。每思及禪三中，主三和尚在起三後，都要大眾作宣誓，又唯恐不肖弟子蓄意違犯，總是再三重複、數數叮嚀：「**要善守密意，永不稗販如來，不得將佛法作人情**」，讓弟子尤為感慨萬千！因為於世間法上尚且應知恩圖報，受人滴水之恩甚且報以湧泉；又比如漢初名將韓信未得志時，父母雙亡生活艱難，曾受漂母贈飯療飢，後來也以千金為報，所謂「一飯千金」之典故。而況佛恩師恩更是深如海淵、浩瀚無際，弟子當何以報恩？怎有忘恩之事呢！

《法華經通義》卷六：「**身子等感悟佛恩，乃至頂戴塵劫，身為床座，遍於三千世界，畢竟不能報佛之恩。**」

《慈悲道場水懺法隨聞錄》卷一：「**此恩此德，實難酬報**（古語云：人但見父母生身，不知承佛恩力，多劫作忘恩背義人）。是故經言：『**若以頂戴，兩肩荷負，於恒沙劫亦不能報。**』」

茲因佛道久遠難成，正覺菩薩們能親臨聖者，並在座下參學，顯得彌足珍貴。尤其早已「**成佛已來無量無邊百千萬億那由他劫**」的 釋迦世尊古佛，爲了有緣眾生而示現應化身於五濁百歲人間；此外並有悲徹骨髓的 平實恩師乘願再來，延續聖教化導眾生，讓正覺菩薩們今生的成就得以一日千里、突飛猛進，化長劫爲短劫，甚至能以一生當作一劫，以一年一月一日一時乃至一分，當作一劫來修行。師尊教化眾徒法身慧命，澤深恩重，弟子無以爲報，今謹先以此禪三見性報告，頂禮敬呈供養 恩師。

最後，弟子感謝監香老師們與所有護三菩薩們的辛勞，也感謝家中共度此生的好眷屬們有緣共聚，惺惺相惜、相濡以沫，護持弟子得以安心辦道。

因深感「佛爲世間眼，久遠時乃出，哀愍諸眾生，故現於世間」，互勉家人和正覺菩薩們當應珍惜福報，尊師重道依教奉行，勤勉努力孜孜不懈，得以不虛此行，不枉此生！

弟子 **王美伶** 頂禮敬呈

二〇一七年四月十四日

佛菩提二主要道次第概要表——二道並修，以外無別佛法

佛菩提道——大菩提道

十信位修集信心 —— 一劫乃至一萬劫

遠波羅蜜多

資糧位

初住位修集布施功德（以財施爲主）。

二住位修集持戒功德。

三住位修集忍辱功德。

四住位修集精進功德。

五住位修集禪定功德。

六住位修集般若功德（熏習般若中觀及斷我見，加行位也）。

外門廣修六度萬行

見道位

七住位明心般若正觀現前，親證本來自性清淨涅槃。

八住位於一切法現觀般若中道。漸除性障。

十住位眼見佛性，世界如幻觀成就。

一至十行位，於廣行六度萬行中，依般若中道慧，現觀陰處界猶如陽焰，至第十行滿心位，陽焰觀成就。

一至十迴向位熏習一切種智；修除性障，唯留最後一分思惑不斷。第十迴向滿心位成就菩薩道如夢觀。

內門廣修六度萬行

初地：第十迴向位滿心時，成就道種智一分（八識心王一一親證後，領受五法、三自性、七種第一義、七種性自性、二種無我法）復由勇發十無盡願，成通達位菩薩。復又永伏性障而不具斷，能證慧解脫而不取證，由大願故留惑潤生。此地主修法施波羅蜜多及百法明門。證「猶如鏡像」現觀，故滿初地心。

二地：初地功德滿足以後，再成就道種智一分而入二地；主修戒波羅蜜多及一切種智。滿心位成就「猶如光影」現觀，戒行自然清淨。

解脫道：二乘菩提

→ 斷三縛結，成初果解脫

→ 薄貪瞋癡，成二果解脫

→ 斷五下分結，成三果解脫

入地前的四加行令煩惱障現行悉斷，成四果解脫，留惑潤生。分段生死已斷，煩惱障習氣種子開始斷除，兼斷無始無明上煩惱。

近波羅蜜多 — 大波羅蜜多 — 圓滿波羅蜜多

修道位

三地：二地滿心再證道種智一分，故入三地。此地主修忍波羅蜜多及四禪八定、四無量心、五神通。能成就俱解脫果而不取證，留惑潤生。滿心位成就「猶如谷響」現觀及無漏妙定意生身。

四地：由三地再證道種智一分故入四地。主修精進波羅蜜多，於此土及他方世界廣度有緣，無有疲倦。進修一切種智，滿心位成就「如水中月」現觀。

五地：由四地再證道種智一分故入五地。主修禪定波羅蜜多及一切種智，斷除下乘涅槃貪。滿心位成就「變化所成」現觀。

六地：由五地再證道種智一分故入六地。此地主修般若波羅蜜多——依道種智現觀十二因緣一一有支及意生身化身，皆自心眞如變化所現，「非有似有」，成就細相觀，不由加行而自然證得滅盡定，成俱解脫大乘無學。

七地：由六地「非有似有」現觀，再證道種智一分故入七地。此地主修一切種智及方便波羅蜜多，由重觀十二有支一一支中之流轉門及還滅門一切細相，成就方便善巧，念念隨入滅盡定。滿心位證得「如犍闥婆城」現觀。

八地：由七地極細相觀成就故再證道種智一分而入八地。此地主修一切種智及願波羅蜜多。至滿心位純無相觀任運恆起，故於相土自在，滿心位復證「如實覺知諸法相意生身」故。

九地：由八地再證道種智一分故入九地。主修力波羅蜜多及一切種智，成就四無礙，滿心位證得「種類俱生無行作意生身」。

十地：由九地再證道種智一分故入此地。此地主修一切種智——智波羅蜜多。滿心位起大法智雲，及現起大法智雲所含藏種種功德，成受職菩薩。

等覺：由十地道種智成就故入此地。此地應修一切種智，圓滿等覺地無生法忍；於百劫中修集極廣大福德，以之圓滿三十二大人相及無量隨形好。

究竟位

妙覺：示現受生人間已斷盡煩惱障一切習氣種子，並斷盡所知障一切隨眠，永斷變易生死無明，成就大般涅槃，四智圓明。人間捨壽後，報身常住色究竟天利樂十方地上菩薩；以諸化身利樂有情，永無盡期，成就究竟佛道。

← 七地滿心斷除故意保留之最後一分思惑時，煩惱障所攝色、受、想三陰有漏習氣種子全部斷盡。

煩惱障所攝行、識二陰無漏習氣種子任運漸斷，所知障所攝上煩惱任運漸斷。

← 斷盡變易生死成就大般涅槃

圓滿成就究竟佛果

佛子蕭平實 謹製
（二〇〇九、〇二 修訂）
（二〇一二、〇二 增補）

佛教正覺同修會〈修學佛道次第表〉

第一階段

＊以憶佛及拜佛方式修習動中定力。
＊學第一義佛法及禪法知見。
＊無相拜佛功夫成就。
＊具備一念相續功夫—動靜中皆能看話頭。
＊努力培植福德資糧，勤修三福淨業。

第二階段

＊參話頭，參公案。
＊開悟明心，一片悟境。
＊鍛鍊功夫求見佛性。
＊眼見佛性〈餘五根亦如是〉親見世界如幻，成就如幻觀。
＊學習禪門差別智。
＊深入第一義經典。
＊修除性障及隨分修學禪定。
＊修證十行位陽焰觀。

第三階段

＊學一切種智真實正理—楞伽經、解深密經、成唯識論…。
＊參究末後句。
＊解悟末後句。
＊透牢關—親自體驗所悟末後句境界，親見實相，無得無失。
＊救護一切眾生迴向正道。護持了義正法，修證十迴向位如夢觀。
＊發十無盡願，修習百法明門，親證猶如鏡像現觀。
＊修除五蓋，發起禪定。持一切善法戒。親證猶如光影現觀。
＊進修四禪八定、四無量心、五神通。進修大乘種智，求證猶如谷響現觀。

佛教正覺同修會 共修現況 及 招生公告 2019/02/18

一、共修現況：（請在共修時間來電，以免無人接聽。）

台北正覺講堂 103 台北市承德路三段 277 號九樓 捷運淡水線圓山站旁
Tel..總機 02-25957295（晚上）（**分機：九樓**辦公室 10、11；知客櫃檯 12、13。 **十樓**知客櫃檯 15、16；書局櫃檯 14。 **五樓**辦公室 18；知客櫃檯 19。**二樓**辦公室 20；知客櫃檯 21。）
Fax..25954493

第一講堂 台北市承德路三段 277 號九樓

禪淨班：週一晚班、週三晚班、週四晚班、週五晚班、週六下午班、週六上午班（共修期間二年半，全程免費。皆須報名建立學籍後始可參加共修，欲報名者詳見本公告末頁。）

進階班：週一晚班、週三晚班、週四晚班、週五晚班（禪淨班結業後轉入共修）。

增上班：瑜伽師地論詳解：每月單數週之週末 17.50～20.50。平實導師講解，2003 年 2 月開講至今，預計 2019 年圓滿，僅限已明心之會員參加。

禪門差別智：每月第一週日全天 平實導師主講（事冗暫停）。

不退轉法輪經詳解 本經所說妙法極爲甚深難解，時至末法，已然無有知者；而其甚深絕妙之法，流傳至今依舊多人可證，顯示佛法眞是義學而非玄談，其中甚深極妙令人拍案稱絕之第一義諦妙義。已於 2019 年元月底開講，由平實導師詳解。每逢周二晚上開講，第一至第六講堂都可同時聽聞，歡迎菩薩種性學人，攜眷共同參與此殊勝法會現場聞法，不限制聽講資格。本會學員憑上課證進入第一至第四講堂聽講，會外學人請以身分證件換證進入聽講（此爲大樓管理處安全管理規定之要求，敬請諒解）；第五及第六講堂（B1、B2）對外開放，不需出示任何證件，請由大樓側門直接進入。

第二講堂 台北市承德路三段 267 號十樓。

禪淨班：週一晚上班。

進階班：週三晚班、週四晚班、週五晚班、週六下午班。禪淨班結業後轉入共修。

不退轉法輪經詳解：平實導師講解。每週二 18.50~20.50 影像音聲即時傳輸

第三講堂 台北市承德路三段 277 號五樓。

禪淨班：週六下午班。

進階班：週一晚班、週三晚班、週四晚班、週五晚班。

不退轉法輪經詳解：平實導師講解。每週二 18.50~20.50 影像音聲即時傳輸

第四講堂 台北市承德路三段 267 號二樓。

進階班：週一晚上班、週三晚上班、週四晚上班（禪淨班結業後轉入共修）。

不退轉法輪經詳解：平實導師講解。每週二 18.50~20.50 影像音聲即時傳輸

第五、第六講堂

念佛班　每週日晚上，第六講堂共修（B2），一切求生極樂世界的三寶弟子皆可參加，不限制共修資格。

進階班：週一晚班、週三晚班、週四晚班。

不退轉法輪經詳解：平實導師講解。每週二 18.50~20.50 影像音聲即時傳輸。第五、第六講堂為**開放式講堂**，不需以身分證件換證即可進入聽講，台北市承德路三段 267 號地下一樓、地下二樓。每逢週二晚上講經時段開放給會外人士自由聽經，請由大樓側面梯階逕行進入聽講。**聽講者請尊重講者的著作權及肖像權，請勿錄音錄影，以免違法；若有錄音錄影被查獲者，將依法處理。**

正覺祖師堂　大溪區美華里信義路 650 巷坑底 5 之 6 號（台 3 號省道 34 公里處 妙法寺對面斜坡道進入）電話 03-3886110　傳真 03-3881692 本堂供奉 克勤圓悟大師，專供會員每年四月、十月各三次精進禪三共修，兼作本會出家菩薩掛單常住之用。除禪三時間以外，公元 2018 年前每逢單月第一週之週日 9:00~17:00 開放會內、外人士參訪，當天並提供午齋結緣，自公元 2019 年後開放參訪日期請參見本會公告。教內共修團體或道場，得另申請其餘時間作團體參訪，務請事先與常住確定日期，以便安排常住菩薩接引導覽，亦免妨礙常住菩薩之日常作息及修行。

桃園正覺講堂（第一、第二講堂）：桃園市介壽路 286、288 號 10 樓（陽明運動公園對面）電話：03-3749363（請於共修時聯繫，或與台北聯繫）

禪淨班：週一晚上班（1）、週一晚上班（2）、週三晚上班、週四晚上班、週五晚上班。

進階班：週四晚班、週五晚班、週六上午班。

增上班：雙週六晚上班（增上重播班）。

不退轉法輪經詳解：平實導師講解。每週二晚上，以台北正覺講堂所錄 DVD 放映；歡迎會外學人共同聽講，不需出示身分證件。

新竹正覺講堂　新竹市東光路 55 號二樓之一　電話 03-5724297（晚上）

第一講堂：

禪淨班：週一晚上班、週五晚上班、週六上午班。

進階班：週三晚上班、週四晚上班（由禪淨班結業後轉入共修）。

增上班：單週六晚上班。雙週六晚上班（重播班）。

不退轉法輪經詳解：平實導師講解。每週二晚上，以台北正覺講堂所錄 DVD 放映。歡迎會外學人共同聽講，不需出示身分證件。

第二講堂：

禪淨班：週三晚上班、週四晚上班。

不退轉法輪經詳解：每週二晚上與第一講堂同步播放講經 DVD。

第三、第四講堂：裝修完畢，即將開放。

台中正覺講堂 04-23816090（晚上）

第一講堂 台中市南屯區五權西路二段 666 號 13 樓之四（國泰世華銀行樓上。鄰近縣市經第一高速公路前來者，由五權西路交流道可以快速到達，大樓旁有停車場，對面有素食館）。

禪淨班：週三晚上班、週四晚上班。

進階班：週一晚上班、週六上午班（由禪淨班結業後轉入共修）。

增上班：**增上班**：單週六晚上班。雙週六晚上班（重播班）。

不退轉法輪經詳解：平實導師講解。每週二晚上，以台北正覺講堂所錄 DVD 放映。歡迎會外學人共同聽講，不需出示身分證件。

第二講堂 台中市南屯區五權西路二段 666 號 4 樓

禪淨班：週一晚上班、週三晚上班、週六上午班。

進階班：週五晚上班（由禪淨班結業後轉入共修）。

不退轉法輪經詳解：每週二晚上與第一講堂同步播放講經 DVD。

第三講堂、第四講堂：台中市南屯區五權西路二段 666 號 4 樓。

嘉義正覺講堂 嘉義市友愛路 288 號八樓之一　電話：05-2318228

第一講堂：

禪淨班：週一晚上班、週四晚上班、週五晚上班、週六上午班。

進階班：週三晚上班（由禪淨班結業後轉入共修）。

增上班：單週六晚上班。雙週六晚上班（重播班）。

不退轉法輪經詳解：平實導師講解。每週二晚上，以台北正覺講堂所錄 DVD 放映。歡迎會外學人共同聽講，不需出示身分證件。

第二講堂 嘉義市友愛路 288 號八樓之二。

台南正覺講堂

第一講堂 台南市西門路四段 15 號 4 樓。06-2820541（晚上）

禪淨班：週一晚上班、週三晚上班、週四晚上班、週五晚上班、週六下午班。

增上班：**增上班**：單週六晚上班。雙週六晚上班（重播班）。

不退轉法輪經詳解：平實導師講解。每週二晚上，以台北正覺講堂所錄 DVD 放映。歡迎會外學人共同聽講，不需出示身分證件。

第二講堂 台南市西門路四段 15 號 3 樓。

不退轉法輪經詳解：每週二晚上與第一講堂同步播放講經 DVD。

第三講堂 台南市西門路四段 15 號 3 樓。

進階班：週三晚上班、週四晚上班、週六上午班（由禪淨班結業後轉入共修）。

不退轉法輪經詳解：每週二晚上與第一講堂同步播放講經 DVD。

高雄正覺講堂　高雄市新興區中正三路 45 號五樓 07-2234248（晚上）

第一講堂（五樓）：

禪淨班：週一晚班、週三晚班、週四晚班、週五晚班、週六上午班。

增上班：單週週末下午，以台北增上班課程錄成 DVD 放映之，限已明心之會員參加。

不退轉法輪經詳解：平實導師講解。每週二晚上，以台北正覺講堂所錄 DVD 放映。歡迎會外學人共同聽講，不需出示身分證件。

第二講堂（四樓）：

進階班：週三晚上班、週四晚上班、週六上午班（由禪淨班結業後轉入共修）。

不退轉法輪經詳解：每週二晚上與第一講堂同步播放講經 DVD。

第三講堂（三樓）：

進階班：週四晚班（由禪淨班結業後轉入共修）。

香港正覺講堂　**☆已遷移新址☆**

九龍觀塘，成業街 10 號，電訊一代廣場 27 樓 E 室。

（觀塘地鐵站 B1 出口，步行約 4 分鐘）。電話：(852) 23262231

英文地址：Unit E，27th Floor, TG Place, 10 Shing Yip Street, Kwun Tong, Kowloon

禪淨班：雙週六下午班 14:30-17:30，已經額滿。
雙週日下午班 14:30-17:30。
單週六下午班 14:30-17:30，已經額滿。

進階班：雙週五晚上班（由禪淨班結業後轉入共修）。

增上班：單週週末上午，以台北增上班課程錄成 DVD 放映之。

增上重播班：雙週週末上午，以台北增上班課程錄成 DVD 放映之。

不退轉法輪經詳解：平實導師講解。雙週六 19:00-21:00，以台北正覺講堂所錄 DVD 放映；歡迎會外學人共同聽講，不需出示身分證件。

美國洛杉磯正覺講堂　**☆已遷移新址☆**

825 S. Lemon Ave Diamond Bar, CA 91789 U.S.A.

Tel. (909) 595-5222（請於週六 9:00~18:00 之間聯繫）

Cell. (626) 454-0607

禪淨班：每逢週末 15：30~17：30 上課。

進階班：每逢週末上午 10：00~12：00 上課。

不退轉法輪經詳解：平實導師講解。每週六下午 13：00~15：00 以台北所錄 DVD 放映。歡迎各界人士共享第一義諦無上法益，不需報名。

二、招生公告　本會台北講堂及全省各講堂、香港講堂，每逢四月、十月下旬開新班，每週共修一次（每次二小時。開課日起三個月內仍可插班）；但美國洛杉磯共修處之禪淨班得隨時插班共修。各班共修期間皆爲二年半，全程免費，欲參加者請向本會函索報名表（各共修處皆於共修時間方有人執事，非共修時間請勿電詢或前來洽詢、請書），或直接從本會官方網站(http://www.enlighten.org.tw/newsflash/class)或成佛之道網站下載報名表。共修期滿時，若經報名禪三審核通過者，可參加四天三夜之禪三精進共修，有機會明心、取證如來藏，發起般若實相智慧，成爲實義菩薩，脫離凡夫菩薩位。

三、新春禮佛祈福 農曆年假期間停止共修：自農曆新年前七天起停止共修與弘法，正月 8 日起回復共修、弘法事務。新春期間正月初一～初七 9.00～17.00 開放台北講堂、正月初一~初三開放桃園、新竹、台中、嘉義、台南、高雄講堂，以及大溪禪三道場（正覺祖師堂），方便會員供佛、祈福及會外人士請書。美國洛杉磯共修處之休假時間，請逕詢該共修處。

密宗四大派修雙身法，是外道性力派的邪法；又以生滅的識陰作為常住法，是常見外道，是假的藏傳佛教。

西藏覺囊巴以他空見弘揚第八識如來藏勝法，才是真藏傳佛教

佛教正覺同修會　弘法行事表

2019/02/18

1、**禪淨班**　以無相念佛及拜佛方式修習動中定力，實證一心不亂功夫。傳授解脫道正理及第一義諦佛法，以及參禪知見。共修期間：二年六個月。每逢四月、十月開新班，詳見招生公告表。

2、**進階班**　禪淨班畢業後得轉入此班，進修更深入的佛法，期能證悟明心。各地講堂各有多班，繼續深入佛法、增長定力，悟後得轉入增上班修學道種智，期能證得無生法忍。

3、**增上班　瑜伽師地論**詳解　詳解論中所言凡夫地至佛地等 17 師之修證境界與理論，從凡夫地、聲聞地……宣演到諸地所證無生法忍、一切種智之眞實正理。由平實導師開講，每逢一、三、五週之週末晚上開示，僅限已明心之會員參加。2003 年二月開講至今，預定 2019 年講畢。

4、**不退轉法輪經**詳解　本經所說妙法極爲甚深難解，時至末法，已然無有知者；而其甚深絕妙之法，流傳至今依舊多人可證，顯示佛法眞是義學而非玄談，其中甚深極妙令人拍案稱絕之第一義諦妙義。已於 2019 年元月底開講，由平實導師詳解。不限制聽講資格。

5、**精進禪三**　主三和尚：平實導師。於四天三夜中，以克勤圓悟大師及大慧宗杲之禪風，施設機鋒與小參、公案密意之開示，幫助會員剋期取證，親證不生不滅之眞實心——人人本有之如來藏。每年四月、十月各舉辦三個梯次；平實導師主持。僅限本會會員參加禪淨班共修期滿，報名審核通過者，方可參加。並選擇會中定力、慧力、福德三條件皆已具足之已明心會員，給以指引，令得眼見自己無形無相之佛性遍佈山河大地，眞實而無障礙，得以肉眼現觀世界身心悉皆如幻，具足成就如幻觀，圓滿十住菩薩之證境。

6、**阿含經**詳解　選擇重要之阿含部經典，依無餘涅槃之實際而加以詳解，令大眾得以現觀諸法緣起性空，亦復不墮斷滅見中，顯示經中所隱說之涅槃實際—如來藏—確實已於四阿含中隱說；令大眾得以聞後觀行，確實斷除我見乃至我執，證得**見到**眞現觀，乃至**身證**……等眞現觀；已得大乘或二乘見道者，亦可由此聞熏及聞後之觀行，除斷我所之貪著，成就慧解脫果。由平實導師詳解。不限制聽講資格。

7、**解深密經**詳解　重講本經之目的，在於令諸已悟之人明解大乘法道之成佛次第，以及悟後進修一切種智之內涵，確實證知三種自性性，並得據此證解七眞如、十眞如等正理。每逢週二 18.50~20.50 開示，由平實導師詳解。將於《**不退轉法輪經**》講畢後開講。不限制聽講資格。

8、**成唯識論**詳解　詳解一切種智眞實正理，詳細剖析一切種智之微細深妙廣大正理；並加以舉例說明，使已悟之會員深入體驗所證如來藏之微密行相；及證驗見分相分與所生一切法，皆由如來藏—阿賴耶識—直接或展轉而生，因此證知一切法無我，證知無餘涅槃之本際。將於增上班《瑜伽師地論》講畢後，由平實導師重講。僅限已明心之會員參加。

9、**精選如來藏系經典**詳解　精選如來藏系經典一部，詳細解說，以此完全印證會員所悟如來藏之眞實，得入不退轉住。另行擇期詳細解說之，由平實導師講解。僅限已明心之會員參加。

10、**禪門差別智**　藉禪宗公案之微細淆訛難知難解之處，加以宣說及剖析，以增進明心、見性之功德，啓發差別智，建立擇法眼。每月第一週日全天，由平實導師開示，僅限破參明心後，復又眼見佛性者參加（事冗暫停）。

11、**枯木禪**　先講智者大師的《小止觀》，後說《釋禪波羅蜜》，詳解四禪八定之修證理論與實修方法，細述一般學人修定之邪見與岔路，及對禪定證境之誤會，消除枉用功夫、浪費生命之現象。已悟般若者，可以藉此而實修初禪，進入大乘通教及聲聞教的三果心解脫境界，配合應有的大福德及後得無分別智、十無盡願，即可進入初地心中。親教師：平實導師。未來緣熟時將於正覺寺開講。不限制聽講資格。

註：本會例行年假，自 2004 年起，改爲每年農曆新年前七天開始停息弘法事務及共修課程，農曆正月 8 日回復所有共修及弘法事務。新春期間（每日 9.00~17.00）開放台北講堂，方便會員禮佛祈福及會外人士請書。大溪區的正覺祖師堂，開放參訪時間，詳見〈正覺電子報〉或成佛之道網站。本表得因時節因緣需要而隨時修改之，不另作通知。

佛教正覺同修會　贈閱書籍 目錄

2018/10/20

1.**無相念佛**　平實導師著　回郵 36 元
2.**念佛三昧修學次第**　平實導師述著　回郵 52 元
3.**正法眼藏—護法集**　平實導師述著　回郵 76 元
4.**真假開悟簡易辨正法&佛子之省思**　平實導師著　回郵 26 元
5.**生命實相之辨正**　平實導師著　回郵 31 元
6.**如何契入念佛法門**（附：印順法師否定極樂世界）平實導師著　回郵 26 元
7.**平實書箋**—答元覽居士書　平實導師著　回郵 52 元
8.**三乘唯識**—如來藏系經律彙編　平實導師編　回郵 80 元
（精裝本　長 27 cm　寬 21 cm　高 7.5 cm　重 2.8 公斤）
9.**三時繫念全集**—修正本　回郵掛號 52 元（長 26.5 cm×寬 19 cm）
10.**明心與初地**　平實導師述　回郵 31 元
11.**邪見與佛法**　平實導師述著　回郵 36 元
12.**甘露法雨**　平實導師述　回郵 36 元
13.**我與無我**　平實導師述　回郵 36 元
14.**學佛之心態**—修正錯誤之學佛心態始能與正法相應 孫正德老師著 回郵52元
附錄：平實導師著**《略說八、九識並存…等之過失》**
15.**大乘無我觀**—《悟前與悟後》別說　平實導師述著　回郵 36 元
16.**佛教之危機**—中國台灣地區現代佛教之真相（附錄：公案拈提六則）
平實導師著　回郵 52 元
17.**燈　影**—燈下黑（覆「求教後學」來函等）平實導師著　回郵 76 元
18.**護法與毀法**—覆上平居士與徐恒志居士網站毀法二文
張正圜老師著　回郵 76 元
19.**淨土聖道**—兼評**選擇本願念佛**　正德老師著　**由正覺同修會購贈**　回郵 52 元
20.**辨唯識性相**—對「紫蓮心海《辯唯識性相》書中否定阿賴耶識」之回應
正覺同修會 台南共修處法義組 著　回郵 52 元
21.**假如來藏**—對法蓮法師《如來藏與阿賴耶識》書中否定阿賴耶識之回應
正覺同修會 台南共修處法義組 著　回郵 76 元
22.**入不二門**—公案拈提集錦 第一輯（於平實導師公案拈提諸書中選錄約二十則，
合輯為一冊流通之）平實導師著　回郵 52 元
23.**真假邪說**—西藏密宗索達吉喇嘛《破除邪說論》真是邪說
釋正安法師著　上、下冊回郵各 52 元
24.**真假開悟**—真如、如來藏、阿賴耶識間之關係　平實導師述著　回郵 76 元
25.**真假禪和**—辨正釋傳聖之謗法謬說　孫正德老師著　回郵 76 元
26.**眼見佛性**—駁慧廣法師眼見佛性的含義文中謬說

游正光老師著　回郵52元

27.**普門自在**—公案拈提集錦 第二輯（於平實導師公案拈提諸書中選錄約二十則，合輯為一冊流通之）平實導師著　回郵52元

28.**印順法師的悲哀**—以現代禪的質疑為線索　恒毓博士著　回郵52元

29.**識蘊真義**—現觀識蘊內涵、取證初果、親斷三縛結之具體行門。

—依《成唯識論》及《惟識述記》正義，略顯安慧《大乘廣五蘊論》之邪謬

平實導師著　回郵76元

30.**正覺電子報** 各期紙版本　免附回郵　每次最多函索三期或三本。

（已無存書之較早各期，不另增印贈閱）

31.**現代人應有的宗教觀**　蔡正禮老師 著　回郵31元

32.**遠惑趣道**—正覺電子報般若信箱問答錄　第一輯　回郵52元

33.**遠惑趣道**—正覺電子報般若信箱問答錄　第二輯　回郵52元

34.**確保您的權益**—器官捐贈應注意自我保護　游正光老師 著　回郵31元

35.**正覺教團電視弘法三乘菩提 DVD 光碟（一）**

由正覺教團多位親教師共同講述錄製 DVD 8 片，MP3 一片，共 9 片。有二大講題：一為「三乘菩提之意涵」，二為「學佛的正知見」。內容精闢，深入淺出，精彩絕倫，幫助大眾快速建立三乘法道的正知見，免被外道邪見所誤導。有志修學三乘佛法之學人不可不看。（製作工本費100元，回郵 52元）

36.**正覺教團電視弘法 DVD 專輯（二）**

總有二大講題：一為「三乘菩提之念佛法門」，一為「學佛正知見（第二篇）」，由正覺教團多位親教師輪番講述，內容詳細闡述如何修學念佛法門、實證念佛三昧，以及學佛應具有的正確知見，可以幫助發願往生西方極樂淨土之學人，得以把握往生，更可令學人快速建立三乘法道的正知見，免於被外道邪見所誤導。有志修學三乘佛法之學人不可不看。（一套17片，工本費160元。回郵 76元）

37.**喇嘛性世界**—揭開假藏傳佛教譚崔瑜伽的面紗　張善思 等人合著

由正覺同修會購贈　回郵52元

38.**假藏傳佛教的神話**—性、謊言、喇嘛教　張正玄教授編著

由正覺同修會購贈　回郵52元

39.**隨　緣**—理隨緣與事隨緣　平實導師述　回郵52元。

40.**學佛的覺醒**　正枝居士 著　回郵52元

41.**導師之真實義**　蔡正禮老師 著　回郵31元

42.**淺談達賴喇嘛之雙身法**—兼論解讀「密續」之達文西密碼

吳明芷居士 著　回郵31元

43.**魔界轉世**　張正玄居士 著　回郵31元

44.**一貫道與開悟**　蔡正禮老師 著　回郵31元

45.**博愛**—愛盡天下女人　正覺教育基金會 編印　回郵36元

46.**意識虛妄經教彙編**—實證解脫道的關鍵經文　正覺同修會編印　回郵36元

47.**邪箭囈語**—破斥藏密外道多識仁波切《破魔金剛箭雨論》之邪説

陸正元老師著　上、下冊回郵各 52 元

48.**真假沙門**—依 佛聖教闡釋佛教僧寶之定義

蔡正禮老師著　俟正覺電子報連載後結集出版

49.**真假禪宗**—藉評論釋性廣《印順導師對變質禪法之批判

及對禪宗之肯定》以顯示真假禪宗

附論一：凡夫知見 無助於佛法之信解行證

附論二：世間與出世間一切法皆從如來藏實際而生而顯

余正偉老師著　俟正覺電子報連載後結集出版　回郵未定

★ 上列贈書之郵資，係台灣本島地區郵資，大陸、港、澳地區及外國地區，請另計酌增（大陸、港、澳、國外地區之郵票不許通用）。尚未出版之書，請勿先寄來郵資，以免增加作業煩擾。

★ 本目錄若有變動，唯於後印之書籍及「成佛之道」網站上修正公佈之，不另行個別通知。

函索書籍請寄：佛教正覺同修會　103 台北市承德路 3 段 277 號 9 樓
台灣地區函索書籍者請附寄郵票，無時間購買郵票者可以等值現金抵用，但不接受郵政劃撥、支票、匯票。大陸地區得以人民幣計算，國外地區請以美元計算（請勿寄來當地郵票，在台灣地區不能使用）。欲以掛號寄遞者，請另附掛號郵資。

親自索閱：正覺同修會各共修處。　★請於共修時間前往取書，餘時無人在道場，請勿前往索取；共修時間與地點，詳見書末正覺同修會共修現況表（以近期之共修現況表爲準）。

註：正智出版社發售之局版書，請向各大書局購閱。若書局之書架上已經售出而無陳列者，請向書局櫃台指定洽購；若書局不便代購者，請於正覺同修會共修時間前往各共修處請購，正智出版社已派人於共修時間送書前往各共修處流通。 郵政劃撥購書及 大陸地區 購書，請詳別頁正智出版社發售書籍目錄最後頁之說明。

成佛之道 網站：http://www.a202.idv.tw　正覺同修會已出版之結緣書籍，多已登載於 成佛之道 網站，若住外國、或住處遙遠，不便取得正覺同修會贈閱書籍者，可以從本網站閱讀及下載。　書局版之《宗通與說通》亦已上網，台灣讀者可向書局洽購，售價 300 元。《狂密與眞密》第一輯~第四輯，亦於 2003.5.1.全部於本網站登載完畢；台灣地區讀者請向書局洽購，每輯約 400 頁，售價 300 元（網站下載紙張費用較貴，容易散失，難以保存，亦較不精美）。

＊＊假藏傳佛教修雙身法，非佛教＊＊

正智出版社 籌募弘法基金發售書籍目錄　2019/12/10

1.**宗門正眼**—公案拈提 第一輯 重拈　平實導師著 500 元
因重寫內容大幅度增加故，字體必須改小，並增爲 576 頁 主文 546 頁。比初版更精彩、更有內容。初版《禪門摩尼寶聚》之讀者，可寄回本公司免費調換新版書。免附回郵，亦無截止期限。（2007 年起，每冊附贈本公司精製公案拈提〈超意境〉CD 一片。市售價格 280 元，多購多贈。）

2.**禪淨圓融**　平實導師著 200 元（第一版舊書可換新版書。）

3.**真實如來藏**　平實導師著 400 元

4.**禪—悟前與悟後**　平實導師著 上、下冊，每冊 250 元

5.**宗門法眼**—公案拈提 第二輯　平實導師著 500 元
（2007 年起，每冊附贈本公司精製公案拈提〈超意境〉CD 一片）

6.**楞伽經詳解**　平實導師著　全套共 10 輯　每輯 250 元

7.**宗門道眼**—公案拈提 第三輯　平實導師著 500 元
（2007 年起，每冊附贈本公司精製公案拈提〈超意境〉CD 一片）

8.**宗門血脈**—公案拈提 第四輯　平實導師著 500 元
（2007 年起，每冊附贈本公司精製公案拈提〈超意境〉CD 一片）

9.**宗通與說通**—成佛之道 平實導師著 主文 381 頁 全書 400 頁售價 300 元

10.**宗門正道**—公案拈提 第五輯　平實導師著 500 元
（2007 年起，每冊附贈本公司精製公案拈提〈超意境〉CD 一片）

11.**狂密與真密 一～四輯**　平實導師著　西藏密宗是人間最邪淫的宗教，本質不是佛教，只是披著佛教外衣的印度教性力派流毒的喇嘛教。此書中將西藏密宗密傳之男女雙身合修樂空雙運所有祕密與修法，毫無保留完全公開，並將全部喇嘛們所不知道的部分也一併公開。內容比大辣出版社喧騰一時的《西藏慾經》更詳細。並且函蓋藏密的所有祕密及其錯誤的中觀見、如來藏見……等，藏密的所有法義都在書中詳述、分析、辨正。
每輯主文三百餘頁　每輯全書約 400 頁　售價每輯 300 元

12.**宗門正義**—公案拈提 第六輯　平實導師著 500 元
（2007 年起，每冊附贈本公司精製公案拈提〈超意境〉CD 一片）

13.**心經密意**—心經與解脫道、佛菩提道、祖師公案之關係與密意　平實導師述 300 元

14.**宗門密意**—公案拈提 第七輯　平實導師著 500 元
（2007 年起，每冊附贈本公司精製公案拈提〈超意境〉CD 一片）

15.**淨土聖道**—兼評「選擇本願念佛」　正德老師著 200 元

16.**起信論講記**　平實導師述著　共六輯　每輯三百餘頁　售價各 250 元

17.**優婆塞戒經講記**　平實導師述著 共八輯 每輯三百餘頁 售價各 250 元

18.**真假活佛**—略論附佛外道盧勝彥之邪說（對前岳靈犀網站主張「盧勝彥是證悟者」之修正）　正犀居士（岳靈犀）著　流通價 140 元

19.**阿含正義**—唯識學探源　平實導師著　共七輯　每輯 300 元

20.**超意境** CD 以平實導師公案拈提書中超越意境之頌詞，加上曲風優美的旋律，錄成令人嚮往的超意境歌曲，其中包括正覺發願文及平實導師親自譜成的黃梅調歌曲一首。詞曲雋永，殊堪翫味，可供學禪者吟詠，有助於見道。內附設計精美的彩色小冊，解說每一首詞的背景本事。每片 280 元。【每購買公案拈提書籍一冊，即贈送一片。】

21.**菩薩底憂鬱** CD 將菩薩情懷及禪宗公案寫成新詞，並製作成超越意境的優美歌曲。 1.主題曲〈菩薩底憂鬱〉，描述地後菩薩能離三界生死而迴向繼續生在人間，但因尚未斷盡習氣種子而有極深沈之憂鬱，非三賢位菩薩及二乘聖者所知，此憂鬱在七地滿心位方才斷盡；本曲之詞中所說義理極深，昔來所未曾見；此曲係以優美的情歌風格寫詞及作曲，聞者得以激發嚮往諸地菩薩境界之大心，詞、曲都非常優美，難得一見；其中勝妙義理之解說，已印在附贈之彩色小冊中。 2.以各輯公案拈提中直示禪門入處之頌文，作成各種不同曲風之超意境歌曲，值得玩味、參究；聆聽公案拈提之優美歌曲時，請同時閱讀內附之印刷精美說明小冊，可以領會超越三界的證悟境界；未悟者可以因此引發求悟之意向及疑情，眞發菩提心而邁向求悟之途，乃至因此眞實悟入般若，成眞菩薩。 3.正覺總持咒新曲，總持佛法大意；總持咒之義理，已加以解說並印在隨附之小冊中。本 CD 共有十首歌曲，長達 63 分鐘。每盒各附贈二張購書優惠券。每片 280 元。

22.**禪意無限** CD 平實導師以公案拈提書中偈頌寫成不同風格曲子，與他人所寫不同風格曲子共同錄製出版，幫助參禪人進入禪門超越意識之境界。盒中附贈彩色印製的精美解說小冊，以供聆聽時閱讀，令參禪人得以發起參禪之疑情，即有機會證悟本來面目而發起實相智慧，實證大乘菩提般若，能如實證知般若經中的眞實意。本 CD 共有十首歌曲，長達 69 分鐘，每盒各附贈二張購書優惠券。每片 280 元。

23.**我的菩提路**第一輯　釋悟圓、釋善藏等人合著　售價 300 元

24.**我的菩提路**第二輯　郭正益、張志成等人合著　售價 300 元

25.**我的菩提路**第三輯　王美伶等人合著　售價 300 元

26.**我的菩提路**第四輯　陳晏平等人合著　售價 300 元

27.**我的菩提路**第五輯　林慈慧等人合著　售價 300 元

28.**鈍鳥與靈龜**—考證後代凡夫對大慧宗杲禪師的無根誹謗。

平實導師著　共 458 頁　售價 350 元

29.**維摩詰經講記**　平實導師述　共六輯　每輯三百餘頁　售價各 250 元

30.**真假外道**—破劉東亮、杜大威、釋證嚴常見外道見　正光老師著　200 元

31.**勝鬘經講記**—兼論印順《勝鬘經講記》對於《勝鬘經》之誤解。

平實導師述　共六輯　每輯三百餘頁　售價 250 元

32.**楞嚴經講記**　平實導師述　共 **15** 輯，每輯三百餘頁　售價 300 元

33.**明心與眼見佛性**—駁慧廣〈蕭氏「眼見佛性」與「明心」之非〉文中謬說
正光老師著　共448頁　售價300元
34.**見性與看話頭**　黃正倖老師 著，本書是禪宗參禪的方法論。
內文375頁，全書416頁，售價300元。
35.**達賴真面目**—玩盡天下女人 白正偉老師 等著 中英對照彩色精裝大本800元
36.**喇嘛性世界**—揭開假藏傳佛教譚崔瑜伽的面紗　張善思 等人著　200元
37.**假藏傳佛教的神話**—性、謊言、喇嘛教　正玄教授編著　200元
38.**金剛經宗通**　平實導師述　共九輯　每輯售價250元。
39.**空行母**—性別、身分定位，以及藏傳佛教。
珍妮·坎貝爾著 呂艾倫 中譯 售價250元
40.**末代達賴**—性交教主的悲歌　張善思、呂艾倫、辛燕編著 售價250元
41.**霧峰無霧**—給哥哥的信　辨正釋印順對佛法的無量誤解
游宗明 老師著　售價250元
42.**第七意識與第八意識？**—穿越時空「超意識」
平實導師述　每冊300元
43.**黯淡的達賴**—失去光彩的諾貝爾和平獎
正覺教育基金會編著　每冊250元
44.**童女迦葉考**—論呂凱文〈佛教輪迴思想的論述分析〉之謬。
平實導師 著 定價180元
45.**人間佛教**—實證者必定不悖三乘菩提
平實導師 述，定價400元
46.**實相經宗通**　平實導師述　共八輯　每輯250元
47.**真心告訴您(一)**—達賴喇嘛在幹什麼？
正覺教育基金會編著　售價250元
48.**中觀金鑑**—詳述應成派中觀的起源與其破法本質
孫正德老師著　分為上、中、下三冊，每冊250元
49.**藏傳佛教要義**—《狂密與真密》之簡體字版　平實導師 著 上、下冊
僅在大陸流通　每冊300元
50.**法華經講義**　平實導師述　共二十五輯　每輯300元
51.**西藏「活佛轉世」制度**—附佛、造神、世俗法
許正豐、張正玄老師合著　定價150元
52.**廣論三部曲**　郭正益老師著　定價150元
53.**真心告訴您(二)**—達賴喇嘛是佛教僧侶嗎？
—補祝達賴喇嘛八十大壽
正覺教育基金會編著　售價300元
54.**次法**—實證佛法前應有的條件
張善思居士著　分為上、下二冊，每冊250元
55.**涅槃**—解說四種涅槃之實證及內涵　平實導師著 上、下冊 各350元

56.**山法**—西藏關於他空與佛藏之根本論

篤補巴．喜饒堅贊著　　傑弗里．霍普金斯英譯

張火慶教授、張志成、呂艾倫等中譯　精裝大本 1200 元

57.**假鋒虛焰金剛乘**—揭示顯密正理，兼破索達吉師徒《般若鋒兮金剛焰》

釋正安法師著 簡體字版 即將出版 售價未定

58.**廣論之平議**—宗喀巴《菩提道次第廣論》之平議　正雄居士著

約二或三輯　俟正覺電子報連載後結集出版　書價未定

59.**救護佛子向正道**—對印順法師中心思想之綜合判攝

游宗明老師著　書價未定

60.**菩薩學處**—菩薩四攝六度之要義　　陸正元老師著　　出版日期未定。

61.**八識規矩頌**詳解　　○○居士 註解　出版日期另訂　書價未定。

62.**印度佛教史**—法義與考證。依法義史實評論印順《印度佛教思想史、佛教史地考論》之謬說　正偉老師著　出版日期未定　書價未定

63.**中國佛教史**—依中國佛教正法史實而論。 ○○老師 著　書價未定。

64.**中論正義**—釋龍樹菩薩《中論》頌正理。

孫正德老師著　出版日期未定　書價未定

65.**中觀正義**—註解平實導師《中論正義頌》。

○○法師（居士）著　出版日期未定　書價未定

66.**佛藏經講記**　平實導師述　將於 2019 年 7 月 31 日出版　共 21 輯，每二個月出版一輯，每輯 300 元。

67.**阿含經講記**—將選錄四阿含中數部重要經典全經講解之，講後整理出版。

平實導師述　約二輯　每輯 300 元　出版日期未定

68.**寶積經講記**　平實導師述　每輯三百餘頁 優惠價 300 元 出版日期未定

69.**解深密經講記**　平實導師述 約四輯　將於重講後整理出版

70.**成唯識論略解**　平實導師著　五～六輯　每輯300 元　出版日期未定

71.**修習止觀坐禪法要講記**　　平實導師述　每輯三百餘頁

將於正覺寺建成後重講、以講記逐輯出版　出版日期未定

72.**無門關**—《無門關》公案拈提　平實導師著　出版日期未定

73.**中觀再論**—兼述印順《中觀今論》謬誤之平議。正光老師著 出版日期未定

74.**輪迴與超度**—佛教超度法會之真義。

○○法師（居士）著　出版日期未定　書價未定

75.**《釋摩訶衍論》平議**—對偽稱龍樹所造《釋摩訶衍論》之平議

○○法師（居士）著　出版日期未定　書價未定

76.**正覺發願文**註解—以真實大願為因 得證菩提

正德老師著　　出版日期未定　　書價未定

77.**正覺總持咒**—佛法之總持　　正圜老師著　出版日期未定　書價未定

78.**三自性**—依四食、五蘊、十二因緣、十八界法，說三性三無性。

作者未定　出版日期未定

79.**道品**—從三自性說大小乘三十七道品　　作者未定　出版日期未定
80.**大乘緣起觀**—依四聖諦七真如現觀十二緣起 作者未定　出版日期未定
81.**三德**—論解脱德、法身德、般若德。　　作者未定　出版日期未定
82.**真假如來藏**—對印順《如來藏之研究》謬説之平議　作者未定 出版日期未定
83.**大乘道次第**　　作者未定　出版日期未定　書價未定
84.**四緣**—依如來藏故有四緣。　作者未定　出版日期未定
85.**空之探究**—印順《空之探究》謬誤之平議　作者未定 出版日期未定
86.**十法義**—論阿含經中十法之正義　　作者未定　出版日期未定
87.**外道見**—論述外道六十二見　　作者未定　　出版日期未定

正智出版社有限公司書籍介紹

禪淨圓融：言淨土諸祖所未曾言，示諸宗祖師所未曾示；禪淨圓融，另闢成佛捷徑，兼顧自力他力，闡釋淨土門之速行易行道，亦同時揭櫫聖教門之速行易行道；令廣大淨土行者得免緩行難證之苦，亦令聖道門行者得以藉著淨土速行道而加快成佛之時劫。乃前無古人之超勝見地，非一般弘揚禪淨法門典籍也，先讀爲快。平實導師著 200元。

宗門正眼—**公案拈提**第一輯：繼承克勤圜悟大師碧巖錄宗旨之禪門鉅作。先則舉示當代大法師之邪說，消弭當代禪門大師鄉愿之心態，摧破當今禪門「世俗禪」之妄談；次則旁通教法，表顯宗門正理；繼以道之次第，消弭古今狂禪；後藉言語及文字機鋒，直示宗門入處。悲智雙運，禪味十足，數百年來難得一睹之禪門鉅著也。平實導師著 500元（原初版書《禪門摩尼寶聚》，改版後補充爲五百餘頁新書，總計多達二十四萬字，內容更精彩，並改名爲《宗門正眼》，讀者原購初版《禪門摩尼寶聚》皆可寄回本公司免費換新，免附回郵，亦無截止期限）（2007年起，凡購買公案拈提第一輯至第七輯，每購一輯皆贈送本公司精製公案拈提〈超意境〉CD一片，市售價格280元，多購多贈）。

禪—悟前與悟後：本書能建立學人悟道之信心與正確知見，圓滿具足而有次第地詳述禪悟之功夫與禪悟之內容，指陳參禪中細微淆訛之處，能使學人明自眞心、見自本性。若未能悟入，亦能以正確知見辨別古今中外一切大師究係眞悟？或屬錯悟？便有能力揀擇，捨名師而選明師，後時必有悟道之緣。一旦悟道，遲者七次人天往返，便出三界，速者一生取辦。學人欲求開悟者，不可不讀。　平實導師著。上、下冊共500元，單冊250元。

眞實如來藏：如來藏眞實存在，乃宇宙萬有之本體，並非印順法師、達賴喇嘛等人所說之「唯有名相、無此心體」。如來藏是涅槃之本際，是一切有智之人竭盡心智、不斷探索而不能得之生命實相；是古今中外許多大師自以爲悟而當面錯過之生命實相。如來藏即是阿賴耶識，乃是一切有情本自具足、不生不滅之眞實心。當代中外大師於此書出版之前所未能言者，作者於本書中盡情流露、詳細闡釋。眞悟者讀之，必能增益悟境、智慧增上；錯悟者讀之，必能檢討自己之錯誤，免犯大妄語業；未悟者讀之，能知參禪之理路，亦能以之檢查一切名師是否眞悟。此書是一切哲學家、宗教家、學佛者及欲昇華心智之人必讀之鉅著。　平實導師著　售價400元。

宗門法眼—**公案拈提**第二輯：列舉實例，闡釋土城廣欽老和尚之悟處；並直示這位不識字的老和尚妙智橫生之根由，繼而剖析禪宗歷代大德之開悟公案，解析當代密宗高僧卡盧仁波切之錯悟證據，並例舉當代顯宗高僧、大居士之錯悟證據（凡健在者，爲免影響其名聞利養，皆隱其名）。藉辨正當代名師之邪見，向廣大佛子指陳禪悟之正道，彰顯宗門法眼。悲勇兼出，強捋虎鬚；慈智雙運，巧探驪龍；摩尼寶珠在手，直示宗門入處，禪味十足；若非大悟徹底，不能爲之。禪門精奇人物，允宜人手一冊，供作參究及悟後印證之圭臬。本書於2008年4月改版，增寫為大約500頁篇幅，以利學人研讀參究時更易悟入宗門正法，以前所購初版首刷及初版二刷舊書，皆可免費換取新書。平實導師著 500元（2007年起，凡購買公案拈提第一輯至第七輯，每購一輯皆贈送本公司精製公案拈提〈超意境〉CD一片，市售價格280元，多購多贈）。

宗門道眼—**公案拈提**第三輯：繼宗門法眼之後，再以金剛之作略、慈悲之胸懷、犀利之筆觸，舉示寒山、拾得、布袋三大士之悟處，消弭當代錯悟者對於寒山大士……等之誤會及誹謗。亦舉出民初以來與虛雲和尚齊名之蜀郡鹽亭袁煥仙夫子——南懷瑾老師之師，其「悟處」何在？並蒐羅許多眞悟祖師之證悟公案，顯示禪宗歷代祖師之睿智，指陳部分祖師、奧修及當代顯密大師之謬悟，作爲殷鑑，幫助禪子建立及修正參禪之方向及知見。假使讀者閱此書已，一時尚未能悟，亦可一面加功用行，一面以此宗門道眼辨別眞假善知識，避開錯誤之印證及歧路，可免大妄語業之長劫慘痛果報。欲修禪宗之禪者，務請細讀。平實導師著 售價500元（2007年起，凡購買公案拈提第一輯至第七輯，每購一輯皆贈送本公司精製公案拈提〈超意境〉CD一片，市售價格280元，多購多贈）。

楞伽經詳解：本經是禪宗見道者印證所悟眞僞之根本經典，亦是禪宗見道者悟後起修之依據經典；故達摩祖師於印證二祖慧可大師之後，將此經典連同佛鉢祖衣一併交付二祖，令其依此經典佛示金言、進入修道位，修學一切種智。由此可知此經對於眞悟之人修學佛道，是非常重要之一部經典。此經能破外道邪說，亦破佛門中錯悟名師之謬說，亦破禪宗部分祖師之狂禪：不讀經典、一向主張「一悟即成究竟佛」之謬執。並開示愚夫所行禪、觀察義禪、攀緣如禪、如來禪等差別，令行者對於三乘禪法差異有所分辨；亦糾正禪宗祖師古來對於如來禪之誤解，嗣後可免以訛傳訛之弊。此經亦是法相唯識宗之根本經典，禪者悟後欲修一切種智而入初地者，必須詳讀。　平實導師著，全套共十輯，已全部出版完畢，每輯主文約320頁，每冊約352頁，定價250元。

宗門血脈—**公案拈提**第**四**輯：末法怪象—許多修行人自以爲悟，每將無念靈知認作眞實；崇尚二乘法諸師及其徒眾，則將**外於如來藏之緣起性空**—無因論之無常空、斷滅空、一切法空—錯認爲 佛所說之般若空性。這兩種現象已於當今海峽兩岸及美加地區顯密大師之中普遍存在；人人自以爲悟，心高氣壯，便敢寫書解釋祖師證悟之公案，大多出於意識思惟所得，言不及義，錯誤百出，因此誤導廣大佛子同陷大妄語之地獄業中而不能自知。彼等書中所說之悟處，其實處處違背第一義經典之聖言量。彼等諸人不論是否身披袈裟，都非佛法宗門血脈，或雖有禪宗法脈之傳承，亦只徒具形式；猶如螟蛉，非眞血脈，未悟得根本眞實故。禪子欲知佛、祖之眞血脈者，請讀此書，便知分曉。平實導師著，主文452頁，全書464頁，定價500元（2007年起，凡購買公案拈提第一輯至第七輯，每購一輯皆贈送本公司精製公案拈提〈超意境〉CD一片，市售價格280元，多購多贈）。

宗通與說通：古今中外，錯誤之人如麻似粟，每以常見外道所說之靈知心，認作眞心；或妄想虛空之勝性能量爲眞如，或錯認物質四大元素藉冥性（靈知心本體）能成就吾人色身及知覺，或認初禪至四禪中之了知心爲不生不滅之涅槃心。此等皆非通宗者之見地。復有錯悟之人一向主張「宗門與教門不相干」，此即尚未通達宗門之人也。其實宗門與教門互通不二，宗門所證者乃是眞如與佛性，教門所說者乃說宗門證悟之眞如佛性，故教門與宗門不二。本書作者以宗教二門互通之見地，細說「宗通與說通」，從初見道至悟後起修之道、細說分明；並將諸宗諸派在整體佛教中之地位與次第，加以明確之教判，學人讀之即可了知佛法之梗概也。欲擇明師學法之前，允宜先讀。平實導師著，主文共381頁，全書392頁，只售成本價300元。

宗門正道—**公案拈提**第五輯：修學大乘佛法有二果須證解脫果及大菩提果。二乘人不證大菩提果，唯證解脫果；此果之智慧，名爲聲聞菩提、緣覺菩提。大乘佛子所證二果之菩提果爲佛菩提，故名大菩提果，其慧名爲一切種智函蓋二乘解脫果。然此大乘二果修證，須經由禪宗之宗門證悟方能相應。而宗門證悟極難，自古已然；其所以難者，咎在古今佛教界普遍存在三種邪見：1.以修定認作佛法，2.以無因論之緣起性空—否定涅槃本際如來藏以後之一切法空作爲佛法，3.以常見外道邪見（離語言妄念之靈知性）作爲佛法。如是邪見，或因自身正見未立所致，或因邪師之邪教導所致，或因無始劫來虛妄熏習所致。若不破除此三種邪見，永劫不悟宗門眞義、不入大乘正道，唯能外門廣修菩薩行。平實導師於此書中，有極爲詳細之說明，有志佛子欲摧邪見、入於內門修菩薩行者，當閱此書。主文共496頁，全書512頁。售價500元（2007年起，凡購買公案拈提第一輯至第七輯，每購一輯皆贈送本公司精製公案拈提〈超意境〉CD一片，市售價格280元，多購多贈）。

狂密與真密：密教之修學，皆由有相之觀行法門而入，其最終目標仍不離顯教經典所說第一義諦之修證；若離顯教第一義經典、或違背顯教第一義經典，即非佛教。西藏密教之觀行法，如灌頂、觀想、遷識法、寶瓶氣、大聖歡喜雙身修法、喜金剛、無上瑜伽、大樂光明、樂空雙運等，皆是印度教**兩性生生不息**思想之轉化，**自始至終**皆以**如何能運用交合淫樂之法達到全身受樂**爲其中心思想，純屬欲界五欲的貪愛，不能令人超出欲界輪迴，更不能令人斷除我見；何況大乘之明心與見性，更無論矣！故密宗之法絕非佛法也。而其明光大手印、大圓滿法教，又皆同以常見外道所說**離語言妄念之無念靈知心**錯認爲佛地之眞如，不能直指不生不滅之眞如。西藏密宗所有法王與徒眾，都尚未開頂門眼，不能辨別眞僞，以**依人不依法、依密續不依經典**故，不肯將其上師喇嘛所說對照第一義經典，純依密續之藏密祖師所說爲準，因此而誇大其證德與證量，動輒謂彼祖師上師爲究竟佛、爲地上菩薩；如今台海兩岸亦有自謂其師證量高於 釋迦文佛者，然觀其師所述，猶未見道，仍在觀行即佛階段，尚未到禪宗相似即佛、分證即佛階位，竟敢標榜爲究竟佛及地上法王，誑惑初機學人。凡此怪象皆是狂密，不同於眞密之修行者。近年狂密盛行，密宗行者被誤導者極眾，動輒自謂已證佛地眞如，自視爲究竟佛，陷於大妄語業中而不知自省，反謗顯宗眞修實證者之證量粗淺；或如義雲高與釋性圓…等人，於報紙上公然誹謗眞實證道者爲「騙子、無道人、人妖、癩蛤蟆…」等，造下誹謗大乘勝義僧之大惡業；或以外道法中有爲有作之甘露、魔術……等法，誑騙初機學人，狂言彼外道法爲眞佛法。如是怪象，在西藏密宗及附藏密之外道中，不一而足，舉之不盡，學人宜應愼思明辨，以免上當後又犯毀破菩薩戒之重罪。密宗學人若欲遠離邪知邪見者，請閱此書，即能了知密宗之邪謬，從此遠離邪見與邪修，轉入眞正之佛道。

平實導師著 共四輯 每輯約400頁（主文約340頁）每輯售價300元。

宗門正義—公案拈提第六輯：佛教有六大危機，乃是藏密化、世俗化、膚淺化、學術化、宗門密意失傳、悟後進修諸地之次第混淆；其中尤以宗門密意之失傳，爲當代佛教最大之危機。由宗門密意失傳故，易令世尊本懷普被錯解，易令世尊正法被轉易爲外道法，以及加以淺化、世俗化，是故宗門密意之廣泛弘傳與具緣佛弟子，極爲重要。然而欲令宗門密意之廣泛弘傳予具緣之佛弟子者，必須同時配合錯誤知見之解析、普令佛弟子知之，然後輔以公案解析之直示入處，方能令具緣之佛弟子悟入。而此二者，皆須以公案拈提之方式爲之，方易成其功、竟其業，是故平實導師續作宗門正義一書，以利學人。全書500餘頁，售價500元（2007年起，凡購買公案拈提第一輯至第七輯，每購一輯皆贈送本公司精製公案拈提〈超意境〉CD一片，市售價格280元，多購多贈）。

心經密意—心經與解脫道、佛菩提道、祖師公案之關係與密意。二乘菩提所證之解脫道，實依第八識心之斷除煩惱障現行而立解脫之名；大乘菩提所證之佛菩提道，實依親證第八識如來藏之涅槃性、清淨自性、及其中道性而立般若之名；禪宗祖師公案所證之眞心，即是此第八識如來藏；是故三乘佛法所修所證之三乘菩提，皆依此如來藏心而立名也。此第八識心，即是《心經》所說之心也。證得此如來藏已，即能漸入大乘佛菩提道，亦可因證知此心而了知二乘無學所不能知之無餘涅槃本際，是故《心經》之密意，與三乘佛菩提之關係極爲密切、不可分割，三乘佛法皆依此心而立名故。今者平實導師以其所證解脫道之無生智及佛菩提之般若種智，將《心經》與解脫道、佛菩提道、祖師公案之關係與密意，以演講之方式，用淺顯之語句和盤托出，發前人所未言，呈三乘菩提之眞義，令人藉此《心經密意》一舉而窺三乘菩提之堂奧，迥異諸方言不及義之說；欲求眞實佛智者、不可不讀！主文317頁，連同跋文及序文…等共384頁，售價300元。

宗門密意—**公案拈提第七輯**：佛教之世俗化，將導致學人以信仰作爲學佛，則將以感應及世間法之庇祐，作爲學佛之主要目標，不能了知學佛之主要目標爲親證三乘菩提。大乘菩提則以般若實相智慧爲主要修習目標，以二乘菩提解脫道爲附帶修習之標的；是故學習大乘法者，應以禪宗之證悟爲要務，能親入大乘菩提之實相般若智慧中故，般若實相智慧非二乘聖人所能知故。此書則以台灣世俗化佛教之三大法師，說法似是而非之實例，配合眞悟祖師之公案解析，提示證悟般若之關節，令學人易得悟入。平實導師著，全書五百餘頁，售價500元（2007年起，凡購買公案拈提第一輯至第七輯，每購一輯皆贈送本公司精製公案拈提〈超意境〉CD一片，市售價格280元，多購多贈）。

淨土聖道—兼評日本本願念佛：佛法甚深極廣，般若玄微，非諸二乘聖僧所能知之，一切凡夫更無論矣！所謂一切證量皆歸淨土是也！是故大乘法中「聖道之淨土、淨土之聖道」，其義甚深，難可了知；乃至眞悟之人，初心亦難知也。今有正德老師眞實證悟後，復能深探淨土與聖道之緊密關係，憐憫眾生之誤會淨土實義，亦欲利益廣大淨土行人同入聖道，同獲淨土中之聖道門要義，乃振奮心神、書以成文，今得刊行天下。主文279頁，連同序文等共301頁，總有十一萬六千餘字，正德老師著，成本價200元。

起信論講記：詳解大乘起信論**心生滅門**與**心眞如門**之眞實意旨，消除以往大師與學人對起信論所說**心生滅門**之誤解，由是而得了知眞心如來藏之非常非斷中道正理；亦因此一講解，令此論以往隱晦而被誤解之眞實義，得以如實顯示，令大乘佛菩提道之正理得以顯揚光大；初機學者亦可藉此正論所顯示之法義，對大乘法理生起正信，從此得以眞發菩提心，眞入大乘法中修學，世世常修菩薩正行。平實導師演述，共六輯，都已出版，每輯三百餘頁，售價250元。

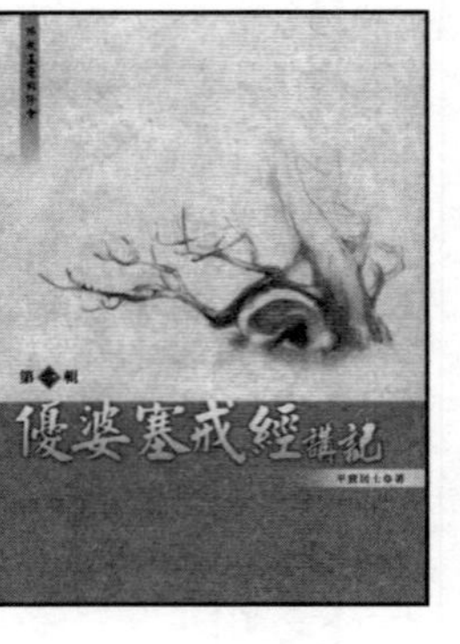

優婆塞戒經講記：本經詳述在家菩薩修學大乘佛法，應如何受持菩薩戒？對人間善行應如何看待？對三寶應如何護持？應如何正確地修集此世後世證法之福德？應如何修集後世「行菩薩道之資糧」？並詳述第一義諦之正義：五蘊非我非異我、自作自受、異作異受、不作不受……等深妙法義，乃是修學大乘佛法、行菩薩行之在家菩薩所應當了知者。出家菩薩今世或未來世登地已，捨報之後多數將如華嚴經中諸大菩薩，以在家菩薩身而修行菩薩行，故亦應以此經所述正理而修之，配合《楞伽經、解深密經、楞嚴經、華嚴經》等道次第正理，方得漸次成就佛道；故此經是一切大乘行者皆應證知之正法。平實導師講述，每輯三百餘頁，售價各250元；共八輯，已全部出版。

真假活佛—略論附佛外道盧勝彥之邪說：人人身中都有眞活佛，永生不滅而有大神用，但眾生都不了知，所以常被身外的西藏密宗假活佛籠罩欺瞞。本來就眞實存在的眞活佛，才是眞正的密宗無上密！諾那活佛因此而說禪宗是大密宗，但藏密的所有活佛都不知道、也不曾實證自身中的眞活佛。本書詳實宣示眞活佛的道理，舉證盧勝彥的「佛法」不是眞佛法，也顯示盧勝彥是假活佛，直接的闡釋第一義佛法見道的眞實正理。眞佛宗的所有上師與學人們，都應該詳細閱讀，包括盧勝彥個人在內。正犀居士著，優惠價140元。

阿含正義—唯識學探源：廣說四大部《阿含經》諸經中隱說之眞正義理，一一舉示佛陀本懷，令阿含時期初轉法輪根本經典之眞義，如實顯現於佛子眼前。並提示末法大師對於阿含眞義誤解之實例，一一比對之，證實唯識增上慧學確於原始佛法之阿含諸經中已隱覆密意而略說之，證實 世尊確於原始佛法中已曾密意而說第八識如來藏之總相；亦證實 世尊在四阿含中已說此藏識是名色十八界之因、之本—證明如來藏是能生萬法之根本心。佛子可據此修正以往受諸大師（譬如西藏密宗應成派中觀師：印順、昭慧、性廣、大願、達賴、宗喀巴、寂天、月稱、……等人）誤導之邪見，建立正見，轉入正道乃至親證初果而無困難；書中並詳說三果所證的**心解脫**，以及四果**慧解脫**的親證，都是如實可行的具體知見與行門。全書共七輯，已出版完畢。平實導師著，每輯三百餘頁，售價300元。

超意境CD：以平實導師公案拈提書中超越意境之頌詞，加上曲風優美的旋律，錄成令人嚮往的超意境歌曲，其中包括正覺發願文及平實導師親自譜成的黃梅調歌曲一首。詞曲雋永，殊堪翫味，可供學禪者吟詠，有助於見道。內附設計精美的彩色小冊，解說每一首詞的背景本事。每片280元。【每購買公案拈提書籍一冊，即贈送一片。】

鈍鳥與靈龜：鈍鳥及靈龜二物，被宗門證悟者說爲二種人：前者是精修禪定而無智慧者，也是以定爲禪的愚癡禪人；後者是或有禪定、或無禪定的宗門證悟者，凡已證悟者皆是靈龜。但後來被人虛造事實，用以嘲笑大慧宗杲禪師，說他雖是靈龜，卻不免被天童禪師預記「患背」痛苦而亡：「**鈍鳥離巢易，靈龜脫殼難**。」藉以貶低大慧宗杲的證量。同時將天童禪師實證如來藏的證量，曲解爲意識境界的離念靈知。自從大慧禪師入滅以後，錯悟凡夫對他的不實毀謗就一直存在著，不曾止息，並且捏造的假事實也隨著年月的增加而越來越多，終至編成「鈍鳥與靈龜」的假公案、假故事。本書是考證大慧與天童之間的不朽情誼，顯現這件假公案的虛妄不實；更見大慧宗杲面對惡勢力時的正直不阿，亦顯示大慧對天童禪師的至情深義，將使後人對大慧宗杲的誣謗至此而止，不再有人誤犯毀謗賢聖的惡業。書中亦舉證宗門的所悟確以第八識如來藏爲標的，詳讀之後必可改正以前被錯悟大師誤導的參禪知見，日後必定有助於實證禪宗的開悟境界，得階大乘眞見道位中，即是實證般若之賢聖。全書459頁，售價350元。

我的菩提路第一輯：凡夫及二乘聖人不能實證的佛菩提證悟，末法時代的今天仍然有人能得實證，由正覺同修會釋悟圓、釋善藏法師等二十餘位實證如來藏者所寫的見道報告，已爲當代學人見證宗門正法之絲縷不絕，證明大乘義學的法脈仍然存在，爲末法時代求悟般若之學人照耀出光明的坦途。由二十餘位大乘見道者所繕，敘述各種不同的學法、見道因緣與過程，參禪求悟者必讀。全書三百餘頁，售價300元。

我的菩提路第二輯：由郭正益老師等人合著，書中詳述彼等諸人歷經各處道場學法，一一修學而加以檢擇之不同過程以後，因閱讀正覺同修會、正智出版社書籍而發起抉擇分，轉入正覺同修會中修學；乃至學法及見道之過程，都一一詳述之。其中張志成等人係由前現代禪轉進正覺同修會，張志成原爲現代禪副宗長，以前未閱本會書籍時，曾被人藉其名義著文評論 平實導師（詳見《宗通與說通》辨正及《眼見佛性》書末附錄…等）；後因偶然接觸正覺同修會書籍，深覺以前聽人評論平實導師之語不實，於是投入極多時間閱讀本會書籍、深入思辨，詳細探索中觀與唯識之關聯與異同，認爲正覺之法義方是正法，深覺相應；亦解開多年來對佛法的迷雲，確定應依八識論正理修學方是正法。乃不顧面子，毅然前往正覺同修會面見平實導師懺悔，並正式學法求悟。今已與其同修王美伶（亦爲前現代禪傳法老師），同樣證悟如來藏而證得法界實相，生起實相般若眞智。此書中尙有七年來本會第一位眼見佛性者之見性報告一篇，一同供養大乘佛弟子。全書共四百頁，售價300元。

我的菩提路第三輯：由王美伶老師等人合著。自從正覺同修會成立以來，每年夏初、冬初都舉辦精進禪三共修，藉以助益會中同修們得以證悟明心發起般若實相智慧；凡已實證而被平實導師印證者，皆書具見道報告用以證明佛法之眞實可證而非玄學，證明佛法並非純屬思想、理論而無實質，是故每年都能有人證明正覺同修會的「實證佛教」主張並非虛語。特別是眼見佛性一法，自古以來中國禪宗祖師實證者極寡，較之明心開悟的證境更難令人信受；至2017年初，正覺同修會中的證悟明心者已近五百人，然而其中眼見佛性者至今唯十餘人爾，可謂難能可貴，是故明心後欲冀眼見佛性者實屬不易。黃正倖老師是懸絕七年無人見性後的第一人，她於2009年的見性報告刊於本書的第二輯中，爲大眾證明佛性確實可以眼見；其後七年之中求見性者都屬解悟佛性而無人眼見，幸而又經七年後的2016冬初，以及2017夏初的禪三，復有三人眼見佛性，希冀鼓舞四眾佛子求見佛性之大心，今則具載一則於書末，顯示求見佛性之事實經歷，供養現代佛教界欲得見性之四眾弟子。全書四百頁，售價300元。

我的菩提路第四輯：由陳晏平等人著。中國禪宗祖師往往有所謂「見性」之言，所言多屬看見如來藏具有能令人發起成佛之自性，並非《大般涅槃經》中如來所說之眼見佛性。眼見佛性者，於親見佛性之時，即能於山河大地眼見自己佛性，亦能於他人身上眼見自己佛性及對方之佛性，如是境界無法爲尚未實證者解釋；勉強說之，縱使眞實明心證悟之人聞之，亦只能以自身明心之境界想像之，但不論如何想像多屬非量，能有正確之比量者亦是稀有，故說眼見佛性極爲困難。眼見佛性之人若所見極分明時，在所見佛性之境界下所眼見之山河大地、自己五蘊身心皆是虛幻，自有異於明心者之解脫功德受用，此後永不思證二乘涅槃，必定邁向成佛之道而進入第十住位中，已超第一阿僧祇劫三分有一，可謂之爲超劫精進也。今又有明心之後眼見佛性之人出於人間，將其明心及後來見性之報告，連同其餘證悟明心者之精彩報告一同收錄於此書中，供養眞求佛法實證之四眾佛子。全書380頁，售價300元。

我的菩提路第五輯：林慈慧等人著。書中詳敘學佛一路之辛苦萬端，直至得遇正法之後如何修行終能實證，現觀眞如而入勝義菩薩僧數。本輯亦錄入一位明心後又再眼見佛性的實證者，文中詳述見性之過程，並說明見性後的情況。古來能得明心又得見性之祖師極寡，禪師們所謂見性者往往屬於明心時親見第八識如來藏具備能使人成佛之自性，即名見性，例如六祖等人，但非《大般涅槃經》中所說之「眼見佛性」之實證。今本書提供眼見佛性證量之見性報告一篇，以饗讀者。全書384頁，300元。

維摩詰經講記：本經係 世尊在世時，由等覺菩薩維摩詰居士藉疾病而演說之大乘菩提無上妙義，所說函蓋甚廣，然極簡略，是故今時諸方大師與學人讀之悉皆錯解，何況能知其中隱含之深妙正義，是故普遍無法爲人解說；若強爲人說，則成依文解義而有諸多過失。今由平實導師公開宣講之後，詳實解釋其中密意，令維摩詰菩薩所說大乘不可思議解脫之深妙正法得以正確宣流於人間，利益當代學人及與諸方大師。書中詳實演述大乘佛法深妙不共二乘之智慧境界，顯示諸法之中絕待之實相境界，建立大乘菩薩妙道於永遠不敗不壞之地，以此成就護法偉功，欲冀永利娑婆人天。已經宣講圓滿整理成書流通，以利諸方大師及諸學人。全書共六輯，每輯三百餘頁，售價各250元。

真假外道：本書具體舉證佛門中的常見外道知見實例，並加以教證及理證上的辨正，幫助讀者輕鬆而快速的了知常見外道的錯誤知見，進而遠離佛門內外的常見外道知見，因此即能改正修學方向而快速實證佛法。游正光老師著　。成本價200元。

勝鬘經講記：如來藏爲三乘菩提之所依，若離如來藏心體及其含藏之一切種子，即無三界有情及一切世間法，亦無二乘菩提緣起性空之出世間法；本經詳說無始無明、一念無明皆依如來藏而有之正理，藉著詳解煩惱障與所知障間之關係，令學人深入了知二乘菩提與佛菩提相異之妙理；聞後即可了知佛菩提之特勝處及三乘修道之方向與原理，邁向攝受正法而速成佛道的境界中。平實導師講述，共六輯，每輯三百餘頁，售價各250元。

楞嚴經講記：楞嚴經係密教部之重要經典，亦是顯教中普受重視之經典；經中宣說明心與見性之內涵極爲詳細，將一切法都會歸如來藏及佛性—妙眞如性；亦闡釋佛菩提道修學過程中之種種魔境，以及外道誤會涅槃之狀況，旁及三界世間之起源。然因言句深澀難解，法義亦復深妙寬廣，學人讀之普難通達，是故讀者大多誤會，不能如實理解佛所說之明心與見性內涵，亦因是故多有悟錯之人引爲開悟之證言，成就大妄語罪。今由平實導師詳細講解之後，整理成文，以易讀易懂之語體文刊行天下，以利學人。全書十五輯，全部出版完畢。每輯三百餘頁，售價每輯300元。

明心與眼見佛性：本書細述明心與眼見佛性之異同，同時顯示了中國禪宗破初參明心與重關眼見佛性二關之間的關聯；書中又藉法義辨正而旁述其他許多勝妙法義，讀後必能遠離佛門長久以來積非成是的錯誤知見，令讀者在佛法的實證上有極大助益。也藉慧廣法師的謬論來教導佛門學人回歸正知正見，遠離古今禪門錯悟者所墮的意識境界，非唯有助於斷我見，也對未來的開悟明心實證第八識如來藏有所助益，是故學禪者都應細讀之。游正光老師著　共448頁　售價300元。

菩薩底憂鬱CD將菩薩情懷及禪宗公案寫成新詞，並製作成超越意境的優美歌曲。1.主題曲〈菩薩底憂鬱〉，描述地後菩薩能離三界生死而迴向繼續生在人間，但因尚未斷盡習氣種子而有極深沈之憂鬱，非三賢位菩薩及二乘聖者所知，此憂鬱在七地滿心位方才斷盡；本曲之詞中所說義理極深，昔來所未曾見；此曲係以優美的情歌風格寫詞及作曲，聞者得以激發嚮往諸地菩薩境界之大心，詞、曲都非常優美，難得一見；其中勝妙義理之解說，已印在附贈之彩色小冊中。2.以各輯公案拈提中直示禪門入處之頌文，作成各種不同曲風之超意境歌曲，值得玩味、參究；聆聽公案拈提之優美歌曲時，請同時閱讀內附之印刷精美說明小冊，可以領會超越三界的證悟境界；未悟者可以因此引發求悟之意向及疑情，眞發菩提心而邁向求悟之途，乃至因此眞實悟入般若，成眞菩薩。3.正覺總持咒新曲，總持佛法大意；總持咒之義理，已加以解說並印在隨附之小冊中。本CD共有十首歌曲，長達63分鐘，附贈二張購書優惠券。每片280元。

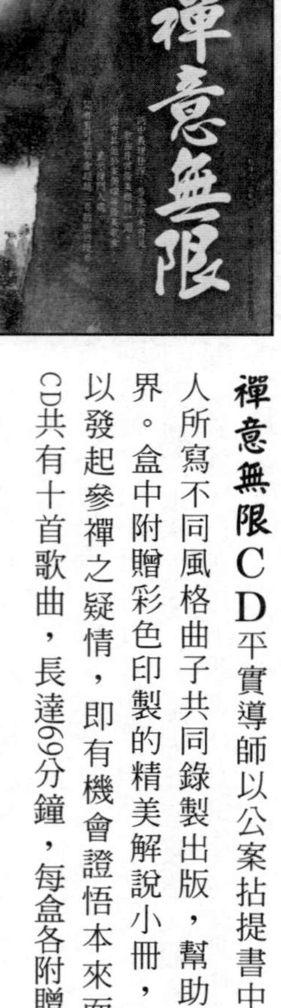

禪意無限CD平實導師以公案拈提書中偈頌寫成不同風格曲子，與他人所寫不同風格曲子共同錄製出版，幫助參禪人進入禪門超越意識之境界。盒中附贈彩色印製的精美解說小冊，以供聆聽時閱讀，令參禪人得以發起參禪之疑情，即有機會證悟本來面目，實證大乘菩提般若。本CD共有十首歌曲，長達69分鐘，每盒各附贈二張購書優惠券。每片280元。

金剛經宗通：三界唯心，萬法唯識，是成佛之修證內容，是諸地菩薩之所修；般若則是成佛之道（實證三界唯心、萬法唯識）的入門，若未證悟實相般若，即無成佛之可能，必將永在外門廣行菩薩六度，永在凡夫位中。然而實相般若的發起，全賴實證萬法的實相；若欲證知萬法的眞相，則必須探究萬法之所從來，則須實證自心如來—金剛心如來藏，然後現觀這個金剛心的金剛性、眞實性、如如性、清淨性、涅槃性、能生萬法的自性性、本住性，名爲證眞如；進而現觀三界六道唯是此金剛心所成，人間萬法須藉八識心王和合運作方能現起。如是實證《華嚴經》的「三界唯心、萬法唯識」以後，由此等現觀而發起實相般若智慧，繼續進修第十住位的如幻觀、第十行位的陽焰觀、第十迴向位的如夢觀，再生起增上意樂而勇發十無盡願，方能滿足三賢位的實證，轉入初地；自知成佛之道而無偏倚，從此按部就班、次第進修乃至成佛。第八識自心如來是般若智慧之所依，般若智慧的修證則要從實證金剛心自心如來開始；《金剛經》則是解說自心如來之經典，是一切三賢位菩薩所應進修之實相般若經典。這一套書，是將平實導師宣講的《金剛經宗通》內容，整理成文字而流通之；書中所說義理，迥異古今諸家依文解義之說，指出大乘見道方向與理路，有益於禪宗學人求開悟見道，及轉入內門廣修六度萬行。講述完畢後結集出版，總共9輯，每輯約三百餘頁，售價各250元。

空行母——性別、身分定位，以及藏傳佛教：本書作者爲蘇格蘭哲學家，因爲嚮往佛教深妙的哲學內涵，於是進入當年盛行於歐美的假藏傳佛教密宗，擔任卡盧仁波切的翻譯工作多年以後，被邀請成爲卡盧的空行母（又名佛母、明妃），開始了她在密宗裡的實修過程；後來發覺在密宗雙身法中的修行，其實無法使自己成佛，也發覺密宗對女性岐視而處處貶抑，並剝奪女性在雙身法中擔任一半角色時應有的身分定位。當她發覺自己只是雙身法中被喇嘛利用的工具，沒有獲得絲毫應有的尊重與基本定位時，發現了密宗的父權社會控制女性的本質；於是作者傷心地離開了卡盧仁波切與密宗，但是卻被恐嚇不許講出她在密宗裡的經歷，也不許她說出自己對密宗的教義與教制下對女性剝削的本質，否則將被咒殺死亡。後來她去加拿大定居，十餘年後方才擺脫這個恐嚇陰影，下定決心將親身經歷的實情及觀察到的事實寫下來並且出版，公諸於世。出版之後，她被流亡的達賴集團人士大力攻訐，誣指她爲精神狀態失常、說謊……等。但有智之士並未被達賴集團的政治操作及各國政府政治運作吹捧達賴的表相所欺，使她的書銷售無阻而又再版。正智出版社鑑於作者此書是親身經歷的事實，所說具有針對「藏傳佛教」而作學術研究的價值，也有使人認清假藏傳佛教剝削佛母、明妃的男性本位實質，因此洽請作者同意中譯而出版於華人地區。珍妮·坎貝爾女士著，呂艾倫 中譯，每冊250元。

霧峰無霧——給哥哥的信：本書作者藉兄弟之間信件往來論義，略述佛法大義；並以多篇短文辨義，舉出釋印順對佛法的無量誤解證據，並一一給予簡單而清晰的辨正，令人一讀即知。久讀、多讀之後即能認清楚釋印順的六識論見解，與眞實佛法之牴觸是多麼嚴重；於是在久讀、多讀之後，於不知不覺之間提升了對佛法的極深入理解，正知正見就在不知不覺間建立起來了。當三乘佛法的正知見建立起來之後，對於三乘菩提的見道條件便將隨之具足，於是聲聞解脫道的見道也就水到渠成；接著大乘見道的因緣也將次第成熟，未來自然也會有親見大乘菩提之道的因緣，悟入大乘實相般若也將自然成功，自能通達般若系列諸經而成實義菩薩。作者居住於南投縣霧峰鄉，自喻見道之後不復再見霧峰之霧，故鄉原野美景一一明見，於是立此書名爲《霧峰無霧》；讀者若欲撥霧見月，可以此書爲緣。游宗明 老師著 售價250元。

假藏傳佛教的神話—性、謊言、喇嘛教：本書編著者是由一首名叫「阿姊鼓」的歌曲爲緣起，展開了序幕，揭開假藏傳佛教—喇嘛教—的神祕面紗。其重點是蒐集、摘錄網路上質疑「喇嘛教」的帖子，以揭穿「假藏傳佛教的神話」爲主題，串聯成書，並附加彩色插圖以及說明，讓讀者們瞭解西藏密宗及相關人事如何被操作爲「神話」的過程，以及神話背後的眞相。作者：張正玄教授。售價200元。

達賴真面目—玩盡天下女人：假使您不想戴綠帽子，請記得詳細閱讀此書；假使您不想讓好朋友戴綠帽子，請您將此書介紹給您的好朋友。假使您想保護家中的女性，也想要保護好朋友的女眷，請記得將此書送給家中的女性和好友的女眷都來閱讀。本書爲印刷精美的大本彩色中英對照精裝本，爲您揭開達賴喇嘛的眞面目，內容精彩不容錯過，爲利益社會大眾，特別以優惠價格嘉惠所有讀者。編著者：白志偉等。大開版雪銅紙彩色精裝本。售價800元。

喇嘛性世界—揭開假藏傳佛教譚崔瑜伽的面紗：這個世界中的喇嘛，號稱來自世外桃源的香格里拉，穿著或紅或黃的喇嘛長袍，散布於我們的身邊傳教灌頂，吸引了無數的人嚮往學習；這些喇嘛虔誠地爲大眾祈福，手中拿著寶杵（金剛）與寶鈴（蓮花），口中唸著咒語：「唵．嘛呢．叭咪．吽……」，咒語的意思是說：「我至誠歸命金剛杵上的寶珠伸向蓮花寶穴之中」！「喇嘛性世界」是什麼樣的「世界」呢？本書將爲您呈現喇嘛世界的面貌。當您發現眞相以後，您將會唸：「噢！喇嘛．性．世界，譚崔性交嘛！」作者：張善思、呂艾倫。售價200元。

末代達賴——性交教主的悲歌：簡介從藏傳僞佛教（喇嘛教）的修行核心——性力派男女雙修，探討達賴喇嘛及藏傳僞佛教的修行內涵。書中引用外國知名學者著作、世界各地新聞報導，包含：歷代達賴喇嘛的祕史、達賴六世修雙身法的事蹟，以及《時輪續》中的性交灌頂儀式……等；達賴喇嘛書中開示的雙修法、達賴喇嘛的黑暗政治手段；達賴喇嘛所領導的寺院爆發喇嘛性侵兒童；新聞報導《西藏生死書》作者索甲仁波切性侵女信徒、澳洲喇嘛秋達公開道歉、美國最大假藏傳佛教組織領導人邱陽創巴仁波切的性氾濫；等等事件背後眞相的揭露。作者：張善思、呂艾倫、辛燕。售價250元。

第七意識與第八意識？
—穿越時空「超意識」
The Seventh and the Eighth Consciousnesses
--Trans-consciousness Passing through Spaces
平實導師 著
Venerable Pingi Xiao

第七意識與第八意識？——穿越時空「超意識」：「三界唯心，萬法唯識」是佛教中應該實證的聖教，也是《華嚴經》中明載而可以實證的法界實相。唯心者，三界一切境界、一切諸法唯是一心所成就，即是每一個有情的第八識如來藏，不是意識心。唯識者，即是人類各各都具足的八識心王——眼識、耳鼻舌身意識、意根、阿賴耶識，第八阿賴耶識又名如來藏，人類五陰相應的萬法，莫不由八識心王共同運作而成就，故說萬法唯識。依聖教量及現量、比量，都可以證明意識是二法因緣生，是由第八識藉意根與法塵二法爲因緣而出生，又是夜夜斷滅不存之生滅心，即無可能反過來出生第七識意根、第八識如來藏，當知不可能從生滅性的意識心中，細分出恆審思量的第七識意根，更無可能細分出恆而不審的第八識如來藏。本書是將演講內容整理成文字，細說如是內容，並已在〈正覺電子報〉連載完畢，今彙集成書以廣流通，欲幫助佛門有緣人斷除意識我見，跳脫於識陰之外而取證聲聞初果；嗣後修學禪宗時即得不墮外道神我之中，得以求證第八識金剛心而發起般若實智。平實導師 述，每冊300元。

黯淡的達賴—失去光彩的諾貝爾和平獎：本書舉出很多證據與論述，詳述達賴喇嘛不為世人所知的一面，顯示達賴喇嘛並不是眞正的和平使者，而是假借諾貝爾和平獎的光環來欺騙世人；透過本書的說明與舉證，讀者可以更清楚的瞭解，達賴喇嘛是結合暴力、黑暗、淫欲於喇嘛教裡的集團首領，其政治行為與宗教主張，早已讓諾貝爾和平獎的光環染污了。　本書由財團法人正覺教育基金會寫作、編輯，由正覺出版社印行，每冊250元。

童女迦葉考—論呂凱文〈佛教輪迴思想的論述分析〉之謬：童女迦葉是佛世率領五百大比丘遊行於人間的歷史事實，是以童貞行而依止菩薩戒弘化於人間的大菩薩，不依別解脫戒（聲聞戒）來弘化於人間。這是大乘佛教與聲聞佛教同時存在於佛世的歷史明證，證明大乘佛教不是從聲聞法中分裂出來的部派佛教的產物，卻是聲聞佛教分裂出來的部派佛教聲聞凡夫僧所不樂見的史實；於是古今聲聞法中的凡夫都欲加以扭曲而作詭說，更是末法時代高聲大呼「大乘非佛說」的六識論聲聞凡夫極力想要扭曲的佛教史實之一，於是想方設法扭曲迦葉菩薩為聲聞僧，以及扭曲迦葉童女為比丘僧等荒謬不實之論著便陸續出現，古時聲聞僧寫作的《分別功德論》是最具體之事例，現代之代表作則是呂凱文先生的〈佛教輪迴思想的論述分析〉論文。鑑於如是假藉學術考證以籠罩大眾之不實謬論，未來仍將繼續造作及流竄於佛教界，繼續扼殺大乘佛教學人法身慧命，必須舉證辨正之，遂成此書。平實導師　著，每冊180元。

人間佛教—實證者必定不悖三乘菩提：「大乘非佛說」的講法似乎流傳已久，卻只是日本人企圖擺脫中國正統佛教的影響，而在明治維新時期才開始提出來的說法；台灣佛教、大陸佛教的淺學無智之人，由於未曾實證佛法而迷信日本人錯誤的學術考證，錯認為這些別有用心的日本佛學考證的講法為天竺佛教的眞實歷史；甚至還有更激進的反對佛教者提出「釋迦牟尼佛並非眞實存在，只是後人捏造的假歷史人物」，竟然也有少數人願意跟著「學術」的假光環而信受不疑，於是開始有一些佛教界人士造作了反對中國佛教而推崇南洋小乘佛教的行為，使佛教的信仰者難以檢擇，導致一般大陸人士開始轉入基督教的盲目迷信中。在這些佛教及外教人士之中，也就有一分人根據此邪說而大聲主張「大乘非佛說」的謬論，這些人以「人間佛教」的名義來抵制中國正統佛教，公然宣稱中國的大乘佛教是由聲聞部派佛教的凡夫僧所創造出來的。這樣的說法流傳於台灣及大陸佛教界凡夫僧之中已久，卻非眞正的佛教歷史中曾經發生過的事，只是繼承六識論的聲聞法中凡夫僧依自己的意識境界立場，純憑臆想而編造出來的妄想說法，卻已經影響許多無智之凡夫僧俗信受不移。本書則是從佛教的經藏法義實質及實證的現量內涵本質立論，證明大乘佛法本是佛說，是從《阿含正義》尚未說過的不同面向來討論「人間佛教」的議題，證明「大乘眞佛說」。閱讀本書可以斷除六識論邪見，迴入三乘菩提正道發起實證的因緣；也能斷除禪宗學人學禪時普遍存在之錯誤知見，對於建立參禪時的正知見有很深的著墨。平實導師 述，內文488頁，全書528頁，定價400元。

見性與看話頭：黃正倖老師的《見性與看話頭》於《正覺電子報》連載完畢，今集結出版。書中詳說禪宗看話頭的詳細方法，並細說看話頭與眼見佛性的關係，以及眼見佛性者求見佛性前必須具備的條件。本書是禪宗實修者追求明心開悟時參禪的方法書，也是求見佛性者作功夫時必讀的方法書，內容兼顧眼見佛性的理論與實修之方法，是依實修之體驗配合理論而詳述，條理分明而且極為詳實、周全、深入。本書內文375頁，全書416頁，售價300元。

中觀金鑑——**詳述應成派中觀的起源與其破法本質**：學佛人往往迷於中觀學派之不同學說，被應成派與自續派所迷惑；修學般若中觀二十年後自以爲實證般若中觀了，卻仍不曾入門，甫聞實證般若中觀者之所說，則茫無所知，迷惑不解；隨後信心盡失，不知如何實證佛法；凡此，皆因惑於這二派中觀學說所致。自續派中觀所說同於常見，以意識境界立爲第八識如來藏之境界，應成派所說則同於斷見，但又同立意識爲常住法，故亦具足斷常二見。今者孫正德老師有鑑於此，乃將起源於密宗的應成派中觀學說，追本溯源，詳考其來源之外，亦一一舉證其立論內容，詳加辨正，令密宗雙身法祖師以識陰境界而造之應成派中觀學說本質，詳細呈現於學人眼前，令其維護雙身法之目的無所遁形。若欲遠離密宗此二大派中觀謬說，欲於三乘菩提有所進道者，允宜具足閱讀並細加思惟，反覆讀之以後將可捨棄邪道返歸正道，則於般若之實證即有可能，證後自能現觀如來藏之中道境界而成就中觀。本書分上、中、下三冊，每冊250元，已全部出版完畢。

真心告訴您（一）——**達賴喇嘛在幹什麼？**這是一本報導篇章的選集，更是「破邪顯正」的暮鼓晨鐘。「破邪」是戳破假象，說明達賴喇嘛及其所率領的密宗四大派法王、喇嘛們，弘傳的佛法是仿冒的佛法；他們是假藏傳佛教，是坦特羅（譚崔性交）外道法和藏地崇奉鬼神的苯教混合成的「喇嘛教」，推廣的是以所謂「無上瑜伽」的男女雙身法冒充佛法的假佛教，詐財騙色誤導眾生，常常造成信徒家庭破碎、家中兒少失怙的嚴重後果。「顯正」是揭櫫眞相，指出眞正的藏傳佛教只有一個，就是覺囊巴，傳的是　釋迦牟尼佛演繹的第八識如來藏妙法，稱爲他空見大中觀。正覺教育基金會即以此古今輝映的如來藏正法正知見，在眞心新聞網中逐次報導出來，將箇中原委「眞心告訴您」，如今結集成書，與想要知道密宗眞相的您分享。售價250元。

實相經宗通：學佛之目的在於實證一切法界背後之實相，禪宗稱之爲本來面目或本地風光，佛菩提道中稱之爲實相法界；此實相法界即是金剛藏，又名佛法之祕密藏，即是能生有情五陰、十八界及宇宙萬有（山河大地、諸天、三惡道世間）的第八識如來藏，又名阿賴耶識心，即是禪宗祖師所說的眞如心，此心即是三界萬有背後的實相。證得此第八識心時，自能瞭解般若諸經中隱說的種種密意，即得發起實相般若——實相智慧。每見學佛人修學佛法二十年後仍對實相般若茫然無知，亦不知如何入門，茫無所趣；更因不知三乘菩提的互異互同，是故越是久學者對佛法越覺茫然，都肇因於尚未瞭解佛法的全貌，亦未瞭解佛法的修證內容即是第八識心所致。本書對於修學佛法者所應實證的實相境界提出明確解析，並提示趣入佛菩提道的入手處，有心親證實相般若的佛法實修者，宜詳讀之，於佛菩提道之實證即有下手處。平實導師述著，共八輯，全部出版完畢，每輯成本價250元。

法華經講義：此書爲平實導師始從2009/7/21演述至2014/1/14之講經錄音整理所成。世尊一代時教，總分五時三教，即是華嚴時、聲聞緣覺教、般若教、種智唯識教、法華時；依此五時三教區分爲藏、通、別、圓四教。本經是最後一時的圓教經典，圓滿收攝一切法教於本經中，是故最後的圓教聖訓中，特地指出無有三乘菩提，其實唯有一佛乘；皆因眾生愚迷故，方便區分爲三乘菩提以助眾生證道。世尊於此經中特地說明如來示現於人間的唯一大事因緣，便是爲有緣眾生「開、示、悟、入」諸佛的所知所見——第八識如來藏妙眞如心，並於諸品中隱說「妙法蓮花如來藏心的密意。然因此經所說甚深難解，眞義隱晦，古來難得有人能窺堂奧；平實導師以知如是密意故，特爲末法佛門四眾演述《妙法蓮華經》中各品蘊含之密意，使古來未曾被古德註解出來的「此經」密意，如實顯示於當代學人眼前。乃至〈藥王菩薩本事品〉、〈妙音菩薩品〉、〈觀世音菩薩普門品〉、〈普賢菩薩勸發品〉中的微細密意，亦皆一併詳述之，開前人所未曾言之密意，示前人所未見之妙法。最後乃至以〈法華大義〉而總其成，全經妙旨貫通始終，而依佛旨圓攝於一心如來藏妙心，厥爲曠古未有之大說也。平實導師述，共有25輯。每輯300元。

西藏「活佛轉世」制度—附佛、造神、世俗法：歷來關於喇嘛教活佛轉世的研究，多針對歷史及文化兩部分，於其所以成立的理論基礎，較少系統化的探討。尤其是此制度是否依據「佛法」而施設？是否合乎佛法眞實義？現有的文獻大多含糊其詞，或人云亦云，不曾有明確的闡釋與如實的見解。因此本文先從活佛轉世的由來，探索此制度的起源、背景與功能，並進而從活佛的尋訪與認證之過程，發掘活佛轉世的特徵，以確認「活佛轉世」在佛法中應具足何種果德。定價150元。

真心告訴您（二）—達賴喇嘛是佛教僧侶嗎？補祝達賴喇嘛八十大壽：這是一本針對當今達賴喇嘛所領導的喇嘛教，冒用佛教名相、於師徒間或師兄姊間，實修男女邪淫，而從佛法三乘菩提的現量與聖教量，揭發其謊言與邪術，證明達賴及其喇嘛教是仿冒佛教的外道，是「假藏傳佛教」。藏密四大派教義雖有「八識論」與「六識論」的表面差異，然其實修之內容，皆共許「無上瑜伽」四部灌頂爲究竟「成佛」之法門，也就是共以男女雙修之邪淫法爲「即身成佛」之密要，雖美其名曰「欲貪爲道」之「金剛乘」，並誇稱其成就超越於（應身佛）釋迦牟尼佛所傳之顯教般若乘之上；然詳考其理論，則或以意識離念時之粗細心爲第八識如來藏，或以中脈裡的明點爲第八識如來藏，或如宗喀巴與達賴堅決主張第六意識爲常恆不變之眞心者，分別墮於外道之常見與斷見中；全然違背　佛說能生五蘊之如來藏的實質。售價300元。

涅槃—解說四種涅槃之實證及內涵：眞正學佛之人，首要即是見道，由見道故方有涅槃之實證，證涅槃者方能出生死，但涅槃有四種：二乘聖者的有餘涅槃、無餘涅槃，以及大乘聖者的本來自性清淨涅槃、佛地的無住處涅槃。大乘聖者實證本來自性清淨涅槃，入地前再取證二乘涅槃，然後起惑潤生捨離二乘涅槃，繼續進修而在七地心前斷盡三界愛之習氣種子，依七地無生法忍之具足而證得念念入滅盡定；八地後進斷異熟生死，直至妙覺地下生人間成佛，具足四種涅槃，方是眞正成佛。此理古來少人言，以致誤會涅槃正理者比比皆是，今於此書中廣說四種涅槃、如何實證之理、實證前應有之條件，實屬本世紀佛教界極重要之著作，令人對涅槃有正確無訛之認識，然後可以依之實行而得實證。本書共有上下二冊，每冊各四百餘頁，對涅槃詳加解說，每冊各350元。

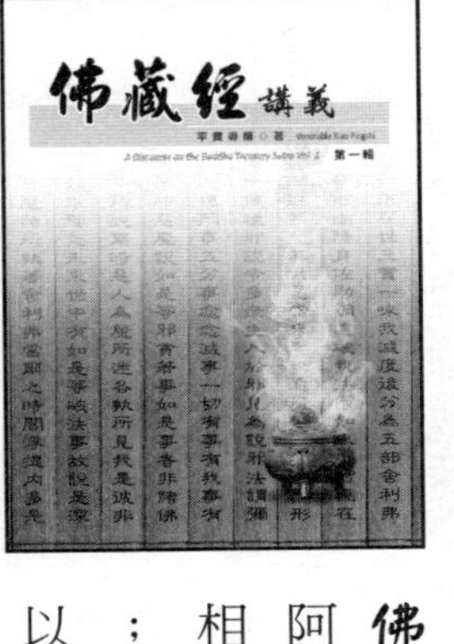

佛藏經講義：本經說明爲何佛菩提難以實證之原因，都因往昔無數阿僧祇劫前的邪見，引生此世求證時之業障而難以實證。即以諸法實相詳細解說，繼之以念佛品、念法品、念僧品，說明諸佛與法之實質；然後以淨戒品之說明，期待佛弟子四眾堅持清淨戒而轉化心性，並以往古品的實例說明，教導四眾務必滅除邪見轉入正見中，然後以了戒品的說明和囑累品的付囑，期望末法時代的佛門四眾弟子皆能清淨知見而得以實證。平實導師於此經中有極深入的解說，總共21輯，每輯300元，於2019/07/31開始發行。

解深密經講記：本經係　世尊晚年第三轉法輪，宣說地上菩薩所應熏修之唯識正義經典，經中所說義理乃是大乘一切種智增上慧學，以阿陀那識—如來藏—阿賴耶識爲主體。禪宗之證悟者，若欲修證初地無生法忍乃至八地無生法忍者，必須修學《楞伽經、解深密經》所說之八識心王一切種智；此二經所說正法，方是眞正成佛之道；印順法師否定如來藏之後所說萬法緣起性空之法，是以誤會後之二乘解脫道取代大乘眞正成佛之道，亦已墮於斷滅見中，不可謂爲成佛之道也。平實導師曾於本會郭故理事長往生時，於喪宅中從初七至第十七，宣講圓滿，作爲郭老之往生佛事功德，迴向郭老早證八地、速返娑婆住持正法；茲爲今時後世學人故，將擇期重講《解深密經》，以淺顯之語句講畢後將會整理成文，用供證悟者進道；亦令諸方未悟者，據此經中佛語正義，修正邪見，依之速能入道。平實導師述著，全書輯數未定，每輯三百餘頁，將於未來重講完畢後逐輯出版。

修習止觀坐禪法要講記：修學四禪八定之人，往往錯會禪定之修學知見，欲以無止盡之坐禪而證禪定境界，卻不知修除性障之行門才是修證四禪八定不可或缺之要素，故智者大師云「性障初禪」；性障不除，初禪永不現前，云何修證二禪等？又：行者學定，若唯知數息，而不解六妙門之方便善巧者，欲求一心入定，未到地定極難可得，智者大師名之爲「事障未來」：障礙未到地定之修證。又禪定之修證，不可違背二乘菩提及第一義法，否則縱使具足四禪八定，亦不能實證涅槃而出三界。此諸知見，智者大師於《修習止觀坐禪法要》中皆有闡釋。作者平實導師以其第一義之見地及禪定之實證證量，曾加以詳細解析。將俟正覺寺竣工啓用後重講，不限制聽講者資格；講後將以語體文整理出版。欲修習世間定及增上定之學者，宜細讀之。平實導師述著。

阿含經講記——小乘解脫道之修證：數百年來，南傳佛法所說證果之不實，所說解脫道之虛妄，所弘解脫道法義之世俗化，皆已少人知之；從南洋傳入台灣與大陸之後，所說法義虛謬之事，亦復少人知之；今時台灣全島印順系統之法師居士，多不知南傳佛法數百年來所說解脫道之義理已然偏斜、已然世俗化、已非眞正之二乘解脫正道，猶極力推崇與弘揚。彼等南傳佛法近代所謂之證果者多非眞實證果者，譬如阿迦曼、葛印卡、帕奧禪師、一行禪師……等人，悉皆未斷我見故。近年更有台灣南部大願法師，高抬南傳佛法之二乘修證行門爲「捷徑究竟解脫之道」者，然而南傳佛法縱使眞修實證，得成阿羅漢，至高唯是二乘菩提解脫之道，絕非究竟解脫，無餘涅槃中之實際尚未得證故，法界之實相尚未了知故，習氣種子待除故，一切種智未實證故，焉得謂爲「究竟解脫」？即使南傳佛法近代眞有實證之阿羅漢，尚且不及三賢位中之七住明心菩薩本來自性清淨涅槃智慧境界，則不能知此賢位菩薩所證之無餘涅槃實際，仍非大乘佛法中之見道者，何況普未實證聲聞果乃至未斷我見之人？謬充證果已屬逾越，更何況是誤會二乘菩提之後，以未斷我見之凡夫知見所說之二乘菩提解脫偏斜法道，焉可高抬爲「究竟解脫」？而且自稱「捷徑之道」？又妄言解脫之道即是成佛之道，完全否定般若實智、否定三乘菩提所依之如來藏心體，此理大大不通也！平實導師爲令修學二乘菩提欲證解脫果者，普得迴入二乘菩提正見、正道中，是故選錄四阿含諸經中，對於二乘解脫道法義有具足圓滿說明之經典，預定未來十年內將會加以詳細講解，令學佛人得以了知二乘解脫道之修證理路與行門，庶免被人誤導之後，未證言證，干犯道禁，成大妄語，欲升反墮。本書首重斷除我見，以助行者斷除我見而實證初果爲著眼之目標，若能根據此書內容，配合平實導師所著《識蘊眞義》《阿含正義》內涵而作實地觀行，實證初果非爲難事，行者可以藉此三書自行確認聲聞初果爲實際可得現觀成就之事。此書中除依二乘經典所說加以宣示外，亦依斷除我見等之證量，及大乘法中道種智之證量，對於意識心之體性加以細述，令諸二乘學人必定得斷我見、常見，免除三縛結之繫縛。次則宣示斷除我執之理，欲令升進而得薄貪瞋痴，乃至斷五下分結…等。平實導師述，共二冊，每冊三百餘頁。每輯300元。

＊喇嘛教修外道雙身法、墮識陰境界，非佛教＊

＊弘揚如來藏他空見的覺囊派才是真正藏傳佛教＊

總經銷：　聯合發行股份有限公司

231 新北市新店區寶橋路 235 巷 6 弄 6 號 4F

Tel.02－2917-8022（代表號）　Fax.02－2915-6275（代表號）

零售：1.**全台連鎖經銷書局：**

三民書局、誠品書局、何嘉仁書店

敦煌書店、紀伊國屋、金石堂書局、建宏書局

諾貝爾圖書城、墊腳石圖書文化廣場

2.**台北市：**佛化人生 **大安區**羅斯福路 3 段 325 號 6 樓之 4　台電大樓對面

3.**新北市：**春大地書店 **蘆洲區**中正路 117 號

4.**桃園市：**御書堂 **龍潭區**中正路 123 號

5.**新竹市：**大學書局 **東區**建功路 10 號

6.**台中市：**瑞成書局 **東區**雙十路 1 段 4 之 33 號

佛教詠春書局 **南屯區**永春東路 884 號

文春書店 **霧峰區**中正路 1087 號

7.**彰化市：**心泉佛教文化中心 南瑤路 286 號

8.**高雄市：**政大書城 **前鎮區**中華五路 789 號 2 樓（高雄夢時代店）

明儀書局 **三民區**明福街 2 號

青年書局 **苓雅區**青年一路 141 號

9.**台東市：**東普佛教文物流通處 博愛路 282 號

10.**其餘鄉鎮市經銷書局：**請電詢總經銷**聯合**公司。

11.**大陸地區請洽：**

香港：樂文書店

旺角店 :香港九龍旺角西洋菜街 62 號 3 樓

電話 :(852) 2390 3723　email: luckwinbooks@gmail.com

銅鑼灣店 :香港銅鑼灣駱克道 506 號 2 樓

電話 :(852) 2881 1150　email: luckwinbs@gmail.com

廈門：廈門外圖臺灣書店有限公司

地址：廈門市思明區湖濱南路809 號 廈門外圖書城3 樓 郵編：361004

電話：0592-5061658（臺灣地區請撥打 86-592-5061658）

E-mail：JKB118＠188.COM

12.**美國：世界日報圖書部：**紐約圖書部　電話 7187468889#6262

洛杉磯圖書部　電話 3232616972#202

13.**國內外地區網路購書：**

正智出版社 書香園地　http://books.enlighten.org.tw/

（書籍簡介、經銷書局可直接聯結下列網路書局購書）

三民 網路書局　http://www.sanmin.com.tw

誠品 網路書局　http://www.eslitebooks.com

博客來 網路書局　http://www.books.com.tw

金石堂 網路書局 http://www.kingstone.com.tw

聯合 網路書局 http:// www.nh.com.tw

附註：1.請儘量向各經銷書局購買：郵政劃撥需要八天才能寄到（本公司在您劃撥後第四天才能接到劃撥單，次日寄出後第二天您才能收到書籍，此六天中可能會遇到週休二日，是故共需八天才能收到書籍）若想要早日收到書籍者，請劃撥完畢後，將劃撥收據貼在紙上，旁邊寫上您的姓名、住址、郵區、電話、買書詳細內容，直接傳眞到本公司 02-28344822，並來電 02-28316727、28327495 確認是否已收到您的傳眞，即可提前收到書籍。 **2**.因台灣每月皆有五十餘種宗教類書籍上架，書局書架空間有限，故唯有新書方有機會上架，通常每次只能有一本新書上架；本公司出版新書，大多上架不久便已售出，若書局未再叫貨補充者，書架上即無新書陳列，則請直接向書局櫃台訂購。 **3**.若書局不便代購時，可於晚上共修時間向正覺同修會各共修處請購（共修時間及地點，詳閱**共修現況表**。每年例行年假期間請勿前往請書，年假期間請見共修現況表）。 **4**.郵購：郵政劃撥帳號 19068241。 **5**.正覺同修會會員購書都以八折計價（戶籍台北市者爲一般會員，外縣市爲護持會員）都可獲得優待，欲一次購買全部書籍者，可以考慮入會，節省書費。入會費一千元（第一年初加入時才需要繳），年費二千元。**6.尚未出版之書籍，請勿預先郵寄書款與本公司，謝謝您！** **7**.若欲一次購齊本公司書籍，或同時取得正覺同修會贈閱之全部書籍者，請於正覺同修會共修時間，親到各共修處請購及索取；**台北市讀者**請洽：103 台北市承德路三段 267 號 10 樓（捷運淡水線 圓山站旁）請書時間：週一至週五爲 18.00~21.00，第一、三、五週週六爲 10.00~21.00，雙週之週六爲 10.00~18.00 請購處專線電話：25957295-分機 14（於請書時間方有人接聽）。

敬告大陸讀者：

大陸讀者購書、索書捷徑（尚未在大陸出版的書籍，以下二個途徑都可以購得，電子書另包括結緣書籍）：

1.**廈門外國圖書公司**：廈門市思明區湖濱南路 809 號 廈門外圖書城 3F
郵編：361004　電話：0592-5061658　網址：http://www.xibc.com.cn/

2.**電子書**：正智出版社有限公司及正覺同修會在台灣印行的各種局版書、結緣書，已有『**正覺電子書**』陸續上線中，提供讀者於手機、平板電腦上購書、下載、閱讀正智出版社、正覺同修會及正覺教育基金會所出版之電子書，詳細訊息敬請參閱『正覺電子書』專頁：http://books.enlighten.org.tw/ebook

關於平實導師的書訊，請上網查閱：

成佛之道　http://www.a202.idv.tw

正智出版社 書香園地　http://books.enlighten.org.tw/

中國網採訪佛教正覺同修會、正覺教育基金會訊息：

http://big5.china.com.cn/gate/big5/fangtan.china.com.cn/2014-06/19/content_32714638.htm

http://pinpai.china.com.cn/

★ 正智出版社有限公司售書之稅後盈餘，全部捐助財團法人正覺寺籌備處、佛教正覺同修會、正覺教育基金會，供作弘法及購建道場之用；懇請諸方大德支持，功德無量。

★ 聲　明 ★

本社於 2015/01/01 開始調整本目錄中部分書籍之售價，以因應各項成本的持續增加。

＊ 喇嘛教修外道雙身法、墮識陰境界，非佛教 ＊

＊ 弘揚如來藏他空見的覺囊派才是真正藏傳佛教 ＊

售後服務—換書啓事（免附回郵） 2017/12/05

《楞伽經詳解》第三輯初版免費調換新書啓事：茲因 平實導師弘法早期尚未回復往世全部證量，有些法義接受他人的說法，寫書當時並未察覺而有二處（同一種法義）跟著誤說，如今發現已將之修正。茲爲顧及讀者權益，已開始免費調換新書；敬請所有讀者將以前所購第三輯（不論第幾刷），攜回或寄回本公司免費換新；郵寄者之回郵由本公司負擔，不需寄來郵票。因此而造成讀者閱讀、以及換書的不便，在此向所有讀者致上萬分的歉意，祈請讀者大眾見諒！

《楞嚴經講記》第 14 輯初版首刷本免費調換新書啓事：本講記第 14 輯出版前因 平實導師諸事繁忙，未將之重新閱讀而只改正校對時發現的錯別字，故未能發覺十年前所說法義有部分錯誤，於第 15 輯付印前重閱時才發覺第 14 輯中有部分錯誤尚未改正。今已重新審閱修改並已重印完成，煩請所有讀者將以前所購第 14 輯初版首刷本，寄回本公司免費換新（初版二刷本無錯誤），本公司將於寄回新書時同時附上您寄書來換新時的郵資，並在此向所有讀者致上最誠懇的歉意。

《心經密意》初版書免費調換二版新書啓事：本書係演講錄音整理成書，講時因時間所限，省略部分段落未講。後於再版時補寫增加 13 頁，維持原價流通之。茲爲顧及初版讀者權益，自 2003/9/30 開始免費調換新書，原有初版一刷、二刷書籍，皆可寄來本公司換書。

《宗門法眼》已經增寫改版爲 464 頁新書，2008 年 6 月中旬出版。讀者原有初版之第一刷、第二刷書本，都可以寄回本公司免費調換改版新書。改版後之公案及錯悟事例維持不變，但將內容加以增說，較改版前更具有廣度與深度，將更能助益讀者參究實相。

換書者**免附回郵**，亦無截止期限；舊書請寄：111 台北郵政 73-151 號信箱 或 103 台北市承德路三段 267 號 10 樓 正智出版社有限公司。舊書若有塗鴨、殘缺、破損者，仍可換取新書；但缺頁之舊書至少應仍有五分之三頁數，方可換書。所有讀者不必顧念本公司是否有盈餘之問題，都請踴躍寄來換書；本公司成立之目的不是營利，只要能眞實利益學人，即已達到成立及運作之目的。若以郵寄方式換書者，免附回郵；並於寄回新書時，由本公司附上您寄來書籍時耗用的郵資。造成您不便之處，再次致上萬分的歉意。

正智出版社有限公司 啓

國家圖書館出版品預行編目(CIP)資料

我的菩提路--第三輯 / 王美伶等合著. -- 初版. -- 臺北市 : 正智, 2017.06-
冊 ; 公分
ISBN 978-986-94970-0-8 (平裝)

1.佛教修持

225.87 106010043

我的菩提路

——第三輯

著　者：王美伶老師等人
校　對：章乃鈞 陳介源 孫淑貞 傅素嫻 王美伶
出版者：正智出版社有限公司
電話：〇二 28327495　28316727（白天）
傳眞：〇二 28344822
111 台北郵政 73-151 號信箱
郵政劃撥帳號：一九〇六八二四一
正覺講堂：總機〇二 25957295（夜間）
總經銷：聯合發行股份有限公司
231 新北市新店區寶橋路 235 巷 6 弄 6 號 4 樓
電話：〇二 29178022（代表號）
傳眞：〇二 29156275
初版首刷：公元二〇一七年六月底　二千冊
初版三刷：公元二〇一九年十二月三十日　二千冊
定　價：三〇〇元

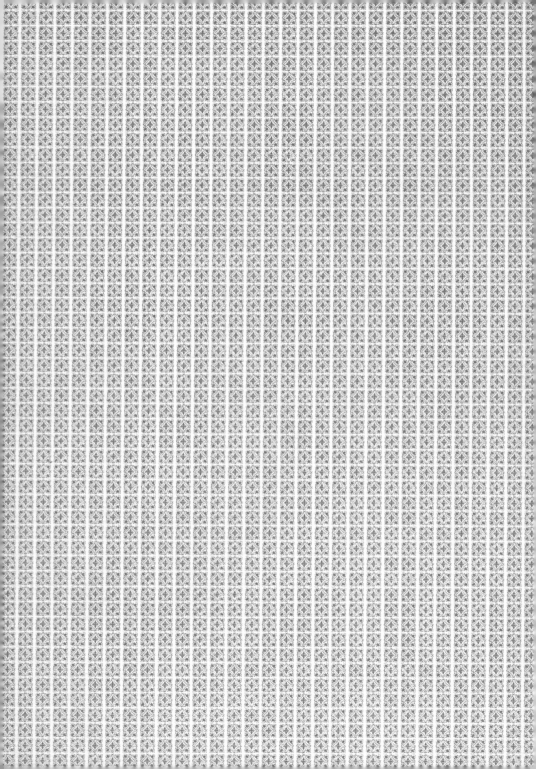